W氏との対話

フロイトの一患者の生涯

K. オプホルツァー

馬場謙一
高砂美樹
共訳

みすず書房

GESPRÄCHE MIT DEM WOLFSMANN

Eine Psychoanalyse und die Folgen

by

Karin Obholzer

First published by Rowohlt Verlag GmbH,
Reinbek bei Hamburg 1980

W氏との対話——フロイトの一患者の生涯

目次

Ⅰ　ヴォルフマン

ユーゲントシュティールの人

「彼のところでロシア語を習いたいのかね？」と松葉杖をついた年金生活者が尋ね、表札のない隣の住居のドアを指し示した。丸眼鏡の奥から好奇心を隠しきれない目がこちらを見ていたが、口元には意味深長な笑みが浮かんでいた。私はウィーンの中心街の古い家の五階に何度も無駄足を運んでいたのだが、確実に目的に近づいているいると思われた。私は何週間もかけてヴォルフマンの住所を探していたが、その本名については最近までセルゲイ・Pという省略形でしか知らなかった。もう何度も彼の住居を訪ねてみたのだが、これまでのところいつも彼には会えないままに終わっていた。

その日はこの隣人が彼の日課についてできるだけ正確に教えてくれた。これで次回の訪問は成果の多いものとなった。ヴォルフマンはめったに家にいない。午前中は遅くまで寝ていて、誰かが十時半頃に戸口のベルを鳴らすと眠そうに出てきて、「こんな早くに何の用ですか？私はまだ寝ていたんですよ」と非難することがもう何度かあった。ただ日曜日だけは九時頃に起きてきて、外出し、晩になってやっと戻る。火曜と木曜の午前には家政婦が部屋の掃除をしにくるので、彼は昼食をとりにレストランへ早くから出かけていく。「あの男はロシア人で、男やもめなんだよ」と年金生活者が意味ありげに言ったが、とても普通とは思えないその行状を釈明しているような感じだった。

「私はヴォルフマンという名前で書かれているのに、どこから私の名前を知ったのですか？」水曜日の午前十一時に次回の訪問をすると、豊かな白髪をオールバックにした痩せた老人がドアを開けた。彼の表情には、非難に満ちた拒絶と愛想の良さとが奇妙に入り混じっていた。私は彼がすぐに好きになった。「インタビューはだめです。でもまあ、お入りなさい」と彼は言った。

私に窓のない控室で待つように言うと、彼はちょっと姿を消し、やがてシャツの上にジャケットを着て現われた。几帳面にも一番上のボタンまでかけていた。私は暗い色の花模様の壁紙の小部屋に案内されたが、部屋の調度から彼の仕事部屋であることが見てとれた。私に古めかしいソファーに座るように言うと、自分は隣のデスクに腰をおろした。私が、あなたについて書きたいのですが、と言うと、彼は驚いて、「私の本は専門家にしか興味がないはずですが、まったく、ウィーンでは誰も彼もが精神分析をやっているようなものですね」と言った。

それから彼はちょうど今日は歯医者に予約があるので時間があいていないと釈明したが、「でも、今度あなたに電話をかけて、絵を何枚か見せてあげましょう」と約束してくれた。

私の次の訪問はテレパシーで始まった。私はあれから二週間もヴォルフマンからの電話を待ったあげく、彼を訪ねて約束を思い出させてやろうと意を決したのだった。服を着替えているところへ電話が鳴った。「ヴォルフマンですが……」とわずかにロシア語のアクセントのある声がした。

「ちょうどそちらへ行こうとしていたところでした」と私は答えたが、彼と同様にひどくびっくりしていた。

「精神感応《テレパシー》ですね」と彼は狂喜して、「このことはぜひ書くべきです。でもどうやって私を見つけたのかは書いてはなりません。さもないとたえずいろんな人たちがやってきて私の邪魔をするでしょうから」と言った。

「私の絵に興味を持っていただいて、嬉しく思います。」今回、彼は挨拶がわりにそう言ってすぐに私を暖房のない住居に迎え入れ、中を案内してくれた。そこにはこの家で一番大きな部屋である伝統的な造りの寝室——おそらくテレーゼ夫人が亡くなる前に一緒に使っていたと思われる——と台所の隣のやや小さめの部屋、それにすでに知っている仕事部屋があった。壁には彼が印象派に影響されて描いた風景画と花の静物画とが掛かっていた。彼は仕事部屋のソファーの上に掛けられた、彼自身が描いたものではない二枚の油絵に私の注意を促した。父親と姉妹が描かれていたが、その絵はある知人が一九二〇年代の初め——レーニンが経済を刺激するために新経済政策を普及させた、より自由《リベラル》なあの時代——にロシアから送ってくれたものだということだった。

「この風景は特に良い出来なのですが、こちらはそれほどでも……」とヴォルフマンはまるで批評家のように距離を置いて自分が描いた絵を眺め、自分はベラスケスと印象派、近代の画家ではゴッホを高く評価していると付け加えた。

「今ではもうほとんど描いておりません」と彼はため息をついた。「私ほどの歳になると、絵筆を洗ったりするのがとても大変なのです……それに知人は私に老人ホームへ行くように勧めますが、そんな気にはなりません。

私は一人で生活するのに慣れてしまったのです。」

　電気ストーブで何とか保温されている仕事部屋に戻って座ると、彼は物思いにふけりながら葬儀屋の手紙をもてあそびだした。その手紙はデスクの上に置かれていたので、はっきりと読むことができた。彼は自分の埋葬の書類をもう書き上げていたのだ。彼はテレーゼ夫人や母親が眠っているヴィーナーヴァルトの墓地に埋めてもらいたがっていた。「早く死ねたら嬉しいのですが……」と言うと、彼は灰皿を私のほうへ押してよこした。これが私たちの交友の始まりだった。ヴォルフマンは当時——一九七三年の初頭——八十六歳になっていた。


　その数週間前に、ヴォルフマンの回想録[1]——最初はアメリカで出版——がドイツ語で発売されていた。私はたまたまこの本を手にし、ひと晩で読破すると、この男性を見つけようと決心した。何度か試みたが目標は達成できず、ただ彼の名前の省略形がわかっただけであったが、最後に単純かつ論理的に考えた結果、ようやくヴォルフマンの住所に行きついたのだった。

　この本のどこがそんなに私を魅了したのか、なぜこの男性に引きつけられたのかは、本当のところ私にも答えられない。裕福なロシアの貴族が後になっておちぶれて、残りの人生を亡命先で過ごさねばならなかったという彼の生涯は、私にとってみれば何かロマンティックなものを持っていた。やがて知り合いになってみると、彼はシュニッツラー[*]が生み出し、ユーゲントシュティール[**]調に作り上げられた人物のように思えた。時折、彼のことを考えると、彼がランの花を贈られるにふさわしい人であるような感じがした。

　私はヴォルフマンを探し出し、当時働いていた日刊紙に彼の記事を書いた。私はジャーナリストとしての人生の出発点に立っていた。ロシア現代史の、そして精神分析の歴史の記念碑とも言うべきまだ生存中のこの人物との対話は、私にとってもむろん、一大事であった。私の記事は公表され、注目され、賞賛された。だが、私はそれ以上のことを期待していた。そして続く数年の間、事態が実際にどのように展開していくかを知らされることになった。

　回想録に付けられた精神分析のテキストの中で、ヴォルフマンの病気は強迫神経症と記されている。私はそれに納得がいかず、何度もこの問題を追究しようとした。また彼がなぜフロイトのところに四年も通っていたのか、そのことをつきとめたいとも思った。このことは文献からはっきりとはわからなかったのだ。だがその当時は時間がわずかしかなかったので、それ以上、ヴォルフマンのことにかかずらっているわけにいかなかった。

その一年半後、すなわち一九七四年の夏、エディシオン・ストック社が私にコンタクトをとってきた。このパリの出版社は、私の記事のことを覚えていたオーストリアのラジオ局の協力によって、私を何とか捜しあてたのだが、それというのもまだ私以外に誰もヴォルフマンの居場所をつきとめたものがいなかったからだった。ストック社は何かロマンティックな論文を考えていた——少なくとも私にはそう思えた——、すなわち世紀末のウィーン、君主制、リピッツァ馬［オーストリア帝室馬匹院で育成された灰色種の馬］、フロイト……。ヴォルフマンが思い出の中で書いていないものについて、まだ話すことがあるかどうかわからなかったが、私は今後はもう手をゆるめないようにしようと決心した。またこの出版社は、私の仕事に変わらぬ関心を持ちつづけることによって私を支えてくれたので、私はその後の数年間を何とか切り抜けることができた。その間に私の物語はしだいに量を増し、同時にいっそう長くなっていった。

私はヴォルフマンを訪ね、対話を交わした後にそれを本にすることについて契約をとりつけた。老人は喜んでいるようだったが、「でもまず相談してみないといけないんだが……」と言った。私は少々びっくりしたが、これがこの今後の対談相手の強迫的な性格に触れた最初だった。この彼の性格は、それからもしばしば私を困らせることになった。

ヴォルフマンは、自分が最終決定を下す前に相談すべき人たちのことを、詳しく説明してくれた。合衆国在住のミュリエル・ガーディナー女史は彼の回想録を編集した人で、彼は手紙で許可を得たいとのことだった。E先生はアメリカへ移住したオーストリア人の精神分析家で、ニューヨークのフロイト・アルヒーフの共同運営者だが、毎夏、数週間をウィーンで過ごし、その間、今でもヴォルフマンは彼の精神分析を受けていた。さらに大学講師のS先生とも話さなくてはならない。彼はウィーンの精神分析家で、当時はウィーンの市立精神病院の院長をしていたが、一週間に一度、ヴォルフマンは彼のところへ治療に通っていた。私はあるルポルタージュを書いたの

＊　オーストリアの作家（一八六二—一九三一）。ホフマンスタールと並んで若きウィーン派の代表的作家に数えられる。代表的作品としては『恋愛三昧』『緑のおうむ』『輪舞』など。

＊＊　一九〇〇年前後のミュンヒェンを中心とした工芸・絵画における芸術様式。一八九六年に創刊された雑誌『ユーゲント』にちなんで名づけられ、青年派様式ともいう。

がきっかけでS先生を知っていたので、その知識からあとの二人の精神分析家がどんな人たちか想像した。私は彼らがこの対話に反対するだろうと考えたので、ヴォルフマンに相談するのをやめさせようと試みた。しかし、結果は不首尾であった。

「申しわけありませんが、できなくなりました」と沈んだ声でヴォルフマンが電話をかけてきたのは、それから約二週間後のことだった。ミュリエル・ガーディナーが急いで電報をよこし、いかなる類のインタビューも思いとどまるようにと勧告してきたのだ。明らかにヴォルフマンはこの禁止命令にそむくつもりはなかった。だが、私は事態がもつれても簡単にあきらめてしまうような人間ではない。私はときおり彼を訪ねてはいろんなことを尋ね、個人的な関係を深めようとした。

私が訪ねるとヴォルフマンはいつも喜んでくれて、たくさんの話を詳しく聴かせてくれた。ある時、彼はソファーに座りながら、私に彼のデスクのところに座るように指し示した。彼が身体を横たえていたなら、私たちは精神分析家と患者の古典的配置をとっていたことだろう。またある時には、私が訪ねるとロシアの絵画に関する画集を二冊用意していた。再三にわたって、彼はあるロシアの画家が描いた「真実とは何か？」というタイトルの絵について、意味深長な言葉を述べた。説明によると、ロシア語には「真実」にあたる単語が二つあって、日常的な意味での真実を「プラウダ」、物事の背後にあるような真実を「イスティナ」と呼ぶということだった。真実とは何か？　たえず私たちは自分にこう問いかけながら、そのような意味での二つの真実を追求するために対話を続けた。

「思うに、あなたに何か書いてもらいたい気がします」とある日のこと、ヴォルフマンが言った。「しかし、私が死ぬまでは公表しないでおいてほしいのです。この点については、ほかにどうしようもないですからね。」私たちは、そのうちに私の住居で落ち合うことを決めた。私が彼の家を訪れるよりも、その方が彼には好都合だったのだ。私は最初自分なりに次のような計画を立てた。二、三週間の休暇をとり、毎日数時間ずつヴォルフマンと語り、その資料をまとめ、補足的な質問をする……。だが私のパートナーはこのような進め方にそもそも賛成しなかった。彼は二週間に一回以上は私に会おうとしなかった。ほかにどのようにできたというのだろう？　私にはたいへん難しかったが、老人のゆっくりとしたやり方に合わせないわけにいかなかった。ヴォルフマンが死んでしまうかもしれないという不安が常につきまとっていたが、それでも彼は八十八歳の誕生日を迎えた。

一九七四年の九月から一九七六年の一月まで、私たちは二、三週間ごとに会って、毎回数時間ずつ語り合った。やがてヴォルフマンの来る回数が減ったが、それは彼が疲れやすくなったことと、本質的な事柄はすでに私に話してしまい、以前よりも繰り返しが多くなったことに気づいたためであった。長いこと連絡がない時には、具合を確かめるために私のほうから彼を訪ねていった。日増しに彼は弱っていったが、老人ホームに入ろうとはしなかった。そして一九七七年、彼は自宅の玄関で循環虚脱に襲われ、S先生が精神病院へ連れていき入院させたが、一九七九年五月七日にその病院で亡くなった。

私たちの最初の対話と精神病院へ見舞いに行った時のことについては、備忘録に記録した。そのほかの対話についてはテープに録音した。四十時間分のテープがこのテキストの元になっている。


本書の執筆作業と、やがては克服されたさまざまの困難とは五年以上も続いたのだが、本書がヴォルフマンと私の間の個人的共感によってのみ可能だったというのは、ほとんど言をまたない。その共感はまた、私が仕事に対して抱いていたある確信を説明してくれるかもしれない。長期にわたって大丈夫だと感じる根拠を少しも持てなかったにもかかわらず、私はしばしば危機に瀕してきた本書の出版計画がやがてはなしとげられることを強く確信していた。

何よりもまず同一視の問題があった。彼の思い出に現われる人物の中で、誰が私に最も良くあてはまるかずいぶんと考えてみた末に、私は彼の姉にあたるアンナの役をやってみようと決めた。五十歳以上も年上の男性に対して姉の役割をとるのは奇妙なことに思えるかもしれないが、私自身が自分の家族構成において姉であったので、私にとってはこの役割は自然なものであった。ともかく、さまざまな苦悩に関わっている——私に言わせれば、彼は関わり合いすぎている——時に、私がときおり彼に対して尊大に振舞ったり彼をからかったりすることを、彼は楽しんでいるようだった。一度、彼の思い出の中の世紀末の雰囲気を刺激して、自殺した二歳半年上のアンナの記憶を思い起こさせようと、すそが床まである長いスカートをはいて彼の家を訪ねたことがあった。彼はそれから何年もの間、その時私がどれほど優雅に装っていたか夢中で話したものだった……。それでも、ある日、彼が私のことを姉と同一視していると言った時には驚いてしまった。

私はヴォルフマンとの間に、精神分析家と患者の間のようなごく普通の友好的雰囲気よりも、もっと個人的な雰囲気を作り上げようとして、何でもやってみた。だがそれでも彼は私のことを新しく世話になる精神分析の先生と見なしていただけで、生涯接触を続けてきた他の精神分析家たちのうちに新たに私の名前を加えたにすぎなかった。私は精神分析家ではなかったが、前述のような転移状況によって、この有名な患者の最後の分析をしているような気分になった。私との対話では、彼に対する精神分析の影響が研究対象だった。私は経済的に彼を援助したこともなく、感情的に左右されることもなかったので、彼に対して距離をおいた立場をとることができたが、精神分析家だったら彼に対してそのような立場をとることはほとんどできなかっただろう。

私は自分の歳相応に、人は歳をとれば分別がついて円熟するのだと思っていたが、ヴォルフマンは「老人の悪いところは若いことだ」というジャン・コクトーの文に隠れた悲劇を私にまざまざと見せてくれた。彼は常に青年期以来の問題を、つまり女性問題や金銭問題を抱えていた。自分の歯に対する関係も同様だった。いろいろな義歯に対する不平がいつも私たちの対話には伴っていた。

出入りの仕立屋との関係は以前よりも円滑になってはいたが、服装に関しては、彼の歳の男性にしては信じられないほどの大きな関心を抱いていた。彼はいつも非の打ちどころのない服装で現われ、ある時は優美なピンストライプ模様、ある時はダーク系の服装、時にはスポーティな組み合わせの服装をしていた。彼の生活の中で服装がどのような位置を占めていたかは、私がセルフタイマーのカメラで彼と一緒に写真を撮ろうと申し出た時に明らかになった。次の時、彼は黒い服を着て現われたのだが、私のカメラが急に故障して撮影を延期しなければならなくなった。その日の午後、何度となく彼は洋服を話題にして、「思うに、今日の私の服装は儀式的すぎたようです」とか「スポーティな服装のほうがいいですね」と言うので、私が同調すると、「それでは、次回はスポーティな服装をしてきましょう。だがあなたはエレガントな服装で来なければだめですよ。そういうことにしましょう、私はスポーティに、あなたはエレガントに」と言った。

私たちが取り除かねばならなかった悪しき障害は、契約に関する事柄であった。私は大部分の資料を使用するのに契約を結ぶ必要があるとは知らなかった。ストック社がそのことを指摘してくれたので、ヴォルフマンにその件について話すと、いきなりそれは背任行為のように受け取られた。「まずあなたは友情のように演出してお きながら、弁護士を連れてきた」というのがこの法律家の意見だった。

私はS先生を診察室に訪ね、すべてを説明しなければならなかった。S先生は痩せた男で、冷たくよそよそしい精神分析家を演じながら、「患者にはこの扱いに対して非難を表明する権利があります」と言った。だが、彼は毎年八月にやってくるE先生と話し合うよう求めた。その時すでに六月であったが、私は契約が成立する前にヴォルフマンが死ぬのではないかという不安にまたしても襲われた。S先生は、どうしても必要ならば、私たちの対話が実際に行われたことを証言すると承諾してくれた。

やっとE先生が来たが、彼には私と即座に話し合う準備ができてはいなかった。ヴォルフマンは私と同様にこの契約のことでかなり苛立っていると伝えてきたので、私はまず話し合いのお願いを述べた手紙を書かねばならなかった。この手紙を送ったあとで、E先生が電話をかけてきて、私たちは彼が滞在しているシュヴァルツシュパーニエル通りのアパートで会うことを取り決めた。

E先生は髪が暗褐色の痩せた人物で、とても尊大な態度だった。一年前には手紙でヴォルフマンに対し私と会うように勧めてくれたのに、今では彼に私との対話の公表には同意しないと言わせようとしていた。E先生がそれとなく私にわからせたところでは、私はヴォルフマンの死後まで待たねばならないばかりか、ヴォルフマンがよく話題にしたある近しい人物の死をも待たねばならないということだった。ほかにも彼は、素人が書いた本など願い下げだ、精神分析家だけが書き表わす資格があるのだとほのめかした。

ヴォルフマンは自分の精神分析家の態度にけっして同意していなかった。これはそもそも私たち双方にとって不公平なことだと思えた。E先生は自分の患者を反対するように説得しようとしていたが、こればかりは成功しなかった。結局、私たちはE先生が推薦した弁護士の一人とこの問題について話し合うことになった。私はすでにヴォルフマンの権利を買うことを表明していた。買い値と弁護料は即座に払わなければならない、そうすれば彼の死後に権利は私に移るということになった。すべてについて意見が一致した段階で、ヴォルフマンは突然、意見を撤回しはじめた。「もっと良く考えてみなければならない」というのが彼の弁だった。しだいに私の自制心は失われていった。ヴォルフマンの弁護士もようやく我慢を失いつつあった。それでも一九七五年の九月末、私たちはすでに作成済みだった契約書に署名した。この一件はすでに半年も長引いていた。あとになってから、ヴォルフマンは私たちの契約の成立を、生涯においてどうやらなしとげた何か個人的な成果のように見なしていた。

しかしながら最大の難関は、本文の執筆のことだった。著者として出版を望んでいる本を書くということが何を意味するのか、また、まずある人間の死を待たねばならないということがどういうことなのか、ほとんどわかっていなかった。このような状況から生じる心的葛藤、執筆の抑制や絶望感を述べるのは、まだ時期尚早であろう。

九十歳近い男性が延々と話を繰り返す四十巻の録音テープは、しばしば私にとって出口を見出せない迷路のように思われた。時折、私は自分の対話相手の神経症の中に迷い込まねばならなかった。その強迫的な疑念と、繰り返し同じことを考え惑う反復的思考の中に。彼は自分の人生は無意味であり、常に不運に見舞われ、ほとんどすべてが失敗に終わり、いつも間違いをしでかしてきたと思い込んでいた。

私は長い間、原稿を書くことができなかった。資料に取り組もうとデスクに向かったとたん、計り知れない疲労感に襲われ、もう何も考えることができずに抑うつ状態に落ち込むのだった。脚注を付けるべきか、付けるとしたらどのように、名前は省略すべきか、するとしたらどのようにといった、馬鹿げた瑣末事にとらわれていた。時には何週間も何か月もの間、こうした本来重要ではない疑問に答えを出すことができずにいた。強迫的な疑念と反復的思考が私の仕事を妨げていた。いずれにせよ、今では強迫神経症というものがどういうものか、よくわかる。

むろん、録音テープは編集作業を施さねばならなかった。そのままの録音記録は読めるような文章ではなかったからだ。だが、反復と思考の飛躍を伴ったあの独自の話し方——精神分析のやり方や年齢、それにおそらく強迫神経症によってもたらされた——を保つために、できるだけ話された通りの言葉から離れないというのが私の目標だった。

年老いるにつれて、ヴォルフマンはますます特定の決まり文句に固執するようになり、それから抜け出すことが少なくなっていった。こうした文章の多くはもう二、三百回も聞いたことだろう。対話相手が時々私の神経にひどくさわったと率直に言っても、誰も悪くはとらないことと思う。それに私が彼と交友関係を持ちはじめた最初の頃に、彼に認めたあのユーゲントシュティール的なロマン主義は、後になるとほとんど姿を消していた。だがそうしたこといっさいにかかわらず、お互いどうしの共感はとても強い感情でありつづけたのであって、私はこの男性に心からの感謝を捧げている。

(1)『ヴォルフマン自身によるヴォルフマン』ミュリエル・ガーディナー編(一九七二年、S・フィッシャー社刊)。

精神分析の鏡の中で

「これほどたくさんの資料に基づいた徹底的で詳細なわれわれの記録によって、どの程度まで精神分析が深刻に悩める人間を助けることができるか、素人でも科学者と同様に判断を下すことができる」[1]と編者ミュリエル・ガーディナーは著書『ヴォルフマン』に書いている。彼女もアンナ・フロイトも序文の中で、精神分析の治療効果について肯定的なイメージを描き出そうと努力している。ヴォルフマンは無害で穏やかな、ほとんど幸福そうな年金生活者として現われる。本書の私との対話の中で語られるようなこの有名な患者の生涯の重要事項は、この『ヴォルフマン自身によるヴォルフマン』では欠落している。この本が伝えるのは、部分的であまりに円満すぎる像にすぎない。

フロイトは詳細な症例史を六つ公表しているが、そこでは四人の患者が分析されているだけである。ヴォルフマンも、精神分析に関する文献全体が拠り所としている有名な症例のうちの一つである。この患者を長期間にわたって観察することができたので、できる限り正確にその生活状況を描き出すことが、たいへん重要なこととなった。アンナ・フロイトは有名な父親の娘として、ミュリエル・ガーディナーは何十年もフロイト学派に加わっていた精神分析家として、当然のごとくそれに関与してきたのだった。

アンナ・Oは治療が終結したあと、精神分析に対して敵意を抱いており、大人になった少年ハンスは、精神分析家の好奇心から逃れた生活を送っている。ヴォルフマンだけが唯一「彼の症例をさらに再構成するために積極的に協力する」ことを表明している。[2]アンナ・フロイトは序文でそう述べている。彼女は「われらがヴォルフマン」[3]について詳細に語っており、彼を精神分析の模範生のように紹介している。

実際、ヴォルフマンは自分の精神分析家にいろいろな点で恩義を感じており、また晩年は経済的に依存していることから、自由に自分の意見を公表することが許されていない。彼の意見は彼の死後はじめて公表が許されたのであった。

『ヴォルフマン自身によるヴォルフマン』という本にはフロイトの症例報告の患者が語った思い出のほかに、ルース・マック・ブランズウィック*による補足と、編者ミュリエル・ガーディナーによってまとめられたヴォルフマンの老後の生活の様子が簡単に記述されている。

まず最初に、彼の生涯の要約と、ヴォルフマンに関して発表されたテキストの中でも最も重要な文章が載っている。セルギウス・Pは一八八七年一月六日に裕福な貴族である地主の息子として、南部ロシアのある農場で生まれた。五歳の時、両親はオデッサに移住した。一家は都市と田舎のお城のような領主の館とに交互に移り住んだ。セルゲイと彼より二歳半年上の姉アンナは、子守女と家庭教師によってしつけられた。心気症的体質の母親は自分の病気のほうで忙しかったし、良く知られた自由主義者だった父親は政治で忙しく、時折、抑うつ症の発作に襲われた。祖母の一人は自殺したものと思われる。祖父は『カラマーゾフの兄弟』と同じように、息子から許嫁を奪った。別の伯父の一人は妄想症《パラノイア》にかかり、辺鄙な土地でまったくの孤独のうちに死んだ。

このような家庭的背景を考えれば、誰かが患者の道を歩んでも何の不思議もない。だが、セルゲイは初めのうちはごく正常に育つ。ギムナジウムに通い、十八歳の時に淋病にかかってはじめて重篤な抑うつ症状が発症している。いったんは回復したが、一年後に思いもかけず姉が自殺すると、重症の抑うつ症が再発した。

気分転換のために彼はペテルスブルクで勉学を始めるが、講義についていけない。催眠の研究をしていた著名な神経科医のベヒテレフの診察を受けたが、そのあとでドイツのいろいろなサナトリウムを訪れては、クレッペリン**やツィーエン***のような大家に診察してもらっている。それ以前に彼の父親も何度か抑うつ状態のためにクレッペリンに診察してもらっていた。

ミュンヒェン近郊のノイヴィッテルスバッハのサナトリウムで、彼は看護婦の一人――テレーゼ――に夢中になる。テレーゼは何歳か年上だったが、離婚していて娘が一人いた。奇妙な行きつ戻りつが始まり、いったんは

＊　アメリカの精神科医・精神分析家（一八九七―一九四六）。一九二三年にウィーンへ渡り、フロイトの弟子となったが、一九三八年ナチスに追われたためニューヨークへ移住。

＊＊　ドイツの精神病理学者（一八五六―一九二六）。フロイトとならび現代精神医学の基礎を築いた。精神病を躁うつ病と分裂病に大別し、精神病の系統的分類を試みた。

＊＊＊　ドイツの心理学者・精神科医（一八六二―一九五〇）。主著に『生理心理学入門』『心理学の基礎』などがある。

テレーゼが彼の求婚を受け入れたかのように見えるが、その後また彼女は別れたいと言い出した。それまで気が弱く控え目だったロシア人の若者が、これほどまでに無分別な行動をするので、クレッペリンは彼を父親と同様に躁うつ病と診断している。医者、家族、知人の誰もがこの貴族と看護婦の関係に反対していた。

セルゲイは結局テレーゼと別れてロシアへ戻る。その少し前に父親が亡くなり、彼が二十八歳になったら相続分を与えるという遺言を残している。母親との遺産相続争いが始まるが、じきに伯父の一人から少なからぬ財産を相続して自分のお金を自由に使えるようになる。テレーゼに対する情熱も癒えたように見える。

彼は自分が病気であるとは思っていないが、以前の抑うつ症についてクレッペリン教授と相談するために新たにドイツ行きを決意する。テレーゼに会うことを思いとどまることができず、旅行は彼女に再会するための口実にすぎないことは明らかである。この再会によって彼は抑うつ症のどん底にまで陥り、最悪の心理状態のまま故郷に帰る。

最も近いサナトリウムということで彼はフランクフルト近くのサナトリウムを訪れるが、そこではあまり長くもたず、そのあとでベルリンのツィーエン教授のもとを訪れて相談し、シュラハテンゼーのサナトリウムに滞在することを勧められる。母親と伯母がベルリンにやってきて、隣接する宿に泊まる。時折、彼はミュンヒェンのテレーゼに会いに行くが、医者と母親は二人の関係がゆっくりと冷めてくれることを望み、彼女のことを「どんな男ともうまくやっていけない女[4]」と言っている。セルゲイは彼らの意見に従ってロシアに戻りたいと言う。最後に彼はテレーゼと会うが、言い争いがきっかけで彼女に決定的な別れの手紙を書き、ひどい抑うつ状態のまま故郷に帰る。

オデッサで彼はドロスネス先生の治療を受けている。この若い医者はフロイトの著作を読んでいて、精神分析的治療を試みているが、自分の知識が足りないことを認めるだけの分別があったので、ウィーンのフロイトに診てもらうことを提案する。セルゲイはこの医者と一人の医学生と一緒に出発するが、この医学生の課題とは、消化不良に悩む貴族［セルゲイ］に浣腸を施し、トランプの際に三人目の相手をすることである。

テレーゼとの一件を知らされたフロイトは「それは女性に対する感情が奔り出たのだ[5]」と言い、また精神分析を数か月続けた後なら、彼女に再会しても良いと言っている。セルゲイはフロイトの方法やその人格にたいそう感銘を受けたので、フロイトのもとで治療を続ける。精神分析は毎日一時間しか必要としないので、三人のロシア人は当時のオーストリア・ハンガリー帝国の首都であるウィーンで楽しいひとときを過ごした。

一年後——その間にドロスネスと医学生はオデッサに帰ったが——フロイトはセルゲイがテレーゼに再会することを了承する。その頃彼女はミュンヒェンの小さな宿屋《ペンション》の女主人になっていたが、別れの苦悩のあまり衰弱しきっているように見える。彼はいきなり彼女と結婚しようと決意するが、そうしたことは治療が終了するまで実行に移してはならぬという精神分析の決まりに背くことになる。しばらくしてテレーゼはウィーンの彼のもとへ移る。

四年後に精神分析が終了するが、それは第一次世界大戦の勃発の数日前のことであった。セルゲイはオデッサに戻り、テレーゼはバイエルンにいる彼女の娘エルゼのもとで過ごしてから、すぐに彼のあとを追うことになる。突然、ドイツとロシアの間で戦争が始まり、入国許可を得るのが難しくなる。結局、テレーゼはオデッサにたどり着き、長い間計画していた結婚式が行われる。

テレーゼは姑やほかの親戚とうまくやっていけない。そこで若夫婦は冬の時期をモスクワで過ごし、ヴォルフマンはふたたび勉学に励んで試験の準備をする。春に彼はオデッサで司法試験を受ける。母親との新たな争いが生じる。最後に、テレーゼがミュンヒェンの兄のもとに残してきた娘のエルゼが病気だという知らせが着く。

テレーゼが出国の許可を得た時、ヴォルフマンはオデッサにいる。だがエルゼの容体は悪くなっていくのに、ドイツに向けて送金することは不可能である。彼は妻のあとを追って出国することを決心する。ブカレストでフランス人にひきとめられた時、一九一八年の出発の数日後にオデッサに赤軍が進駐したことを知らされる。

彼はウィーンを通り、そこでフロイトも訪ねる。フロイトは分析が済んでいない部分が少し残っているからと彼に後治療を勧める。数か月後——この間にエルゼは死んでしまったが——彼はテレーゼと一緒にウィーンに戻ってくる。治療は半年に及ぶ。

ヴォルフマンにとって、ボルシェヴィキの支配するロシアへ戻ることは不可能になる。偶然の幸いによって彼は保険の外交員の口を見つけ、一九五〇年に年金生活に入るまで賠償責任損害部門で働きつづける。

裕福な貴族から貧しい移民者になった彼は、人生の境遇の変化によってふたたび重い抑うつ状態に陥り、フロイトに治療してもらおうとする。しかしフロイトはすでに病気にかかっており、これからは弟子のルース・マック・ブランズウィックに診てもらうことを勧める。

ヴォルフマンは平凡な一市民の生活を送り、保険外交員として働き、日曜日には妻と一緒に郊外へ出かけ、風景画を描くことを趣味としている。裕福な男と結婚したテレーゼは、この新しい環境に順応しなければならないのだが、ますます人生の楽しみを失っていくようで、外見に気を使わず、もっぱら貯蓄に関心を持っている。一九三八年の三月、ヒットラーがオーストリアに進駐した数日後に、ヴォルフマンは妻が家で死んでいるのを見つける。自殺だった。

アメリカ人で当時ウィーンで医学を勉強していたミュリエル・ガーディナーは、精神分析学の一派と親密な間柄にあった。ヴォルフマンはルース・マック・ブランズウィックの分析を受けている時に、彼女と知り合いになった。彼女はヴォルフマンからロシア語を習うが、彼女がその勉強をやめたあとは、彼のほうが保険証書の更新のために時折彼女を訪ねるようになった。彼女はテレーゼの自殺のあと偶然に路上で彼に会い、彼の絶望しきったようすに心を動かされて、彼がパリとロンドンへの出国許可を得る手助けをしてやる。そこで二人は落ち合い、ヴォルフマンは新たなる運命の一撃を乗りきるのをルース・マック・ブランズウィックに助けてもらうこととなる。

ヴォルフマンの症例報告である『ある幼児神経症の病歴より』[6]の中で、フロイトはこの患者を「まったく依存的で生活能力がない[7]」と記している。さらに「(ヴォルフマンは)長いこと、おとなしく無関心な状態に閉じ籠ってしまい、手がつけられなかった。彼は言うことをよく聞き、物わかりも良かったが、それ以上どんなものとも親しもうとしなかった。彼の非の打ちどころのない知性は衝動的な力とは無縁であるかのようだった……彼を動かし、自主的に治療の仕事に協力させるためには長期間の教育が必要であった……むしろあらゆる病気の苦痛に耐えたほうが良いというほど、自立した生活に対する不安が大きかった[8]」と書かれている。

フロイトは患者の病状を「自然発生的に始まり、欠陥を残したまま治癒した強迫神経症の後続状態[9]」と記述した。彼のテキストでは、主に幼児期の初期におけるこの神経症の発生と影響についてページを割いている。

「私は夢の中で、夜、ベッドに寝ています(私のベッドは足の方が窓に向いていて、窓の前には古いクルミの木が並んでいます。夢の中で、それが冬であり、夜であることがわかりました)。突然、窓がひとりでに開いて、大きなクルミの木の上に何匹かの白い狼が座っているのが見えてびっくりしました。狼は六匹か七匹いました。狼は真っ白で、キツネかシェパードのようでした。というのは、キツネのように大きな尻尾をしていて、何かに気がつくと犬のように耳がぴんと立っていたからです。食べられるかもしれないと思ってとても不安になって、叫び声をあげると目が覚めました……。[10]」

この患者が四歳の時に見た夢――精神分析における彼の仮名のもとになった夢――から、フロイトは神経症の原因を導き出している。メルヘンの材料（赤ずきんちゃん、狼と七匹の子ヤギたち）と、祖父が彼に話してくれたという仕立屋――仕立屋は後年の彼の生活ではより重要な役目をする――と尻尾のない狼の話とが夢の中で改変されているが、夢の背後には彼の去勢不安の発端となる幼児期の体験が隠されている、とフロイトは解釈する。一歳半の時彼はマラリアにかかって、ふだんのように子守女の隣ではなく、両親の部屋で寝ていた。夜中に彼は「後背位性交が三度繰り返されるのを目撃し」、その際に「母親の性器と父親の陰茎が見えた。[11]」白い狼はこの原光景における両親の白い下着を表わし、三という数字はこの患者の自然な回想によるものだとフロイトは言う。

この夢の解釈に関して読者があるいは抱くかもしれない懐疑心に対して、著者は次のように書いて結んでいる。「だから私は、われわれの机上の学問が夢想だにしないようなことが天地の間にはあるものだという賢者の言葉を思い起こすほかなかった。[12]」

のちに原光景については、姉が誘惑しようとしたことと子守女が去勢すると言って脅したことが付け加わる。やがて両親が旅行中に、新しく雇った英国人の家庭教師――この女性は協調性がなく、おそらく飲酒癖があったようだ――と子守女の間で口論が始まると、少年の性格に変化が生じ、強迫神経症の症状が現われる。彼はその後神経過敏になり、急に動物を怖がったりするが、また同時に甲虫や毛虫をいじめている。母親が彼の気をまぎらそうとして聖書の物語の手ほどきをしてからは、神を冒瀆するようなことを強迫的に口にするのが目立つようになる。

原光景によってヴォルフマンと父親との関係は歪められてしまう。彼は自分を母親、すなわち、その時彼が観察した去勢された状態である女性と同一視するが、自分の同性愛的傾向は抑圧する。この複雑な事態は肛門帯域の障害に現われる。「女性に対する同一視、すなわち男性に対する受動的な同性愛を表現しうる器官は、肛門帯域である。この帯域の機能障害はすなわち女性的な優しさを得ることを意味しており、後年の病気においてもその意味を伴っていた。[13]」

腸の運動障害も、精神分析中になお認められている。「ある特定の側から急に刺激が加えられないと〔浣腸のこと〕、何か月もの間、排泄が起こらなかった……彼の主な訴えは、世界は彼にとってヴェールに包まれているか、あるいは彼がヴェールによって世界から隔てられているというものだった。このヴェールは浣腸の際に腸から中身が出る瞬間にのみ破れ、彼は自分がまた健康に戻り正常になったと実感するのだった。[14]」

腸の運動障害と関連して、フロイトはこの患者の金銭関係の問題を挙げている。「我々の患者の場合、後で病気になった頃には、このような（金銭に対する）関係は特にひどく障害されていた。これによって少なからず彼は自立性と生活能力を失ってしまった。彼は父親と伯父の遺産によってとても裕福になったので、裕福と見なされることに多大な価値を置いていたのは明らかである。彼は他人から過少評価されるとひどく気分を害した。だが、彼は自分がどのくらい金を持っていて、どのくらい支払っていて、どのくらい残っているのか知らなかった。[15]」

第二の重要な問題として、フロイトはヴォルフマンの女性に対する関係が障害されている点を挙げている。彼には自分に仕えてくれる人物に対する好みがあり、女性がある特別な姿勢をとっているのを見るのを強迫的に好んだ。かなり後の分析で、幼児期の記憶の彼方に現われた乳母のグルーシャもこの姿勢をとっている。「われわれの原光景の再構成によれば、彼が見た女性の体位は大きな意味を持つものであったが、それは特に性的領域に関して意味を持っていたのである。すなわち成人後の彼の愛情生活の中で見られた最も特異な現象は、強迫的に現われる官能的な惚れ込みの発作だった。この発作は謎のように現われてはまた消え、ふだんは抑制されている巨大なエネルギーが噴出して、彼は自制がまったく効かなくなってしまうのだった……。〔この強迫的性愛は〕ある特定の、彼の意識から隠されていた条件と結びついていた……女性は我々が原光景の中で母親が取っていたと考えた体位を取らなければならなかった。思春期の頃から彼はあの大きな特徴的な臀部を女性の最も強い刺激だと感じてきた。後背位ではない性交には彼は満足しなかった。[16]」

社会的な理由から、フロイトは患者が苦しんでいる症状についてそれ以上詳細に報告することを拒んでいる。それでも分析を通じて神経症的障害の原因となった幼児期の体験を意識化することによって、患者を治療することができると言っているのである。

フロイトのところで四年の精神分析と半年の後治療を受けたあとに、ヴォルフマンは完治したということで解放されたが、一九二六年の十月に新たに治療の必要性を自分で感じている。ルース・マック・ブランズウィックはまず最初の五か月間の治療を行い、約二年たってからは不定期的に数年間にわたって彼を診察した。フロイトは未解決の転移の残滓があるために後治療をしたのであったが、今やふたたび転移の残滓が現われたのであった。

ルース・マック・ブランズウィックによれば、それまでの間に、ヴォルフマンは激しい性格変容をとげていた。フロイトは彼のことを強迫的なまでに誠実で良心的であると記述しているが、新しい分析家は彼を別の面から知ることになる。彼はどんな小さな不誠実にも罪悪感を感じていたが、例えばしばしば金銭的な援助をしてくれた彼の恩人でもあるフロイトに、家宝を所有していることは内緒にしていた。彼の当面の症状は、鼻がにきびのせいで変に目立ってしまい、不格好なまま治らないという観念に常に悩まされていることだ。時々、歯の苦情が鼻にとって替わることもある。以前、仕立屋に満足できずに次々と仕立屋を訪ね歩いたように、今度は皮膚科から皮膚科へ、あるいは歯医者から歯医者へと訪ね回っている。

ルース・マック・ブランズウィックは現在の病状をパラノイアの心気症的タイプと診断している。彼女によると、フロイトの分析では転移自体が十分処理されたとは言えず、そのために新たにまた病気になったのだという。フロイトは治療が長い間停滞していたので、ヴォルフマンに対して分析の末期に終結の期限を設定したのであるが、これは分析家が患者の抵抗に対して用いる最も強力な手段である。実際、治療は満足のいく結果をもたらした。それについてマック・ブランズウィックはこう言っている。「期限の設定は、結果として完治するのに十分な連想素材をもたらした。しかしまた設定によって、彼は後年になって発病する精神病のまさに核にあたるものの想起を押し留めてしまったのである。[17]」一方では完治しながらも、もう一方では精神病の核となる本質的なものを心の中に保持しつづけているということが、いったいありうるのであろうか？

それに加えて、以前強迫神経症を患ったこの患者が、なぜ後になって突然、パラノイアにかかるのであろうか。それについてブランズウィックは「なぜ患者が以前の神経症に新たにかかるのではなくパラノイアになったかについて答えるのは難しい。最初の分析が、心的葛藤を通常の神経症のかたちで処理することを不可能にしたためであるかもしれない。患者が潜在的なパラノイアであったのかどうか疑ってみることもできよう」と述べている。[18]

編者ミュリエル・ガーディナーがその章「後年のヴォルフマン[19]」で描いているように、このすでに有名になっていた患者と、彼女は戦後になってから再会した。彼女は長い年月を隔てたのちのこの短い再会について、そして彼女がアメリカで売却の仲介をした彼の絵画について語っており、彼の手紙からも引用している。ときおり、話は女性の話になり、年金生活に入った時点のこと、テレーゼの死後に同居するようになった母親の晩年のこと、そしてこの本ではガビイと呼ばれている家政婦のティニーの病気のことなど、多くのことをヴォルフマンに語らせている。

ヴォルフマンの印象に特に残っている体験で、ガーディナーの本の中で多くのスペースを割いて書かれているものがある。戦後の占領期に、彼はたいした考えもないまま、ロシア軍の管区に入っていき、そこで空き家になった工場の絵を描く。家へ帰ろうとするとロシア軍の兵士がやってきて彼を捕捉し、軍隊の駐屯している建物へと連行していく。彼はスパイの疑いをかけられて数日間、拘留される。長いことやりとりをしたあげく、やっとのことでロシア人に彼の絵が無害であることをわからせる、というものである。

読者のみなさんが知っているように、ヴォルフマンはひどい生活状況に陥ると精神科医と心理学者の忠告を求めている。一九五五年の秋に彼はある精神分析家にコンタクトをとっているし、後には定期的に別の分析家の助けを受けている。

最終章「診断的印象」の中で編者はヴォルフマンについて、「主要な特徴は強迫的疑念や反復的思考、疑問、自分自身の問題への没頭などが支配的である点にあった……抑うつ症となったヴォルフマンが体験するものは、強迫的疑念、罪責感、自己非難、無能感によって惹起された絶望なのである[20]」と描写している。

ミュリエル・ガーディナーは、同じようにヴォルフマンを強迫的人格の持ち主と記述した他の分析家たちの言葉を引用している。強迫神経症の治療後も患者に残された欠陥は、フロイトによってもルース・マック・ブランズウィックによっても完全には取り除かれなかったようである。「この欠陥に基づく症状はヴォルフマンの分析後も依然としていくつかのかたちで残存しており、抑うつや疑念、思考の逡巡、両価感情、罪責感、強いナルシズム的欲求などの時期が見られた。これらは分析によって弱められたものの、完全に取り除かれたわけではなかった。しかしヴォルフマンの分析によって生じた肯定的な結果は実に印象深いものである」[21]とミュリエル・ガーディナーは付け加えているが、どれほど印象深いものであるかは読者のみなさんがこれから後の対話を読んで御自分で判断されるであろう。

(1) 『ヴォルフマン自身によるヴォルフマン』九ページ。
(2) 同書一三ページ。
(3) 同書一四ページ。
(4) 同書一〇一ページ。
(5) 同書七九ページ。
(6) ジクムント・フロイト『ある幼児神経症の病歴より』第Ⅷ巻(一九六九年、S・フィッシャー社刊)。
(7) 同書一二九ページ。
(8) 同書一三二ページ。
(9) 同書一三〇ページ。
(10) 同書一四九ページ。
(11) 同書一五七ページ。
(12) 同書一三三ページ。
(13) 同書一九三ページ。
(14) 同書一九〇ページ。
(15) 同書一八八—一八九ページ。
(16) 同書一六〇ページ。
(17) 『ヴォルフマン自身によるヴォルフマン』三四三ページ。
(18) 同書三四三ページ。
(19) 同書三四七ページ。
(20) 同書四〇六ページ。
(21) 同書四一一ページ。

II　ヴォルフマンとの対話

父フロイト

ヴォルフマン（W）　気分がすぐれなくてね、この頃はいつもひどく憂うつになってしまうんですよ……（と私を疑い深そうに見る）。おそらく、あなたは精神分析が役に立たなかったのかとお思いでしょうね。

私（O）　いいえ、なぜです？　誰だって気分が悪いことはありますよ。――憂うつになる何か特別な理由があるのでしょうか？
W　そのことについては話したくありません。――ところで、あなたは精神分析に興味がおありですか？――ああ、世間ではまたこのたぐいの興味が再燃しているようですね。物理の世界では何かを解明することができますが、人間の頭の中は覗くことができません。だからみんなが興味を持つわけですが、以前は違っていました。私は前に一度、二十年前ですが、精神分析に関する論文を二、三本書いて、いくつかの雑誌に掲載を問い合わせたことがあります。当時は誰もそんな論文に興味を示さなかった。編集者の一人が私にこう言ったことがあります。アインシュタインの相対性原理だったらまだわかるが、精神分析なんて、いったいこれをどうしようというのか、と。当時私もこれには憤慨したものです。フロイトは天才だった、このことは言っておかねばなりません。彼は自分の考えの全体を一つの体系にまとめ上げました……。たとえ当たっていないことがたくさんあるとしても、これは偉業だったのです。
O　私は何度かあなたの具合を見にここへ足を運んだのですが、お会いできませんでした。この前、書き置きを残していったのですが……。
W　そうそう、あなたが大きな紙に書き置きをしてくれて、良かったですよ。そうでなければおそらく見落としていたでしょうから。あなたがいつ訪ねて来られるのか、はがきに書いて送ってくれると一番良いと思います。――このところ家にいないことが多かったのです。ニューヨークのフロイト・アルヒーフのE先生がウィーンに四週間おられたので。いつもは先生はせいぜい三週間滞在するくらいですが、今回は四週間でした。フロイトの患者がどうなったかに関心があるので、私を診てくれるのです。いつもは午前中の朝早くに、時々は夕方に、私に来てほしいと言われるので、いろいろと苦労して早起きをしなくてはなりませんでした。ふだんはもっと遅くまで寝ているのが好きなのですが。——ええ、それから木曜日の午後には、S先生のところへ通っています。何の役にも立たないのですが。

O　それならどうして通っていらっしゃるのですか？

W　私にも良くわかりませんが、E先生が前に一度、私に行ったほうが良いとおっしゃったので、まあ行ってみたのですが、それでそのまま通っているのです。彼のことをご存じですか？

O　S先生ですか？　ええ、一度だけインタビューしたことがあります。

W　私は一年前から老人ホームに——この近くの住宅街にあるんですが——申し込みをしています。E先生とS先生がどうしてもそうしてほしいというので。あちらでは空部屋が出るまで一年ぐらいかかるという話でした。また問い合わせなくてはならないのですが、全然気がのりません。あそこは一部屋しかないのですよ、ここには部屋が二つと小部屋と台所があるというのに。だがそのうち、きっと私にはすべてのことが難しくなるでしょうね、この五階まで上がってくるのも。この建物にはエレベーターもないし……（うめき声を上げる）。ああ、みんな年老いていくというのに、誰もそれがどういう意味なのかわかっていない。私はもう休暇中に遠出をするのをやめてしまいました。荷造りをするのがもうたいへんな骨折りなのです。以前はゼメリングやシュタイアマルク*に出かけたものですが。オーストリアは、それはもうどこもかしこも美しいのです。ところで、私はニューヨークに移ろうかとも考えていたのですが、それも単なる幻想で終わってしまいそうです。英語だって話せないし……。

O　フロイトは、あなたの病気が突発したのは淋病のせいだと書いていますね。

W　何のせいですって？

O　淋病です。

W　もう一度言ってくれませんか？

O　り・ん・病です！

W　ああ、あのひどい代物について話をしなければならないとは！

O　それがどうしたとおっしゃるのです？　そんなこと

＊　いずれもオーストリアの地名。ゼメリングはオーストリアとイタリアを結ぶ東アルプス越えの峠。シュタイアマルクはオーストリア南東部の州で、州都はグラーツ。

は誰にでも起こることではありませんか。私も前に淋病にかかったことがあると言ったら、安心なさるでしょうね？

W　あなたがそんなことを言ってはいけません！　私のことを本当に信用してくれなくては。それはこういういきさつだったのです。ギムナジウムの時に友人が一人いたのですが、その友人の年上の友人がお膳立てをしてくれたのです。そこは喫茶店で、店には女の子が三人いたのですが、この友人はその子たちがいる喫茶店には違った利用法もあることを知っていました……。

O　いったい、どんな女の子たちだったのですか？

W　ウェイトレスだったのですが、近くに部屋を一つ借りていました……。

O　そのことを店の主人は知っていたのですか？

W　ええ、明らかに知っていたようです。我慢していたのか、あるいはそれどころかお膳立てしていたのかもしれません。おそらくいくらかはそれで稼いでいたのでしょう。

O　彼女たちはいくつぐらいでしたか？

W　十七歳でした。

O　それはあなたの初体験でしたか？

W　ええ、いずれにせよ、私たちはそこへ行って、友人に――失礼、あなたにこんなひどい話をしなければならないとは！――コンドームをつけるべきかどうか尋ねたのです。そうしたら彼が、そんなことしたら売春婦に笑われると言うので、私たちはつけなかったのです。その際彼は奇妙なことに、まあ迷信ではあるけれど、男は最初に寝た女と同じ名前の女と結婚することになる、と言いました。それは私たちには当てはまったのです。彼女の名前はマリアといったと記憶していますが、私の家内は確かにマリア・テレーゼという名前でした。ピッタリ当たったのです。

それからこの友人の場合も……。そもそも彼は私のヴァイオリンの先生の知り合いの一人ですが、私の父が私には友人がいないことに気づいたので、一度、先生が彼を農場に連れてきたのです。彼が私を喫茶店に連れていったわけですが、彼はナジャという名の女の子と寝ました。ヴァイオリンの先生の娘さんもナジャという名前でした。お父さんである先生は、娘さんに彼と結婚してほしいとは思っていなかったのです。特に良縁というわけではなかったので。だけど先生がそのうちに亡くなると、彼らは結婚してしまいました。おわかりでしょう、迷信が偶然にも当てはまったのです。まあ、いずれにせよ、その後はそういうことはなかったのですが。

O　淋病にはそれよりあとでかかったのですか？

W　ええ、それよりあとでした。農家の娘からうつされたのです。それから一年後のことでした。その頃は田舎では何も起こらないと思っていたのは確かです。娼婦のところへ行くと危険だが、田舎ではあまり危なくないといつも言われていました。ところが逆だったのです。それどころかその娘は結婚していたのです。ただし、私が思うに、夫は軍隊にいたようです。まあいずれにせよ、あそこではそんなことになるとは思ってもみませんでした。もっと別の場所の話だと考えていたのです。

O　それであなたはその農家の娘にお金をあげたのですか、それとも恋していたのですか？

W　とんでもない。でも、いつもいくらかはあげていました。そうすることになってましたから。少なくとも私はそう信じていましたが、もうずいぶんと昔のことです。

――いずれにせよ、その農家の娘のところで問題が起こったのです。同級生の一人が、当時、慢性の淋病にかかったと言っていたことがありました。それにはずいぶんと驚いたので、私もそうだと思い込んでしまいました。慢性という言葉は恐ろしいものでしょう？　医者は私にカテーテルを入れましたが、とても時間がかかるうえに痛かった。いったい、今ではどうしているのですか？

O　ペニシリンを注射するんです。

W　当時はそんなに簡単には済みませんでしたよ。ところで、その医者には満足できなかったので、私は教授を見つけて治療してもらいました。少したってからその医者は「明日にでも結婚できますよ。しばらくはまだ脚にしずくがたれるかもしれませんが、たいしたことはありません。それもじきに消えるでしょう」と言いました。

――そう言ってもらったにもかかわらず、私は心配になりました。何の根拠もないのはわかっていました。しかしそれでも……。それは強迫観念だったのです。そもそも誰も淋病についてそんなに知らなかったのです。私は具合がひどく悪くなりました。姉が「どうしたの？　恋でもしたの？」と言うので、私は「当ててごらん」と言いましたが、姉には当てることができませんでした。あなただって、姉が当てられるとは思わないでしょう？

O　当てられるはずはありませんものね。

W　多少とも気づいたのは一人だけ、ヴィクトールという人だけでしたが、彼のことについてはあとでもう一度お話しします。彼は私たちと交友があった学生で、私が会った時、彼には私が病気、それも精神的な病気であることが即座にわかったんです。「どうしたんですか？　何だか別人のように見えますよ。本当にすっかり変わってしまいましたね」と言うので、私が「いいえ、たいしたことはないんです」と答えると、彼は「だけど、本当にまったく別人のようですよ」と言ったのです。彼は気づいていたのです。

その後私は母と姉と一緒にベルリンへ行き、そこのサナトリウムに入りました。そこには祖父か曾祖父がスウェーデンから移住してきたというハッセルブラートという学生を一緒に連れていきました。おかしいでしょう？いつも知らない人たちを連れていくのです。それでこのハッセルブラートにはアントン教授という伯父さんがいて、ウィーンの精神科医でした。彼もたまたまベルリンに来ていて、ハッセルブラートは私にその伯父さんである医者の診察を受けたいかどうか尋ねたのです。彼のところへ行くと、全体的に見ると思春期神経症だと診断されました。これはいずれ消えるものだから、旅行をしたほうが良いと勧めるので、私たちはイタリアへ行ったのですが、これは私にはいい気晴らしになって、いやな考えがすべて消えてしまったのです。ハッセルブラートは道連れとしてはとても適していました。物静かな人間でしたし、彼自身も淋病を患っていたのです。彼はそれ以前にも何度かかかっていたのですが、ローマでまた新たにかかってしまいました。その頃には、淋病はそんなに恐ろしいものではないなと思うようになっていたのですが、それが実際のところ一番いい収穫でした。

O　正しかったんですね。

W　医者の忠告は当たっていました。――それでほかのことを思い出しました。その話をさせてください。私は淋病の前にもペニスや脚が痛かったことがあるのです。ダニという虫を知っていますね。農場では私たちはやぶの中を駈け回ったり、芝生に寝ころんだり、木登りをしたりしていたのですが、ともかく、突然に何だかかゆくなったので、こすったり掻きむしったりしました。最後には、脚が巨大に赤く膨らんで、まったく信じられないようなかたちになってしまいました。父に言うと、父は従軍外科医の男を呼びにやりましたが、こういう人たちは正規の医者ではなくて半人前の医者だと言われていました。でもその医者はこの件に関しては理解があったようで、何とかダニを退治してくれたので、まもなく治りました。私は二週間ほど寝ていたと思うのですが、頭に氷嚢をのせてもらっていました。

O　その時は何歳だったのですか？

W　八歳ぐらいでした。淋病が私にとってひどく印象深かったのは、おそらくこのことも関係していると思います。ですが、それは……そのことを友人に話したかどうかはわかりません。――それに他にもこんなことがありました。十五歳くらいの時、またその場所がかゆくなったのですが、それは冬のオデッサでのことでした。掻いていると赤く腫れてきたので、何かおかしいとわかったのです。父にこのことを言うと、折しもちょうど父のところへ医者が来ていたので――神経科医でしたが――その医者に診てもらいました。これは淋病ですと言われたのですが、その当時はまだ女性と付き合ったことがなかったので、まったくありえないことでした。父は――おわかりでしょうが、これが当時の性教育だったのです――「女のところへ行っただと！　梅毒にかかりたいのか？　腐ってみたいのか？」と言って、罵りはじめました。「そんな覚えはありません、風でうつったのではないですか」と言うと――ふざけて言っただけです、風邪のようなものだと思ったので――「馬鹿なことを言うな」と叱りつけられました。もちろん父は専門家の往診を頼んでくれましたが、その医者は淋病などではないことを確認してくれました。皮膚の下が何だか炎症を起こしていたのです。もしかしたら私は自分の脚を十分きれいに洗っていなかったのかもしれません。医者が何か薬をくれたので、その症状は消えてしまいました。――父のことを脅威に思っていたのがおわかりでしょう。淋病に対して恐ろしい印象を持つようになったのは、このことにもよるのかもしれません。まあ、良くわかりませんが。

O　それでは淋病のほうは良くなったとして、その後あなたのお姉さんが自殺したわけですが、なぜその頃フロイトのところへ行っておられたのか、そこがいまだによくわからないのですが。いったい、フロイトにはどんな悩みを訴えておられたのですか？

W　まあ、抑うつです。

O　それでは抑うつのせいでフロイトのところへ行かれたのですか？

W　ええ、実際にはテレーゼのせいでした。

O　ということは、恋をしたから精神分析の治療を受けはじめたということですか？　でも、そういう状況になったら、少しは混乱した状態になるのはごく当たり前のことではないでしょうか？

W　ええ、まあ、もしかしたらフロイトがいなくても万事うまくいったかもしれませんね。しかしながら、医者も母も親戚もみんなテレーゼに反対していました。みんなは「あれは一緒に暮らしていけるような女じゃない」と言っていました。もし私がテレーゼのところへ行こうと決心していたならば、フロイトの治療を受けなくてもうまくいっていたかもしれません。

O　それからオデッサであなたの主治医だったドロスネス先生ですが、彼も彼女に反対していたのですか？

W　そうです。——彼が「テレーゼのところへ行きなさい」と言ってくれていたなら、万事が丸く収まったかもしれません。だけど彼はそうは言わなかった。それで私もどうすべきかわからなかったのです。私は自分の思い通りにすることができずにいたのですが、ちょうどその頃私たちはウィーンへ行ったのです。そこでフロイトが、それは女性に対する感情が迸り出たのだから、テレーゼに会いにいってもいいなどと言わなかったら、私はそのまま留まることはなかったでしょう。治療がそんなに長いこと続くなんて、誰も考えてもみませんでした。私はすぐに良くなるものだと思ってました。ドロスネスはオデッサでこんなふうに説明してくれていました。「精神分析というものがあって、フロイト教授という人が新しく素晴らしい方法を発案した。それはほとんど奇跡のようなものだ。彼によると子ども時代の何らかの体験、つまりトラウマが病気の原因なのであって、その出来事を思い出せば健康になる、しかも五分のうちに。」すべてがトラウマのせいで起こるという考えは、もちろん私にはとても気に入りました。

O　それで、フロイトはあなたに病状がかなり長く続くだろうと言ったのですか？

W　いいえ。最初は二、三か月で終わるような感じでした。だけどそれからどんどん長引いていったのです。——フロイトの言ったことが全部正しいとは言えないにしても、彼は天才でした。あなたが彼に会っていたら、彼の魅力的な人柄がわかったでしょう……。とても真剣な目をしていて、心の底まで見抜いてしまうんです。見かけはとても感じが良くて、私は彼に好感を持ちました。それはまさに転移でした。彼には人を引きつける力があって、アウラのようなものが放射されていて、その力はとても心地良く肯定的でした。私が彼にさまざまな容態を話すと、彼は「あなたが患っているものに対しては、もう治療法を持っています。あなたはこれまで、自分の病気の原因を便器の中に求めてきたのです」と言いました。——当時は、精神的状態に身体的なものから近づこうとしていて、心理的なものなどまったく無視されていたのです。それに、何でも説明がつくということは一種の誘惑でもありました。

O　それで彼はあなたにどうすべきだと言ったのですか？

W　まず最初はあるサナトリウムに入ったのですが、フロイトはすでにそこに患者を何人か入院させているから、往復する時間を節約できると言っていました。六週間ほどそこにいました。医者に「あなたの病気に対しては、私たちはもう正しい治療法を持っている」と言われるのは、素晴らしいことでした。それはまさしく信仰でした。

O　それで、あなたが最初の時間にベッドに横になった時、フロイトは頭部のほうに座ったのですか？

W　なぜそうするのかも教えてくれました。ある女性がいて、フロイトが反対側に座っている時に、彼を誘惑しようとしたというのです。

O　えっ、そうなんですか？

W　まあ、私にとってはすべてが新しく興味深いものでした。私は歳とった精神科医たちにも慣れました……。フロイトは、思いついたものはすべて、考えが浮かんだらそのまま話さなければならないと言いました。

O　フロイトはこう言ったんですね。治療では、あなたは思いついたことをすべて言わなければならないと。

W　私の頭に浮かんだことはすべて。

O　なぜだか説明してくれましたか？

W　いいえ、詳しいことは何も説明してくれませんでした。彼は、明らかに、最も重要な事柄は無意識の中にあって、自由連想を通じて現われてくると考えていたのです。フロイトが私に説明してくれた時、私が「なるほど、私も同じ意見ですが、それが本当に正しいかどうか、もっと調べてみたいと思います」と言うと、「そんなことをしてはいけません。あなたが物事を批判的に見ようとする間は治療ができなくなってしまうからです。こうすることがとにかくあなたの助けとなるのです。あなたが信じようと信じまいと、助けになるのです」と言うので、もちろん、私もそれ以上の批判は控えました。

O　どうしてですか？

W　私がさらに批判を続けるならば、治療のほうはまったく進まなくなってしまう、なぜなら私がいつも何か証拠を見つけようとするからだ、とフロイトが言ったのです。どこかに彼が書いていたのですが、私には矛盾を解明するということに特別な好みがあったのです。おそらく、それは私の性格のまさしく反対のことだからでしょう。私はと言えば、絶えず矛盾が心の中で戦い合っているのですから。論理を持たなければならないときにかぎって論理がないのです。理論的な領域では、論理的なのに。感情の領域で論理的になれると良いのですが……。

　だけど、フロイトが「批判したり、深く考えたり、矛盾を追及したりしてはいけません。そのかわり私があなたに言うことを受け入れるのです。そうすればひとりでに病状は改善するでしょう」と言ったのは、とても興味深いことです。それによって、もちろん、彼という人に対して完全な転移を起こすことに成功したのです。これは良いことなのでしょう？　これも疑問の一つなのですが。強すぎる転移は、他の人たち、つまりフロイトの代理の人たちへの転移を引き起こし、批判することなしに信用するという結果を招きます。このことは私の場合も部分的に起こりました。だから転移というのは危ないことでもあるわけです。

O　そうでしょうね。

W　すべてのことを批判的に検討していったら、精神分析には残るものはあまりなくなってしまいます。まあ、私には助けとなりましたが。ともかくフロイトは天才でした。細かいことをすべて記憶にとどめ、何も忘れることなく推論を引き出すという彼のなしとげた仕事を考えてごらんなさい。一日に六人も七人も患者がいて、何をして、何を書いたかを。あの人は才気に満ちた、とても賢い人でした。それには議論の余地はありません。それに彼が間違いをしたことですが、人間ですから間違うことはあります。それから、彼が自分の仕事を過大評価していたことですが、それも明らかです。

O　それは誰もがやることですものね。

W　もしフロイトが自分の仕事を過大評価していなかったら、彼の成功はまったくありえなかったかもしれません。

O　あなたがフロイトについて語る時は冷静で理性的なようですが、決まったように「フロイトは天才だった」と言いますね。あなたは彼に対して感情的な関係を持っていたのではありませんか？

W　誰に対してですか？

O　フロイトに対して。

W　ええ、まあ、私は本当に彼を尊敬していたのです。――つまり、それは父から来ていたことでした。父は私よりも姉をひいきにしていたので、私は父に失望していました。つまり、父との関係は良くありませんでした。と言うのも、同性愛的というか、私は父が大好きで、父が私の相手をして経営の手ほどきをしてくれるといいと思っていたのです。それから、やがて父が死に、もう私には父親がいなくなったのでフロイトのところへ行ったのです。するとフロイトは「あなたのお父さんが亡くなったのは幸運なことだった。さもなければあなたはけっして健康になれなかっただろう」と言ったのです。彼がそう言ったのを今思い出しました……。

おそらく、父が死にでもしないと、フロイトの中に自分自身の父を見るという、この父からフロイトへの転移は起こらないと彼は考えたのでしょう。父がちょうど死んだあとにフロイトのところへ行ったのは好都合だったかもしれません。彼が転移を重視していたのはご存じでしょう。――もちろん、転移を通じて治癒するわけですが。私は父に対してある葛藤を抱いていました、外面的にではなく内面的に。そして父が死に、フロイトが「幸運なことだった」と言ったわけです……。つまりフロイトはこう言っていたのです、もし父が死んでいなかったら、フロイトに対する転移は起こらなかっただろうと。

O　思いついたことをすべて話すというのは難しかったですか？

W　まあ、時には本当は話したくない内容を思いつくこともありました。でも私は規則にはすでに従っていましたし、いつも何でも話しました。子どもの時には冒瀆的な考えを持っていて、神を罵ったりしていました。それでフロイトの時にも、彼は悪党だというような考えを思いついたのですが、それを話したのです。フロイトはストイックにそれに耐えていました。

O　あなたはフロイトにそんなことを何度も言ったのですか？

W　いいえ、何度もということはありません。

O　それであなたはそんなことをただ考えただけなのですか？

W　考えがちょうど浮かんだのです。

O　「フロイトは悪党だ」――それに対して彼は何と言ったのですか？

W　ストイックに耐えていました。フロイトによれば、本来、精神分析家は一種の神のようなものでなくてはならないのだそうです。

O　なるほど……。

W　でも精神分析ってやつは、それを頼りにしていると、個人が自主的な決定をする際に邪魔になると思いませんか？

O　そうかもしれませんね。――フロイトは分析の時にもタバコを吸っていましたか？　何しろ愛煙家でしたから。

W　ええ、吸っていましたね。

O　で、あなたも吸っていた？

W　いや、吸いませんでしたよ。横になっていたのでね。

O　寝椅子でも吸えますよ。

W　それには灰皿を借りなければならなかったでしょうが、そうはいかなかったのです。当時の私はあまりタバコを吸いませんでしたしね。

O　フロイトは吸っていたのでしょう？
W　ええ、ほとんどいつも吸っていました。
O　それに、私が読んだところでは、精神分析を始めた最初の頃は、患者たちを自分の家に食事に招待していたという話ですが。
W　いや、そんなことはしていませんでした。
O　それでは、あなたが治療を受けた頃にはもうやめていたのですね。——フロイトは時々飲み物などを取り寄せてくれたということですが。
W　いいえ。
O　一度も？——いったい、いつも何時に行っていらっしゃったのですか？
W　時には午前中でしたし、午後の時もありました。
O　精神分析では分析家は白壁を演じていて、非人間的な振舞いをしており、自分自身のことは何もしゃべらないので、多くの患者がそれをたいそう耐えがたいものに感じています。それで、彼らは分析家に対して恐ろしいほど攻撃的になることがありますけど。
W　いや、攻撃的になるなんてことは一度もありませんでした。——フロイトは時々は自分自身の意見も口にしていました。
O　でも、一般的に言って、彼は自分自身のことは話さなかったのではありませんか。
W　多くは話さなかったにしても、いくらかは。例えば、絵画について話していましたし、彼の息子が画家になりたいと言っていたのに、後に断念して建築家になった話をしました。結構いろいろなことを話してくれたのですが、それでもほんのわずかだったと言えます。
O　それであなたは毎日彼のところへお通いになったのですか？
W　ええ、日曜日以外は毎日。
O　毎日一時間を四年間……。
W　そうです。ちょっと信じられないことですが。
O　それで、あなたが四年間ウィーンにいたことをお母さまは心配なさらなかったのですか？
W　ええ。私が良くなっていくのがわかったので、了解してくれたのです。
O　フロイトは一時間あたりどのくらい要求したのですか？
W　四十クローネです。
O　それはだいたい今のお金で言うとどのくらいなんですか？
W　難しいですね。比べられるような数字を挙げることはできます。ドイツでは上等のサナトリウムが一日あたり十マルクかかりました。十マルクには、治療、医者、部屋、何でも含まれていたのです。いったい十マルクはどれほどだったのでしょうね？　くだらない話ですが。
O　それでは十マルクは何クローネだったのですか？
W　ロシアの一ルーブルが約二・五フランでした。クローネもスイス・フランもフランス・フランもみな同じぐらいの価値でした。マルクはいくらか価値が大きかったのですが。
O　言い換えると、一時間あたりに払った四十クローネというのは、だいたい十六ルーブルだから、三十五マルクということになりますね。それでサナトリウムが一日十マルクかかっていたとすると、いずれにせよとても高かったですね。
W　とても高かったのです。当時ロシアでは、ちょっとしたサラリーマンがひと月あたり百ルーブルで暮らさねばならなかったんですよ。全体的にどれほど生活水準が低かったか想像できるでしょう。――まあ、精神分析の欠点は裕福な人々だけが考慮される点にあります。そんな治療を受ける余裕のある人はほとんどいません。私も今だったらとても受けられなかったでしょう。さらにまた、多くの人にとっては、お金がまさに病気を引き起こす原因ともなっていたのです。でも、この問題は完全に度外視されていました。
O　ではフロイトは貧しくはなかったのですね、一日八ないし十時間も診察をしていたのですから。
W　ええ確かに。でも彼はそんなにうまくやっていたわけでありませんでした。なにしろ戦時公債の契約をしていたのですから。
O　おや、そうですか？
W　ええ、彼は戦争でお金を失ってしまったのです。
O　あなたはフロイトの家族を知っていましたか？
W　顔を見たことがあるだけです。息子のマルティンとはあとから知り合いになりましたが。フロイトのもとで治療を受けていた当時、マルティンが階段を昇っていくのを見たことがあります。それから娘のアンナ・フロイトは当時はまだ少女で、たぶん十五歳だったと思います。
O　それでは他の患者のことはご存じでしたか？
W　顔を見たことがあるだけです。そのうち二人には後で道で会いましたが、健康そうには見えませんでした。フロイトが教えてくれたところでは、このうち一人はユダヤ人の男爵で、オーストリアではユダヤ人も貴族になれるということでした。この男はとても太っていて、診察時間に会った時には、しゃれた服を着て普通そうに見えました。でも戦争が終わった後では、ひどいようすになっていました。それに、まったくとんでもない奥さんと一緒に生活していました。みんなが、彼がおちぶれていることと、どうやら健康を害しているらしいことを知っていました。でも、それ以上詳しいことは知らないのです。もう一人の男もたいそう奇妙な服を着ていました。――これらの患者とは診察時間に会ったので、フロイトに「この人は誰ですか?」「ではこの人は誰?」と尋ねたわけです。

O　フロイトはあなたに教えてくれましたか?

W　彼らの名前は言ってくれませんでした。

O　『ある幼児神経症の病歴より』を最初に読んだ時、どんなことを思いましたか?

W　あまり深く考えたことがありません。

O　当時、あなたはフロイトが書いたことはすべて正しいと思っていたのですか?

W　そのことについては考えたことがないのです。転移のせいでした。

O　では今では?

W　夢のことがあります。私は夢の解釈についてはあまり評価していないんです!

O　なぜですか?

W　私に関する話では、いったい夢によって何が説明されていたでしょうか? 私には何だかわかりませんでした。フロイトは、すべてを夢から導き出した原光景に帰因させています。でも夢の中では原光景は現われていません。彼が例えば、白い狼を寝間着か何か、麻布や洋服だと決めてかかっても、どうもこじつけとしか思えないのです。窓が開いているとか狼が座っているとかいう夢の中の光景から彼の解釈に至るまでは、よくわかりませんがとても長い距離があるように思うのです。あれは多かれ少なかれこじつけです。

O　こういう夢を見たということは合っているのですか?

W　ええ、それはその通りです。

O　でもあなたはフロイトに他の夢もいくつか話したのではないでしょうか?

W　まあ、確かに。でも、どんな夢について話したのか、もう思い出せないのです。

O　それで、フロイトがあなたに夢の解釈をした時は、感銘を受けなかったのですか?

W　いや、まあ、彼が言うには、意識の領域で認知しようとしまいと同じであって、作用は等しく残るそうです。この主張は、証明される必要がありますよね。だから、私には自由連想のほうがより共感できます。そこでとにかく何かを思いつくわけですから。しかしながら、この原光景というのは作りごとにすぎません。
O　フロイトが夢から導き出した、あなたが両親の性交を三度ほど目撃したという解釈のことですね。
W　全体的にありえそうもないことなんです。というのはロシアでは子どもたちは部屋で子守りのそばに寝ていたのであって、寝室の両親のそばで寝ていたわけではなかったのです。一度ぐらいは例外があったかもしれませんが、そんなことがわかるでしょうか？　それに、そんなことは一度も思い出せないのです。

論理学では、結果から原因を推論するのではなくて、反対に原因から結果を推測するのです。aがあるところにbもあったのならば、再びaが現われた時にはbも見つかるに違いありません。これを逆にして、結果から原因を推論すると、裁判の際の間接的証拠のようになってしまいます。でも、これこそが大きな弱点だと思いませんか？　彼が私が見たと主張しても、それが本当のことだと、彼の空想ではないと、誰が保証するのでしょうか？――これが一点。理論から始めるのが一番です。それから二点目ですが、無意識の中にあるものをいくらか意識化したところで、何の役にも立ちません。フロイトは前に一度、自分が精神世界の革命家だと言ったことがあります……でも、私は精神分析を批判的に見つめてみなければなりません。私にはフロイトが言ったことをすべて信じることはできないのです。私は原光景の記憶はやがて甦ってくるだろうとずっと考えてきましたが、決して思い出したことがないのです。
O　思い出したくないという抵抗が、これまで強すぎたからだとも言えそうですが。
W　ええ、まあ、それもありうることですが、証拠がありません。
O　そう、証拠はありません。――ところで、あなたのお姉さんの話ですけれども……。
W　ええ、姉のことについては覚えているんですよ。フロイトが狼について言ったことが何だったか、他のことは覚えていないのですが。でもこのことは知ってます。「彼女は攻撃的だった。そのため、コンプレックスが消えずに、何らかの方法で影響を及ぼしつづけているのだ」と言われました。
O　そのことをどう思いますか？
W　姉のことですが、姉にペニスをいじられるといったような誘惑は子どもの頃にありました。子ども時代に起こることは、何かとても重要なことなのです。誘惑された時はまだとても小さく、五歳前だったに違いありません。五歳の時に、父が農場を売りましたから。私たちは扉の間に腰をおろして、それから姉がいじっていたのを覚えています。でも、だからといってあのような結果になってしまうものでしょうか、それとも、このことからあんな結果が生じることが、すでに病的なのでしょうか？　他の男の子も同じ経験をするかもしれないし、それでいて何の影響もないかもしれません。私にはわかりません。

O　たいていの子どもが性的な体験をしていますものね。

W　知り合いの女性が話してくれたのですが、彼女の息子さんが小さい頃、六歳頃だと思いますが、従姉妹の家を訪問したことがあったそうです。彼女が部屋に入ってみると、女の子が息子さんのあの部分、ペニスをいじっていて、「あら可愛いものがお尻にくっついているのね」と言っていたそうです（笑）。ですから、そういうことは起こるのですよ。そのせいで誰もが神経症になるわけではないし、知り合いの場合もそういう結果を招いたわけではない。まあいいでしょう、姉がしたほどには組織だっていたわけではなかったのでしょう。でも、一緒に裸の女の人の絵を見ていた時、私のほうから少しばかり姉のほうに迫ったのですよ。そのことはフロイトも書いていますが。

O　ちょっと今は思い出せないのですが。

W　私たちは裸の女の人の絵が描いてある本を眺めていたのですが、どんな本だったかは忘れました。それで覚えているのは、何か性的なものを外に表わしたい気持ちになって、姉に身体をすり寄せていったことです。すると姉はふいに立ち上がって、行ってしまいました。

O　何歳の頃ですか？

W　難しいのですが、たぶん十歳か、もしかしたらそれより少し上だったかもしれません。とにかく姉は私を拒否したのです。そのことがある役割を果たしているのかもしれません。――ですが、つまるところ、これは正常なことでした。姉は、他の態度はとりようがなかったのでしょう、さもなければ、本当に近親相姦になってしまうわけですから。あれがこんな結果を招くはずはないのです。そう、彼は彼女にすり寄った。しかし、結局はそれは彼の姉であり、姉と弟の間では起こってはならないことです。彼女は立ち上がって出ていった、それで事は片づいていたはずなんです。でも、この時の姉へのコンプレックスが、実際は私の生涯をだめにしてしまったポイントなのです。というのは、姉にある程度似た女の人――社会的立場や教養に関して言っているのですが――それだけでもう禁じられたもの、近親相姦だったからです。この種の精神疾患は遺伝するのかもしれませんが、そのことは考えないでおきましょう。――いずれにせよ、この記憶は、創作でもないし、推論や再構成でもありません。そのことは説明しました。それに、家内のテレーゼを選ぶ時に、この記憶は何の役にも立ちませんでした。彼女もとにかく私より身分の低い人間でなければならなかったからです。あるいは、はっきり言えば、低い身分の女か金持ちの女かのどちらかでした。

O　それでは、その女性たちはお姉さんに似ていなかったのですか？

W　似たところはありませんでした。金をとる人たちは姉ではありません。そうではない人たちが姉なんです……。ところで、フロイトは以前、催眠術を使って治療していたと私に言っていましたが。

O　ええ、初めの頃は。

W　初めのうちはやっていて、その後やめたわけですね。私が思うには、催眠状態は危険です。というのは、これも一種の転移だからです。もっとも、まったく同じというわけではありません。催眠では信頼していることを意識していないのですが、転移では信頼が大きすぎることを知っているのですから。だから、信頼に対して多少は批判的な態度を持つことができるわけです……。しかし、つまるところ、両者は明らかに似通っています。転移が示すようなことをするという場合、誰かに催眠をかけられてするのと良く似ています。つまりは影響力なのです。フロイトがこう言ったのを覚えています。「催眠だって？　催眠とは何かと言えば、われわれがすることはすべて催眠なのだよ」――ではなぜ彼は催眠をやめてしまったのでしょうか？　もう覚えていません。あなたはそのことについてきっと読んでいらっしゃるでしょう。なぜフロイトは治療方法を患者との対話だけに限って、催眠を使わなくなったのですか？

O　私が知っている限りでは、フロイトは、催眠は結局は効果がないとか、何かもっと合理的なものを見つけねばならない、と言ってます。

W　確かにそうですね。そうすると、その合理的なことというのが、この「幼年時代の」再構成の説明なのですね。――実際、私がフロイトのところへ行った頃には、その記憶はいつかはよみがえるものだと思っていました。そのことは、実際にフロイトも書いています。しかし、私の場合、何一つ思い出せなかったのです。

O　ではウィーンにいた四年の間、分析以外にふだんは何をしていらっしゃったのですか？

W　例えばフェンシングを習っていました。

O　ロシアにいた頃からフェンシングのレッスンを受けておられたのですか？

W　ええ。――親戚に将校だった人がいて、彼の刺激を受けて、何か運動選手になろうと思って、フェンシングを習ったのです。それでこのウィーンには以前イタリアの将校だったフェンシングの先生がいて、フェンシングのクラブを持っていました。――まあ、当時はまったく違った時代でした。人々は進歩を信じていて、人類は常に良くなっていくものだ、悪くなることはありえないと考えていましたから。ロシアに関して言えば、民主主義がやってきた時には、これでパラダイスが訪れると誰しも考えたものです。

それにウィーンはまったく違っていました。軍人がたくさんいる皇帝の都です。そのことが、この街に磨きをかけていました。それにまだあります。ユダヤ人のコメディアンはいつも一番良かったし、「ブダペスター・アフェア」というユダヤ人の劇場があって、ここのは素晴らしくて面白いし、しゃれがうまくて才気あふれるものでした。そういう劇場は今ではもうありません。

O　ユダヤ人もほとんどいなくなりました。

W　それからプラーター地区にはウィーンのヴェニスがありました。それもみんななくなってしまいました。まったく変わってしまったのです。例えば、今ではヨーゼフシュテッター劇場ではフランスの作品をよくやっています。私はフランスにいた頃は、フランスの作品がとても好きでした。エスプリがあり、内容もありました。でも、今、見られるのは……。とにかく、ひどいと聞いています。

さて、私がウィーンで何をしていたかというご質問でしたが、ドロスネス先生がこちらにいて、他にもう一人学生が一緒に来ていました。私が消化不良に悩まされていた時、このドロスネスの父親のサナトリウムから来た学生が、私に浣腸をしてくれたことがありましたが、その浣腸をしてくれた学生をウィーンに連れてきていたのです。それが、いわばこの学生の役割でした。しかし、裏では別の考えがありました。ドロスネスはトランプが大好きだったのです。彼はブリッジに似たロシアのゲームをするのですが、それには三人必要なのです。それでこの学生を連れてきたというわけです。私たちはよく朝の三時までトランプをやりました。実際にはこの学生はただ余計なだけでした。フロイトのところで治療を受けている時にこのことを話すと、彼は「分析家が無意識的な同性愛をどんなふうに扱うかは知っているでしょう」と言いました。――ええ、あれは無意識的同性愛を助長しますから、彼から浣腸をしてもらうのはやめにしました。フロイトのところで治療を受けていた時には、とてもお腹の調子が良かったのです。気分も良かった。私たちはプラーター公園のカフェへ行ったりしました。とても快適な生活でした。

O　でも、フロイトはあなたに期限を定めて、それまでには治療を終わらせようと言いましたね。

W　その通りになったとフロイトは書いています。

O　ええ、でも、その前はどうだったのですか？　そもそもなぜそんなことになったのですか？

W　まあ、たいそう長くかかったからです。四年というのは、やはり長いですものね。

O　でも、分析は進まなくなっていたはずですね。

W　そう言われていますが。

O　では、そのことに気づいていなかったのですか？

W　私はそのようには感じていませんでした。

O　何も目を引くようなことはなかったのですか？

W　ええ、何も変なことはありませんでした。ただ治療が終了して嬉しかっただけです。あの四年間は私にとっても少しばかり長すぎたので。

O　フロイトはあなたが抵抗の中へ逃避してしまったとほのめかしていますね。

W　いや、うまくいったと書いていますよ。彼が期限を設定したので、うまくいったと述べています。

O　しかし、期限設定は、そもそも患者に対してとる手だてがなくなった場合の最終手段です。だとすると、治療はもっとずっと前から進まなくなっていたのではありませんか。

W　彼の言明からすれば、確かにそうです。私にはそれ以上詳しいことはわかりません。私にはそう感じられなかったので。

O　ということは、あなたにはいつも何かしら話すことがあったのですね。

W　話すことならばいつも何かありました。でも、彼は見つけたいと思うものを見つけられなかった。それが何かは私にはわかっています。――でも、おわかりでしょうが、こうした再構成はどれも本当は疑わしいものなのです。あなただったら、精神分析家が作り上げるという再構成をすべて信じますか？

O　いいえ。――でも、この場合の再構成とは何のことですか？

W　それは、あの白い狼の光景のことや、両親と性交のこと、それらが病気の原因だったということです。あなたには信じられますか？

O　まあ、私は実際は信じていません。でも、私の質問というのは、なぜフロイトは治療が行き詰まったと言うはめになったのかということです。

W　フロイトをよみがえらせて尋ねるべきでしょう、違いますか？　彼の頭の中で何が起こっていたのかは、もちろん私にはわかりません。

O　では、幼年時代にあなたの農場にいた女中のグルーシャに関する件は、明らかにされなかったのですか？

W　この件は何かとてもぼやけているのです。正確にはよく知りません。覚えていないのです。グルーシャのことは一度も思い出せません。彼女は女中だったと思いますが、それ以上の詳しい事情は覚えていないのです。

O　でもフロイトは、期限設定をしたあとでさらに資料が得られたと書いていますね。

W　ずいぶん前のことですから。そのことについてはまったく見当がつきません。

O　それから、あなたがまだほとんど社会的関心を持っていなかったと書いています。「この患者には、人生に内容を与えているあらゆる社会的関心が欠けている[1]。」そして、分析の間にそれがどのように良くなっていったかを観察したと書いています。

W　ええ、その文章のことは覚えています。でも、たいした意味はないと思います。

O　これは当たっていないと思われるのですか？

W　そう思います。

O　……あなたの態度が変化したということが。

W　ええ、何がそんなに変わったというのでしょう？　私が試験を受けたことが？　政治的な活動に大いに関心を持ったなどということは一度もありません。そもそも社会的関心とはそういうものでしょう。

O　いいえ、どうしてですか？　他の人間に対する関心もそれにあたると思いますけど。

W　知人なら私にもいましたよ。

O　当時、つまりあなたが分析を受けていた時ですか？

W　もっとあとになると、テレーゼもいたんですよ。——ところで、期限の話ですが、フロイトは結末が欠けていると言ったのです。それで私は終わりが来たのだと喜んだんです。だって四年間もそこに座っていたのだし、やはり心地良いとは言えませんでしたから。

O　心地良いとは言えなかった？

W　ええ、そのうち、最後にはロシアに帰りたいと思っていましたからね……。私が何をしていたかお尋ねでしたね。——いや、本当に何をしていたのでしょう？　最初まず自分の勉強のための書物を注文しました。法学部を選んだのですが、そこでは自然科学のように実験が問題になることはありませんから。法科の学生の場合、講義で聴くことと同じことが本に書いてあります。だから、必ずしも大学に行く必要はないし、試験だけ受ければそれでも良かったのです。ユダヤ人はそうしてきました。聴講者数に制限がありましたから。彼らは外国で勉強してきても、そのことは認められませんでした。ですから、ロシアでは彼らは試験を受けねばならなかったのです。それで、私は試験の準備をしていたのですが、フロイトのところへ行ったり、テレーゼと劇場や映画館に出かけたりして忙しかったのです。

そうですね、それで思いついたことがあります。ある日、ロシアの領事から召喚状をもらったのです。どこからか私がロシア人であることを聞き出したのでしょうね。私が出かけていくと、領事は君はここで何をしているかと尋ねました。私は自分が病気であり、フロイトのところで治療を受けていると話しました。すると、彼は、なぜロシア人居住地に住まないのか、と言うのです。——いや、あのテレーゼをロシア人居住地に住まわせるなんて、とても考えられないことでした。まあ、まだあの時は結婚していませんでした。それからずいぶんあとになってから、やっとロシアで結婚したのです。あの頃は結婚は不可能でした。それに、彼女がロシア語を話せなかったのは問題ではなかったでしょうが、彼女がフランス語を話せなかったということはかなり事態を悪くしたと思います。ロシアでは、女性はフランス語ができなければならなかったのです。でも、テレーゼの場合は、どうしようもありませんでした……。そこで、できるだけ事情を打ち明けて話すしかありませんでした。それでこの件は片がつきました。おそらく、領事は私を金持ちのロシア人だと思っていたのでしょう……。寄付金などといったものを欲しがる人々がどんなふうか、あなたはご存じでしょう。後になって、彼らは反ボルシェヴィキ運動をしました。そのことに関して一度証言を求められたことがありましたが、私は何も知りませんでした。

O　一人では出頭できなかったのですか？

W　でもテレーゼを一人にしておくことができなかったのです。そんなことをしたら、彼女は嫉妬していたと思いますよ。

O　そんなに彼女は嫉妬深かったのですか？

W　十分、嫉妬深かったですよ。

O　では、あなたは嫉妬深くなかったのですか？

W　ある期間、嫉妬深かったことがあります。その時は彼女が女優のように着飾った写真を私に送ってくれたので、それで嫉妬を感じたのです。でも、その時だけのことでした。

O　それから、治療の最後にあなたはフロイトに贈り物をしましたね。

W　フロイトが「感謝の気持ちが強くなりすぎないようにするためには、贈り物は好適である」と言ったのです。私に何かを贈る気持ちにさせたのは、フロイト自身なんですよ。

O　では、フロイトはあなたが感謝していることを前提としていたのですか？

W　ええ。

O　それであなたは何を贈ったのですか？

W　エジプトの女王の像です、巨大な。

O　古代エジプトのですか？

W　ええ、古代エジプトのものです。

O　それはまたずいぶんとお金がかかったでしょう。

W　覚えていませんが、おそらくは。当時の暮し向きからすればどうということもありませんでしたが、骨董品でした。新しい作品だったら何の価値もなかったことでしょう。フロイトは本当に古いものをたくさん持っていました。――ところで、彼が一度言っていたことがあるのですが、エジプト人たちは新しい神々を受け入れても、前の神々を見捨てなかったそうです。前の神々を新しい神々と取り換えるのではなく、前の神々はそのままにして新しい神々を追加したのです。フロイトが言うには、私の精神も似たようなものらしい、あるいは似たようなものだったらしいです。新しい認識を受け入れることができるが、古いつながりを見捨てることもできない……。

O　そのことはあなたの『病歴』にも書いてありました。

W　それで事態が複雑になったことは明らかです。古いものと新しいものの戦いになったのですから。――対象カテクシス*という表現をご存じでしょう。私は新しい対象を手に入れても、古いものを見放せないので、それによって混乱が生じてしまうのです。

O　それは本来は、立派な特性ですよ。

W　でも、それによって事態がいっそう複雑になってしまうのです。

O　フロイトは何か具体例を挙げたのですか？

W　いや、そうではありません。純粋に理論的直観として話してくれたのです。それはそうと、どうしてエジプト人が出てきたのか、わかりません。もしアラブ人だったら……。

O　それで、四年間の治療の最後に、フロイトは言うならば治ったものとしてあなたを解放したのですか？

W　フロイトはこう言いました。精神分析をなしとげれば、健康になることができる。しかし、それには健康になりたいと思わなければならない。切符を買うようなもので、切符によって列車に乗れる可能性が得られる。でも私は必ずしも乗らなくてもよい。それは私がどう決心するかにかかっている、というのです。

このような観点から、彼は自由意志を認めたのではないでしょうか？　でも、一方、まさに精神分析に関する書物が嘲笑されているのはこのためです。どこから、そうした自由意志が生じるというのか？　すべては決定されているのに、というわけです。――フロイトに従えば、すべてが解明された時、当事者は健康になるはずであって、その人が健康になるかどうかを決定する自由があるわけではありません。でも、切符の件はそれとは逆のことなのです。そもそも、今では誰一人こうした自由意志などといった問題にはもう関わり合ってはいないのです。意志という概念はそもそも消えてしまっています。

O　たぶん、それは人を動かすものではないからでしょうね。――でも、フロイトはむしろ決定論のほうを信じていたんですよ。

W　まあ、それなら彼はこう言うに違いないでしょう。こうした幼年時代の問題がすべて解明されたなら、それが抑圧や制止の原因であるのなら、病気は消えるに違いないと。すべてが幼年時代に起源を持ち、すべてが想起されたら病気が消えるということが正しいならば、病気は消えるに違いありません。その場合、患者は自由に選ぶことができるとは言えないのです。ここにはある種の矛盾があります。――まあ、精神分析は実際のところ袋小路に入ってしまったのです。人間にそもそも法則をあてはめることができないとショーペンハウエルも言っていました。法則を使えない、すなわち、論理が人間の場合には使えないのならば、科学は成立しません。そうだとすると、心理学全体が疑似科学ということになります。

O　ええ、まあ、多くの人がそう考えていますね。

W　まあいいでしょう、フロイトによれば心理学は科学なのですから。しかし、誰もが意志を持っているに違いないという限定によって、フロイトは精神分析学の体系全体をまたひっくり返してしまうのです。

O　どういうつながりから、そもそもフロイトは切符のことを言い出したのですか？

＊　エネルギー充当、備給などとも訳される。性衝動エネルギーであるリビドーが特定の対象や人物に向けられることを指し、その方向が内的か外的かによって、自我カテクシス、対象カテクシスに分けられる。

W　すべてが解明されたら健康になるものなのかどうか、私が彼に尋ねたのです。すると彼は、いや、そんなことはないと言って、あの切符の比喩を持ち出したのです。

O　でも、フロイトの治療は役に立ったのでしょう？

W　まあ、彼のおかげでテレーゼと結婚できたということでは。決心はそう簡単にはつかなかったのですが、私は治療を終えることにしました。大学の勉強を終えて、三十年間保険の仕事についてきました。多かれ少なかれ普通に振舞ってきましたし、抑うつのほうも良くなっていました。でも、もちろん、これは疑問です。これは私たちには難しすぎるテーマなのかもしれません。私が何の葛藤状態にも陥らないことを前提として、フロイトは私を援助してくれたのです。重要なのは私が助けてもらったかどうかということではありません。すべては、どんな人間に出会ったか、どんな状況で出会ったかということ偶然によって決まるのです――。

それにしても、今年は暑いですね……。オデッサもいつも暑かったので、本来は暑さには慣れているはずなのですが。今年ほど暑さに悩まされたことがあったか思い出せません。昨年も非常に暑かったですが、それほどには感じませんでした。まったく、私には冬よりも夏のほうがこたえるのです。

O　もう帰りますね。すっかり遅くなってしまったようですから。

W　あなたに来てもらえて嬉しいです。(灰皿を見ながら)――私たちはずいぶん吸ったんですね。

O　一日にどのくらい吸うのですか？

W　一日三十本ほどです。

O　私もだいたいそのくらいです。

W　あなたはなぜ吸っているのですか？　しなければならないことがあるし、仕事もあるのに。――私も長いこと吸っていなかったのですが、最近になってはじめてたくさん吸うようになりました。

O　あなたの考えでは、人は不満になるとたくさん吸うのですか？

W　おそらく、あなたにはふさわしい相手がいないのでしょう。

O　まさか、それは別に大変なことではありません……。

W　きっと、あなたにはふさわしい相手がいないんですね。

O　今はあなたの強迫神経症の具合はどうなんですか？

W　生まれつきのものは変えられないと思いますよ。

O　ということは、今でも強迫観念に悩んでいるとおっしゃりたいのですか？

W　今のことを話しているのではありません。――過ちを犯してしまったことのせいで、常に自分を非難するなんて、正常なことではないでしょう。
O　ではいったい何が正常なのですか？
W　多くの人たちは単に忘れるか、あるいは他人のせいにするのです……。
O　その人たちが正常かどうかは問題ですね。

（1）『ある幼児神経症の病歴より』一八六、一八七ページ。

転移の残滓

W　ガーディナーが手紙で書いてきたことで、私もすでにあなたに伝えてあることですが、彼女はあらゆる形式のインタビューに反対しています。わかっていただかなくてはならないのですが、私にはどうすることもできません……。ところで、あるロシアから亡命した女性が女史に手紙を書いたのですが、その中に、私宛てのロシア語の手紙も同封してあったそうです。ガーディナーはすべてを送り返してしまいました。その人が何をロシア語で書いてきたのか、私に見せてくれるべきであり、私の所へ送ってくれるべきであったのに。彼女はそうしなかったのです。——まあいいでしょう、たぶんたいしたことではなかったのでしょう。
O　あら、ということは、その人があなたの女友達ではないかと思ったのですね？
W　ええ、そんなところでしょうか。
O　あなたは明らかにあらゆる方面から守られているのですね。誰もあなたには近づけない。
W　まあ、おわかりでしょう。——それに、他に彼女は私の本のことで骨を折ってくれたので義務があるのです。出版社と話をしてくれたり、他にもありますが、これはかなり大変な仕事だったと思います。
O　でも、彼女の利益にもなったんですよ。
W　ええ、これは転移ですよね。私は彼女にも転移したのですが、その転移は危険なものでした。私は他人を頼りにしすぎるのです。だから、みんな実際に去っていくのです、結局のところ。
O　そういえば、あなたは第一次世界大戦の勃発後にロシアへ行きましたね。テレーゼがあとからやってきて、結婚した。そこでテレーゼの娘が病気になって、彼女はドイツへ戻った。あなたはいくらか遅れて後を追いかけ、途中でフロイトのところへ立ち寄った。そしてフロイトは、あなたにはまだ分析されていない部分が少し残っていると言って、あなたはまた彼のもとへ治療に通った。この残りの部分というのは、本当のところ、何だったのですか？
W　残りが何だったたか、それだけで一章になります。まさに鋭い質問ですね。あなたは論理的に考えておられる(笑)。

O　で、その残りは何だったのですか？

W　汚らしいことです。でも、あなたは私のことをもうこんなによく知っているのだから、このことも話さなくてはなりませんね。恥ずかしいことです。言うべきでしょうか？　それとも言うべきではないのでしょうか？――あの頃、ある腸の病気にかかっていたのですが、あれは――残念なことに！――精神分析を介してかかったものでした。つまりこういうことです。一度、下痢にかかったことがあって、その時ドロスネス先生が農場に来ていたのです。私が先生に下痢になったと言うと、彼は鞄から紙に包まれた小瓶を取り出して、これはカロメル*ですと言って、いくらかをカップに注ぐと、飲みなさいと言いました。その結果、もっとひどくなったのです。

O　下痢が？

W　下痢が。次の時に、私が「あれは役に立たないで、かえってひどくなりました」と言うと、彼は「あげたのが少なすぎたのだ」と言いました。

O　何という薬でした？

W　カロメルです。

O　知りませんね。

W　あとで開業医から、これは馬にだけ使うのであって、人には使わないと言われました。それで、私はひと冬を何も食べられないまま過ごすはめになってしまったのです。紅茶や牛乳といった類のものしかとれませんでした。紅茶をちょっと飲むと、すぐにまたトイレに走っていかねばなりませんでした。ひどいものでした。粘膜が全体的にはがれてしまったのです。その結果どうなったと思います？――その結果、下痢は治りましたが、新たな状況が始まったのです。

O　便秘になったと思われますが。

W　ええ、便秘です。この便秘に関しては対処のしようがありませんでした。薬を飲んだら、またあの下痢が始まります。私は自分で浣腸をして何とかしたのですが、あとでフロイトには浣腸を禁じられました。そのことは、もうあなたにお話ししました。私はフロイトが処方してくれた薬を飲みました。その薬は今でも使っています。私の腸は自分ではもう全然動かないのです。週に二回ほど薬を飲んでいますが、時には痛みのせいで、週に一回だけ飲むこともあります。あの人がしたことはひどいことです。

＊　成分名は塩化水銀。甘汞ともいう。下剤としてのほか、電極や殺菌剤としても用いられる。

O　それ以前は消化不良はなかったのですか？
W　以前はまったく問題ありませんでした。
O　それで下痢のことですが……。
W　カロメルをもらったのはほんの二、三回でしたが、何かとても気持ちの良くないことでした。効くかどうかもわからず、後で痛みを引き起こすようなものを口に入れねばならないのですから……。この腸の一件の結果、あの頃またフロイトのところに留まることになったのです。フロイトは、このことはさらに治療しなくてはならないと言いました。
O　二度目に行った時ですね。
W　そうです。——当時、オデッサにイギリス人がいて、そちらへ行くこともできたのですが、愚かにもフロイトの言うことをきいて、ウィーンに留まったのです。それでまるまるひと冬を過ごしてしまいました。
O　それは消化不良のせいなのですね。
W　消化不良のせいでした。もし私が賢かったなら、「いや先生、留まるわけにはいきません」と言ったのですが。——私はフロイトの親戚か姻戚だという、何か射撃の選手である人と知り合いになったことがあります。この人はオーストリア人でしたが、ロシアで勉強していました。それでこの彼に、ロシアでボルシェヴィキが権力の座についたら、ロシアに留まるべきか、外国に行くべきかとフロイトに尋ねたら、フロイトは「生まれた国に残るほうがいい」と言ったという話をしました。すると、彼は「そう、フロイトは人間の知性のことはとてもよく知っているが、ボルシェヴィキについてはどうやら何も知らないようだね」と言っていました。
　彼は、世の中は二、三の事柄が変わるだけで、あとの残りはそのままだというふうに、何でも単純に考える人でした。私にはわかりませんが……。そう、フロイトのように頭のいい人がね。ロシアから帰ってきた時に、「あなたは世界大戦をどう考えますか？」とフロイトに尋ねたところ、「われわれの死に対する態度は誤っている」と答えただけでした。私はそれは態度などと呼べるものではないと思います。私は精神分析を受けたことがありますが、彼はもちろんとても頭のいい人でした。でも、やはり一人の人間にすぎませんでした。間違いは人間らしいことですが。
O　それであなたの消化不良はどうなったのですか？
W　その時私は、何とか、一人で二、三度は通じがあったふりをしたのです。するとフロイトは「うまくいった」と書いたのです。全然うまくいってなどいなかったのに！——どうでしょう、わかりませんが、もしロシアに帰っていてあちらで投機をやっているところへ共産主義者たちがやってきたら、たぶんここであなたと座ってお話ししていることはなかったでしょう。わからないものです。とにかく、理性は「向こうへ行って自分のことをきちんとしろ」と言っていました。私がフロイトに「お金のこともあるのでロシアに行きたいのですが」と言うと、彼は「いや、ここに残りなさい。まだいろいろと解明しなければならないことがあります」と言いました。それで私は残ったのです。そのせいで手遅れになってしまったのです。そのあとイギリス人のところへ行くと、彼らに「もうビザは使えません。赤軍がもうオデッサまでやってきています」と言われました。――それから、家内の死んだあとの一九三八年に、ビザのことでイギリス人のところへ行ってみると、何と私の書類がまだ残っていたのです。

O　あなたが残ったのは転移のせいでもあるのですか?

W　転移というのは陽性の関係であり、精神分析によって幼年時代に引き戻されることで、多少とも子どものように反応するものだと思います。

O　時々、フロイトが最後まであなたに対して父親の役割をしてくれなかったことを、あなたが悪くとっているような印象を受けるのですが。

W　そんな非難をするつもりはありません。私が非難しているのは、彼が旅行させてくれなかったことです。――さて、そう、腸のことは精神分析によって起こり、私は財産を失ってしまったのです。これもまた精神分析の負の側面です。このことについては話すべきですね。

O　ええ、もちろん。――ところで、その財産に関する件で彼のことを悪く思っていませんか?

W　彼は私を引き留めるべきではなかった。――でも、好きなように解釈できます。彼は、もしかしたら私を危険から救ったのだと言えるかもしれません。ありえることでしょうが、私にはわかりません。

例えば、オデッサにアナクランという名のとても裕福な一家がいましたが、その家の息子が私たちのギムナジウムにいました。私たちは昼食も学校で食べたのですが、配膳場ではみんな皿を手にして一列に並んだものでした。それで、そのアナクランが皿を手にして並ぶところをいつも私は観察していました。彼はローマの貴族のような顔立ちで、とても美男子でした。彼はあとであるシャンソン歌手と結婚したのですが、オデッサで車を買った最初の人でした。まあ、それから不幸に出会って、その地で亡くなりました。

このアナクランにはもう一人従兄弟がいたのですが、

これがとても醜男だったのです。当時、彼は学生で、どこかの誰かが彼を一度私たちの農場へ連れてきたことがありました。それ以前に彼と面識があったかどうかはわかりません。いずれにせよ、彼は想像できる限りで最も人畜無害の人間でした。それなのに、あとで母が何と言ったと思います？——あの人はボルシェヴィキの下で働いていて、銃殺されたというのです。だから、ロシア人にとっては誰に出会うかが運命だということがおわかりでしょう。一方の人間はあなたを銃殺するでしょうし、もう一方の人間はあなたを見逃してくれるのです。

わからないものです。もしかして私が自分の財産を守ろうとして、ロシアへ行っていたら、私もまた銃殺されていたかもしれません。いずれも、ありうることです。とにかく、理性は「家へ帰って家の問題をきちんと片づけること、腸を治すために残るようなことはしないこと」と告げていました。——でも、それは的を射ていなかった。そのことについて、あなたに話しておかねばなりません。これは事実であり、誰も見落とすことはできません。フロイトを非難して言っているのではありませんが、彼は神であるわけでもないのです。

さて、転移というのは諸刃の剣です。一方では役に立ちますが、他方では何か当たっていないものなのです。つまり、私がフロイトを父親と見なし、彼の言うことをすべて信じるとすると、間違いを犯すこともあります。例えば、彼はまさに今しか帰れないという時に、「あなたは自分の金銭的な問題を片づけるために帰るべきではない」と言いました。私は彼に対して転移を起こしていたのでここに残りました。この転移はすでに現実の偽造です。というのも、ここで転移の当該の人物は父ではないからです。ただ、私は彼が父であるかのように振舞うのです。ここに、ある種の危険が存在しているのがおわかりでしょう。そして、残ったために今度は報復を受けたのです。突然、何もかも手遅れになってしまいました。もし本当に私の父だったら、政治的なことはフロイトよりもよく知っていたでしょうから……。

O　あなたのお父さま？

W　ええ、父ならきっとロシアの政治的状況をよく知っていたでしょうから。そういうことはフロイトはまったく知らなかった。そもそも政治の勉強をしたことがないんです。精神分析は一人一人の人間を扱っているので、彼は政治には不案内でした。それに政治では、多少なりとも群衆心理学というかそう呼ぶべきものが重要でした。で、彼の意見はというと、私が彼に第一次世界大戦について尋ねた時、彼が言ったことを知ってますね。「われわれは死に対して誤った態度を持っている。」これでは何の見解を表明しているとも言えませんね。――まあ、私たちが自分たちに課している課題は、本当にとても難しいですね。私たちは精神分析に対して立場をはっきりさせようとしているんだと、少なくともそう理解していますが。
O　ええ。――簡単なことではないですね。――ところで、あなたはその時以来、オデッサへは一度も戻ったことがないのですか？
W　ええ。来る時に持って出た切符はまだ持っています。もしかしたら、それをあなたに遺贈するかもしれません……。ずいぶん前から、知人の一人がどうしても私を説得してロシアへ旅行させたいようで、ビザを持っているかと尋ねてきました。しかし、それが何の意味があるというのでしょう？
O　それで、あなたのお母さまと、どのくらいロシアに留まっておられたのですか？
W　母は一九二三年にロシアを去りました。最初はイタリアの叔父のところへ行ったのですが、それから私の従兄弟のいるプラハで暮らしていました。私の妻と母とは互いに理解し合えなかったのです。残念なことです。母はひと月に何度かはウィーンにも来ていましたし、私も一度だけプラハに行ったことがあります。母はソヴィエトのパスポートを持っていたので、外国旅行ができました。第二次世界大戦後、一度、ロシアの占領地へ入ってしまった時に、母が合法的にやってきたんだと言うと、私を尋問していた役人が「それには、たぶんすごい金がかかっただろうな」と言っていました。
O　お母さまはまだお金を払うことができたのですか？
W　ええ、そのようです。まだ宝石類を持っていたのです。
O　それでは、お母さまはスターリン時代を経験なさることはなかったのですね。レーニンは一九二四年に死にましたから。
W　レーニンの時代は、しばらくはとてもリベラルだったのです。それから飢饉が起こったので、レーニンは新経済政策を広めました。この頃は、私の従兄弟がいろいろなものを送ってきてくれました。すでにお見せした父や姉の写真とか。――ついでに思い出したのですが、私の本の評論家の中には、私がフロイトのところへ行っていた頃は、自分で服を着ることもできなかったようだと書いている人がいました。もちろん、馬鹿げたことです。他人の批評を書き写しているらしい人もいました。
O　何か自立していないようなことが書いてありました

が……。

W　まあ、精神的依存でしょうが、自分で服を着られないということではありません。私は一人でウィーンにいたんですから。それなら、いったい、誰が着せてくれたというのでしょう？　それに仕事もしていたのに……。

O　いえ、服を着ることについて書いていたのはあのマック「・ブランズウィック」だと思います。「かつて主治医をウィーンに訪ね、自分では服を着ることすらできなかったこの男は、今や……何でもいいから可能な仕事を得ようと努力していた[1]」――最初に書いたのは精神分析家のほうですよ、ジャーナリストではなくて。

W　あなたは自分の立場を弁護していますね。――そんな馬鹿げたことを書いたのがマックとは！　どうしたらそんなことが書けるというのでしょう？　まったく馬鹿げています。――彼女はそのほかの点ではとても毅然とした人でしたが、それから後はもう会っていません。浴槽で死んでいるところを見つかったのです。

O　自殺したのですか？

W　いいえ、心不全だったと思います。――いずれにせよ、私がパラノイアだったと書いたのもマックです。ひょっとしたら、私がこんなにすぐに健康になったのも、彼女の間違いを証明しようとしたせいなのかもしれません。

O　パラノイアにされたくなかったのですか？

W　パラノイアにはされたくありません。おまけに、あのガーディナーもそう書いていたのです。それに、そんなふうにかかってまた消えていくようなパラノイアは存在しないと誰もが認めています。そんなものはないのです。本当にパラノイアにかかったら、消えることはないのです。

O　あなたは具合が悪くなって、またフロイトのところで治療してもらおうとしましたが、彼はあなたをマックのところへ行かせました。本当はどうしてなんですか？

W　その頃もうフロイトは癌――口蓋癌にかかっていました。それで弟子をもう採らず、採ってもごくわずかでした……。あまり時間がなかったのです。彼と一緒にタクシーに乗って話をしたのを覚えています。すでに話をするのが難儀そうでしたが、私の治療をすることはできないが、弟子の一人であるアメリカ人の女性が治療してくれるだろうと言って、その住所を渡してくれました。その後ヒットラーが来ると、彼女はアメリカへ行ってしまいました……。あの本の中には、すべてのことが不明瞭に描かれているように思います。

O　ええ、まあ、読者は不思議に思いますよ、あなたがそんなにも長いことフロイトの治療を受けたあとで、突然、また精神的バランスを失ったとなれば。
W　まさにおっしゃる通りです。私が健康になっていたのなら、そんなことは起こらなかったでしょう。
O　それに、たいそうひどかった。
W　その何とひどかったことか。他のどんなことよりもひどかったし、あの淋病の話よりもひどかったのです。
O　あなたは鼻に吹出物ができて、それで完全に取り乱したんですね。どうしてそんなことになったのですか？
W　どうしてそうなったかですか？——まあ、淋病の時には、何か恐ろしいもの、かかってはならないものにかかっていると考えたのです。何の害も被っていないということはわかっていたのですが。ただしずくのような吹出物ができただけなのに、それでもう同じことだったのです。それだけのことなのに苦しんだのです。そう、フロイトはこのことをどう説明していましたか？　あなたのほうが私よりもよくご存じでしょう。
O　あなたよりもよくですって？——いいえ、まさか。
W　これは逆説的ですが、でもそうなのです。
O　いいえ、そんなことはありません。
W　いや、そうなんです。いずれにせよ、その状態は長いこと続き、やがて私が克服して、これには何の意味もないのだと考えるに至ったのです。すると、それは消えてしまってから、また現われました。鼻の件も同じようなものです。——さて、どうしてそうなったか？　あなたはそう質問しましたが、私には答えられません。——あなたもこれまでに抑うつにかかったことがありますか？
O　ええ。
W　あなたは何か固定観念を持っていましたか、それとも固定観念なしにそうなったのですか？
O　固定観念と呼べるのかどうかはわかりませんが。抑うつになった時、誰も私のことを好いていないと思い込んでいました。
W　では、かなり似ています。
O　それが固定観念かどうかは知りません。
W　とてもよく似ています。顔に傷痕があると、人々はその人を好きではなくなるではないですか。つまるところ、同じことですね。でも、どうしてそうなったかというと……。つまり、皮脂腺が拡張して、鼻のところの細い血管が膨らみ、赤くなってしまったんです。それから、これは覚えているのですが、一度、「おまえはすべてを失ってしまったが、おまえは醜くなることもありえたのだ」という考えが起こったことがありました。

O　ああ、わかります。

W　今思うと、私の持った観念というのは、本当に奇妙な観念です。お金を失うことよりも悪いことがまだあって、醜くなることは、もっとひどいことなのです。それ自体は普通の考えですが、まさにこうした考えが生ずるということは、思うに、醜くなることがないように、私が何か外部のものに対して身構えていることをすでに示していたのです。私たちが言っているのはそういうことです。——さて、それで鼻に小さな吹出物ができたので、私は保険医のところへ行って「吹出物ができました」と言うと、医者は軟膏をくれて、「二三週間後にまた来てください。もし良くなっていなかったら、吹出物ではなくて、腺が炎症を起こしているのです」と言いました。

私は軟膏を塗りたくったのですが、何の役にも立たず、また医者に行きました。医者は診察すると、「まあ、これはどうしようもありませんね」と言いました。——「では、一生、鼻に吹出物ができたまま歩き回らなければならないのですか?」と私が言うと、「でも、どうしようもありませんよ」とその保険医は言ったのです。——これが、おそらく私に衝撃を与えた最初のものでした。フロイトに皮膚科医を紹介してもらえないか尋ねると、エルマン先生を勧めてくれたので、そこへ行きました。彼は年輩のユダヤ人でしたが、「これは腺が腫れていますね。取ってしまうこともできますよ」と言いました。——それから彼は、そのあたりを圧迫して、腺を除去してくれたのです。そのせいで、もちろん、鼻が炎症を起こしました。

そのうえ、私は皮脂腺の病気にかかっていました。すでにオデッサでも、腺が腫れたことを訴えていたのですが、「歳をとって、皮膚が羊皮紙のようになったら、もう皮膚に脂肪がないから、これはなくなりますよ」と、当時、ある医者が言ったことはまったく正しかったと思います。——とにかく、このエルマンが腺を取ってしまったのですが、そのせいで、おそらく圧力を加えたことによって、静脈が浮き上がってしまいました。鼻はねじれて赤くなったように見えました。またエルマンのところに行くと、「電気分解してみましょう」と言うのです。——つまり、電気分解によって神経の終末部分を破壊するのです。彼がそれをやったので、天然痘の痘痕のようなものができてしまいました……。

O　穴ですね。

W　そこには穴が、小さな穴ができてしまい、それがちくちくと刺激するようになったのですよ。私はもうなくなったかと、たえず鏡を見てみましたが、なくなりはしませんでした。別の医者に相談してみようと自分に言い聞かせて、有名な皮膚科医のクレンを紹介してもらいました。彼はもう亡くなっています。どちらの医者もずいぶん前に亡くなりました。とにかく、私はこのクレンのところへ行ったのですが、彼はこの鼻を診察して「誰がやったのですか?」と尋ねるので、「まあ、名前は言いたくありません」と答えると、彼は「ひどいことです。どうしてこんなことができたのかな。電気分解法は痕を残してしまうのです。普通はまったく別のやり方をします。透熱療法が唯一の正しい方法です」と言いました。

私が電気分解を受けて家に戻った時、家内は手を打ち合わせて、「どうしたの? 顔じゅう血だらけよ」と言いました。――ひどいようすでしたが、そのうち治って、小さな窪みが残りました。そのため、私は恥ずかしい思いをしました。それからクレンのところへ行って、電気分解を受けたと言うと、彼は手をならして、「どうして、そんなことができたのか?」と芝居がかった言い方をしました。そのあとで彼は「痘痕はなくなりません」と言ったわけです。彼がそう言ったその瞬間、私は自分が醜くなってしまったと思いました。彼は「なくならない」と言ったのです。ここにも、若干転移が起こっているのがわかるでしょう……。

O　この医者、クレンに対して。

W　ええ、この医者に対してです。もう一人のほうには不満を感じていましたから。

O　転移というのは、この場合、その人が言うことをあなたが信じたということですね。

W　まさに彼が言うことを私は信じました。彼はひどくなると言ったのです。それは誰も今まで私に言わなかったことです。恥ずかしかったのは確かですが……。そのあとひどくなったのです。まったくぞっとしてしまい、いつもどんなにひどいようすかということだけしか考えられませんでした……。

O　それがマックがパラノイアと記した状態です。

W　ええ、そうです、それから自分で治したのです。でも、今はもっと別な話をします。それで、いつのまにか傷が治って、二、三年が過ぎると、もう何も見えなくなっていました。そこで愉快になって、痘痕が見つかるかどうかクレンのところへ行ってみようと思ったのです。でも彼は「痘痕はなくなっていませんね」と言ったのです。

O　それで、彼は何と言ったのですか?

W　彼は、もちろん、私が彼の治療を受けたことをもう覚えていませんでした。もう何年かが過ぎていましたから。彼に「ほら、私は鼻に小さな赤い血管が出ているんです」と言うと、彼は見てから「まあ、これは取り除くことはできませんね」と言いました。私が「それなら、これは取れないのですか？　」と言うと、彼は「とんでもない、それでは痘痕が残ってしまう！」と声を上げたのです。――もう痘痕は見つからなくなっていたのに。さあ、どうです、私はただ彼が何と言うかを知りたかったのです。でも彼は、痘痕はなくならないと言ったんですよ。

O　それで、以前に彼は透熱療法を勧めたのでしたね？

W　ええ。それからまたまったく別のことを言いました。ひどく驚いたようすで後ろへ体をのけぞらせたのをよく覚えてるのですが、「とんでもない、それでは痘痕が残ってしまう！」と声を上げたのです。――でも、彼はその痘痕を見つけられなかった。それで、この件は済んだのです。

O　それで、マックがあなたの状態をパラノイアと記した時に、あなたに転移の残滓を認めたというわけですね？

W　ええと、マックは私の状態を、必ずしもすべてがフロイトのところで精神分析的に解明されたわけではないと解釈したのです。これは彼女の説明です。でも私の説明は違います。彼女が私に言ったことには私はほとんど重きを置きませんでした。彼女が私をパラノイアだと言い出すまでは、治療はまったく何の役にも立っていませんでした。あのあと、はじめて本気で治療を受け出したのです。パラノイアのことはすでに知っていました。

私にはバイエルンのルートヴィッヒ二世のような生涯を送った叔父が一人いました。人見知りのひどい人でした。このほかに、私には母方の従兄弟が一人いたのですが、母の一番上のお姉さんの息子でした。彼はもっと軽度のパラノイアだったのですが、最後にはプラハの精神病院に入れられてしまいました。でも何十年もの間、入院していなかったし、誰も彼がパラノイアを患っているとは知らなかったのです。私の母はしばらくの間プラハに住んでいたので、彼のことを私に話してくれました。例えば、突然、通りで誰かが彼の後ろをつけてくるのに気づいて、その男を迷わせるために、市電に跳び乗ってあたりを走り回って、また素早く跳び降りると、また別の市電に乗る、といった話です……。

O　でも、つけられるようなことは全然なかった？

W　もちろん、そんなことはありませんでした。

O　彼はつけられていると単に信じ込んでいたのでしょう？

W　一度、彼は父親と一緒に、私たちの家に訪ねてきたことがありました。彼に二週間も家にいられたら、私は気が狂ってしまうと思いました。彼はいったん決めたことをたえず変えてしまうのです。ひどいことでした。そういうわけで、パラノイアがどんなものかは知っているのです。それから彼は、他のものは全部毒が入れられていると信じ込んでいたので、牛乳だけで栄養をとっていました。――それなのにマックは、私にいきなりパラノイアだと言ったのです。もちろん、私は当てはまりません。それでその時、急に、パラノイアと見られないようにしようという気持ちになったのです。

　でも私は、フロイトが私について「彼の非の打ちどころのない知性」などと書いたことを、誇りに思っていました。彼は宗教の敵でしたが、私は彼に自分の子どもの頃すでに宗教を疑っていたと言いました。というのも、一方では神様のことが語られるのに、もう一方では世の中にはひどいことが多すぎるという矛盾があるからです。おかしいではないか、と私は思いました。フロイトは、子どもの時にそんなに論理的に考えられるとは一流の思想家だと言い、私の知識を賞賛したので、私はもちろん誇らしく思いました。そこへ今度はいきなりパラノイアだと言われたのですから……。

で、そこで私は全力を集中し、二度と鏡を見ないようにして、どうにかこの観念に打ち勝ったのです。観念は数日間は続いたのですが、その間に消えました。

O　そんなにすぐに消えてしまったのですか？

W　ええ、二、三日のうちに消えたのです。これは私がなしとげたことのうち、最大の偉業です。どうやってうまくいったのかは今でもわかりません。そんなにすぐに、しかも実に簡単に消えたなんて。これでもわかりますが、誤った診断によって、時には患者が健康な力をすべて集中させて、ある状態に打ち勝ってしまうことがあるのです。私は精神分析家に対抗して決定までしたのですから、マックのところに行っていた時が一番成果があったと思っています。さあ、もういつまでも鼻のことについて考えるのはやめましょう。健康をもたらしてくれたのですから。あそこで転移を拒否したために、フロイトのところへ行っていた時よりも良い成果が得られたのです。

O　それでは、マックが未解決の転移の残滓と記したものについて、あなたはどう説明するのですか？

W　彼女がどう説明したのか私にはまったくわかりません。彼女が私に言ったことにはほとんど注意を払わなかったのです。家内との同一化か何かだったと思います。いずれにせよ、彼女は新しいことは何も言いませんでした。フロイトがすでに書いていたことと同じことを言っていました。それに、だいたい私は彼女の言うことにまったく反応しなかったし、全然聞いてもいなかったんです。まだ覚えていることがあります。「一度、上品な女性といかがわしいことについて話しなさい。あなたはこれまでの人生でそういうことはめったにしたことがないのだから。」

O　そんなことをマックがあなたに言ったんですか？

W　ええ、そう私に言ったんです。

O　それはいったい、どういう意味なのですか？

W　ほら、精神分析ではいつもすべて性的なものが問題ですからね。

O　それで、彼女は自分のことを上品な女性と見なしていたわけですか？

W　彼女は自分のことをそう考えていたのです。でも上品な女性とはいかがわしいことを話したりしないものです。それは一般的な決まりですよ。でも夢などに関する彼女の説明について、私はどれもまったく知りませんでした。そこで私は夢を記録しなければならなかったのです……。ただ、彼女がパラノイアと言った瞬間、それは私に強い印象を与えました。それから、その印象は実にあっという間に消えていきました。

O　それなのに、人々はすべてがどのように起こったのかまったく理解していないのですね。あなたはその頃、特に悪い状態ではなかったわけですが、そのあとで以前にもましてひどい病状の再発が起こっていますね。

W　ええ、まあ、それはとてもひどい再発でした。あのマックが、この危機を克服するのを手伝ってくれました。でも、そういう危機的な目に会うということは、その人間が完全に治癒していなかったからだとも思えるのです。実際、理由はなかったのですが、本当に病気だったのです。フロイトの治療を受けていた時に完全に健康になっていたなら、あんな状態にはならずに済んだでしょう。

O　おそらく、奥さんとうまくいっていなかったのではないですか。

W　そんなことはありません。——家内には前から十分手を焼いていましたが、主にロシアでのことで、母との口論があったからです。

O　まあ、私ときたら軽はずみなことを言ってすみません。でもこのことはマックが書いているのです。当時、あなたには奥さん以外に何人か女の人がいたと彼女は主張していますが。

W　ええ、まあ、何人も女性がいたとは言えませんが。——でも、どんな男が自分の妻にいつも忠実だというのでしょう?

O　では、そのことは特別なこととは考えないのですか?

W　いいえ。ただ一時のことですよ。——さて、あなたから質問が出たところで、そのことでまた立ち止まらねばならないようです。私がたびたび浮気したというのはもちろん正しくはありません。でも、そうですね……。まあ、いいでしょう、この件はこれでおしまいにしましょう。もうそのことは、実際、あなたにすべてお話ししてあるのですから。それで、彼［クレン］にはもう痘痕が見つけられなかったのですが、問題は、そもそもフロイトのところで長いこと治療を受けたあとで、どうして固定観念が成立しえたのかということです。マックは、それはいわば小さな粒子が溶けずに残るようなものであり、それがパラノイアというものだと言いました。しかし、その見解はガーディナーによって認められず、E先生も認めなかったし、誰も認めなかったのです。彼女の診断に同意する人はいませんでした。それに実際にパラノイアにかかっている人々では、それが消えることはありません。つまり、二、三日のうちにすぐに消えたりはしないのです。さて、彼女は誤った診断をし、その誤りのおかげで私は全身の力をふりしぼってそれを克服することができたのです。——それで何でしたか? 他の女性たちについて何か話しておられましたが。

O　あなたが奥さんとの間で何らかの障害、おそらくは性的な障害をお持ちではないかと思っていました。で、あなたはそれは違う、男性はときに浮気をするものなのだとお答えでした。

W　彼女が書いているのは別のことです。これもそういう話ですが。——マックはどういうわけか家内に反感を持っていたのです。

O　えっ、そうですか?

W　ええ。少しは嫉妬していたのだと思います。フロイトも彼女のことを美しいと認めていたようですから。

O　あなたの奥さんのことですか?

W　ええ。家内はとても美しかったし、それにフロイトは彼女のことをとても好感の持てる人だなどと言っていました。それでマックは……。

O　彼女はきれいではなかったんですか?

W　ええ、きれいではありませんでした。イディッシュ［ドイツ系ユダヤ人］型の女性でした。それでも、不細工というわけでもなく、まさしくイディッシュの典型だったのです。少しは違っていたかもしれませんが。不細工なわけではありませんでした。ただ、とても毅然としていました。一度、私の金銭的状況について訴えたことがあるのですが、その時彼女は「あなたはまだ私よりも良いほうですよ。私は収入は確かに多いのですが、支出も多いのです。あなたは支出があまりありませんし」と答えたのを覚えています。――彼女は金持ちは支出が多いから本当は貧しいのだと解釈していました。それはもうまさにアメリカ的な考えでした。――さて、この奇妙な一件はどうしてそうなったのか。誰がそれに答えられるというのでしょう？

O　ええ、どうしてでしょうね……。

W　それに、そもそもあの女性たちについて彼女はどんなことを書いているのですか？　あれは全体的なこととは何も関係がなかったのに、彼女は本に書いてしまったのですよ。

O　こうです。「彼は女たちを通りで探すという昔の習慣に戻った……今や頻繁に自分の住まいへ娼婦を連れ込んだ……。」(2)

W　まあ、時々はどこかの女性に声をかけて、一緒に出かけたこともありました。でも単に一時のことでした。

O　でも奥さんはそのことを知らなかったのでしょう？

W　ええ、もちろん。――他の男たちもやっていることです。

O　確かに。――マックはあなたの奥さんを知っていたのですか？

W　ええ。なぜかは知らないのですが、彼女に一度、テレーゼを一緒に連れてくるように言われたことがありました。連れていくと、彼女は「この人は全然美しくなんかないじゃないの」と思ったのです。――彼女は家内に反感を持っていました。フロイトが家内を気に入っていたから、嫉妬したのだと思います。それが女性の場合、どうなるかご存じでしょう、たとえその女性が精神分析家だとしても。

O　でもあなたの奥さんに彼女はそのことを言わなかったのでしょう？

W　ええ、家内には。でも私には言いました。あの人はあなたには似合わない、と言ったんです。まさに、家内に反抗させようと私をそそのかしたと、まあ、話はそんなところです。

O　でも、それはまったく本当のことだとは言えませんね。

W　まあ、確かに本当だとは言えません。でも、そのあとで彼女は何か書いていますが、その時彼女が書いたものはナンセンスです。私が時々女性と出かけたことは鼻とは全然関係ありませんでした。――まあ、彼女は正統派の精神分析家で、フロイトが言ったことはもちろん何でも信じていましたから。――ところで、あなたは精神分析を信用していますか？
W　あなたは懐疑的ですか。
O　私は懐疑的なほうです……。
O　フロイトが発見したいくつかは確かにとても良いし、彼の体系にはとても感銘を受けました。ともかく、それが治療方法として実際的かどうか、そこが私の疑問に思うところなのです。まあ、これはあなたから教えられることになるといいのですけれど。
W　そうですね、まさに両極端な場合があるようです。転移がまったくないのなら役には立ちませんし、転移があるならば、他人に転移してしまって自分で決められなくなる危険があります。私はまさしくこのケースだと思います。フロイトへの結びつきが強すぎたために、どこか父を意味するような他のものに対しても転移をしたのです。そのうちの一つ、私にはどうしようもなかったお金のことについてはもうあなたにお話ししました。あれは完全な間違いでした。
　それに、私はロシアから戻ってくる前に、知人にどうやって自分のお金を救うのか聞いておくべきだったのです。私たちはある裕福な船主の家族と知り合いでした。礼儀正しい人たちで、彼らなら私を助けてくれたことでしょう。でも、私は銀行に行って、頭取と話をしてしまったのです。彼は「ドイツとオーストリアに行くのなら、クローネとマルクを持っていくのが一番いいですよ」と言ったので、私はそうしたのです。もちろん、彼は安い外貨を売りつけたかったからそう言ったのです。でも、転移はここでも効力を発揮して、今度は銀行の頭取になったわけです……これは単なる一例ですが。このように、この転移というのは危険なものなのです。あらゆることを批判的に眺めれば、精神分析のうちで残るものはあまり多くありません。――まあ、私は助けてもらいましたが。マックが間違った診断を下し、この間違った診断によって私は治ったというわけです。
O　いったい、いつからこの家に住んでいらっしゃるのですか？
W　一九二七年からです。――ロシアでオーストリアの将校たちと知り合いになったのですが、彼らはそれからアッターゼーのザンクト・ゲオルゲにやってきて、そこに小さな石鹸工場を作ったのです。彼らが私たちもザンクト・ゲオルゲに移ってくればいいと申し出てくれて、私はそこで職を得たのです。とにかく、家内はザンクト・ゲオルゲでまるまるひと冬を過ごしました。それから、ここウィーンではフローリッズドルフに住んでいました。戦後、ひどい住宅難の頃があって、ひと部屋を見つけるために、早朝六時には起きて走り回らねばなりませんでした。私が部屋を見つけるまでにはずいぶんとかかりました。あとになれば、二部屋の住まいも見つかったのですが。

それで、ここの住まいですが、家内はここには全然住みたくなかったのです。絵を描くための光が入るので、私は気に入っていたのですけれど。それで私が保険会社にいると、急に家内が電話してきて、この住まいを借りたというのです。でもその後はいつもこの住まいがいやだと言っていました。「じゃあ、移ろうか」と私が言いますと、家内はそれもいやがりました。いつも貯蓄を考えていたのです。あとでお金が溜まると、私たちは証券に投資しました。私は本当は一軒家が欲しかったのですが、家内はいやがって、貯蓄したがりました。本当のドイツ女でした。でも、そのあとでナチスがやってきて、金約款が破棄された時には、たぶん家内は自分が間違っていたことに気づいたことでしょう……。

O　それで、あなたは当時保険会社に勤めていらっしゃったのですね。

W　ええ、実際はあまり心地良いものではありませんでした。お客をつかまえようとして目を光らせていなくてはだめなのです。まったくありふれた仕事で、私は銀行に勤めていたほうが良かったのかもしれません。でも、どちらが良いかなんて誰がわかるのでしょうか。本当は自由業のほうが良かったのですが、家内は堅実で、もっと確かな仕事のほうを望んだのです。

O　自由業ではどんな分野で仕事をしたかったのですか？

W　例えば、商人とか……。

O　それで、職を見つける前に、フロイトは経済的にあなたに援助をしてくれたのですか？

W　どこかに、私と家内がフロイトの出費で生活していたように書いてありましたが、それは違います。時々、一時的にお金を貸してくれただけなのです。彼は「私はあなたからお金を頂いているから、今度はあなたが私から受け取る番です」と言いました。――彼には外国人の患者と弟子がいましたから、外貨を、ドルとかポンドを持っていたので、時々、それを渡してくれたのです。

O　でも、彼は一年に一度、あなたのために寄付を集めたというではありませんか。

W　いいえ、そんなことは聞いたことがありません。

O　それでは、いいですか、マックがこう書いています。

「フロイトは自分の昔からの患者のために寄付金集めを始めた……そして、この寄付金は毎年、春になると繰り返され、六年間続いた。[3]」

W　とんでもない、それは違います。

O　違うというのは、つまり……。

W　いや、つまり私は時々、彼のところへ行って、二、三ポンドほどもらっていたのです。でも、大きな額ではありません。彼は私が職につくまで、ちょっとだけ助けてくれていたのです。そのあとはもう打ち切りになりました。

O　ではこの寄付金は毎年もらっていたのではないのですか？

W　だって私は一九二二年にはもう職についていたのですよ。

O　なぜマックはこういうことを書いたのでしょう？

W　あの人も想像したのですよ。

O　それで、宝石のことはどうなりましたか？

W　あの宝石は、ロシアから知人が持ってきてくれました。

O　そうですか。でも彼女の本によると……。いったい、あなたはこの本を読んだことがないのですか？

W　いいえ、あります。何と書いてありますか？

O　彼女によると「こうして彼は宝石の所有を完全に秘密にしておくことができた。彼の不安はフロイトの援助がなくなることであった……。[4]」

W　いいえ、それも違っています。ナンセンスです。その宝石というのは首飾りだったのですが、前に買ってあったのです。それでこの首飾りを、確か八千シリングで売ったと思います。このお金で私たちは住まいを手に入れました。何も秘密になんてしていませんでしたよ。

O　なぜマックはこう主張したのでしょうか？

W　いや、何か別なことによるのでしょう。思うに、私が職についてからもフロイトがしばらくお金をくれていたので、そのことにマックが異議を唱えて、「もうあなたは職についているのだから、フロイトのお金はもう必要ないはずだ」と言っているのです。

O　でも、フロイトはあなたが職についたことを知っていた。

W　ええ、もちろん。

O　それともあなたは彼に職についたことを隠していたのですか？

W　いいえ、もう言ってありました。――とにかく、時々お金をもらっていただけなのです。定期的にではありません。そのうちに私は仕事についたのです。一度、彼のところに行ったのを覚えています……彼は隣り合った部屋を二つ持っていて、最初の部屋に私を残したまま、二番目の部屋に入っていきました。そこからお金を持ってきて、そのお金を私にくれるというのです。私があとから入っていくと、彼は「ああ、そこからは入ってはいけません！」と叫んだのです。――しまった、この男は私を殺そうと思いついたのではないか、と彼は思ったのでしょうか？　もちろん、私はすぐに戻りました。

O　よくあなたのことを知っていたら良かったのに。

W　まあ、とにかくそう叫んだのです。――その後、家内が自殺すると、もう彼は私のことを迎えいれてはくれませんでした。お手伝いの子が言っていたのですが、ちょうどナチスも進駐してきていたし、フロイトは病気で、お迎えすることはできないということでした。それで、家内の死後、彼とはもう会うことはなかったのです。

　その後私がロンドンにいた時に、本当は彼を訪ねることもできたのです。彼は私がそこにいることを知っていたのですが、私に会う気はありませんでした。マックはナチスのために事態はきわめて危ないと考えていました。私が精神分析に関係していることを、ナチスがどこかで聞きつけてくるだろうというのです。ガーディナーも危険だと書いて寄こしました。しかし、ことは無事に運びました。

O　フロイトはあなたがロンドンにいたことを知っていたのですか？

W　確かに知っていました。

O　彼はあなたに会いたいという手紙を寄こすべきだったとお考えですか？

W　もちろん、そうでしょう？――まあ、いいでしょう、彼は癌を何とかしなければならなかったし、そのあとはナチスのことがあったし、それにもうとても高齢でしたから。

O　それからすぐに亡くなりましたね。

W　すぐに亡くなりました。とても弱っていたのです。

O　あなたを招いてくれても良かったのではないかと私も思っていますけど。

W　私は待っていたのです。マックはそれが私にとって危険なことだと言いました。私にはわかりません。当時の私にはそれが危険だとは感じられませんでした……。当時、ガーディナーが私に百ドル送ってきてくれました。でも、私たちはいくらかお金を貯めてあったので、その必要がなく、彼女に送り返したのです。すぐに私にゲシュタポの召喚状が来ました。ドイツ帝国の外貨を奪ったというのです。――三、四度、彼らのところへ出向いていきましたが、いつも同じ話題で始まりました。私は「私には必要なかったのです。私はそんなことを考えたことはありません」と言いました。——一度、行った時に、一人の男がロシア語で話しかけてきたのですが、この人はロシア語ができました。やがてこの男が「問題は片づきました」と言ったのです——。

O　それで、ガーディナーとはマックのところで知り合いになったのですか？

W　最初、私はイギリス人女性にロシア語を教えていました。ストレイチーという名前でした。それからマックのところに行くようになったのですが、そこにはガーディナーも来ていて、彼女はマックのところで精神分析もしていました。マックのところの控え室で私はガーディナーに会ったのですが、この女性が私の人生においてある役割を演じることになるとは知りませんでした。マックもいつもロシア語を習いたがっていたのですが、彼女には暇な時間がありませんでした。すると彼女がガーディナーがロシア語を習いたがっていると言ったので、私は彼女と連絡をとるようになったのです。こうして、彼女とはもうとても古い関係になりましたが、でもお互いにとても親密になったというわけではありませんでした。手紙のやりとりはしていましたが。さて、マックは……私はいつもどういうわけかマックに好かれていないという印象を持っていました。戦後になってガーディナーが手紙をよこしたのですが、それにはマックがいつも私のことを、私の直観力や論理性について、夢中になって話していたと書いてありました……。そのことは当時の私には少し不思議に思われたものです。

一方では、彼女が私のことを気に掛けているに違いないと思っていました。彼女はかつて、あなたを見ると、ある重い病気のアメリカの芸術家を思い出してしまう、と言ったことがあるからです。——その芸術家の名前はブランズウィックと言いました。そうです、その人と彼女は結婚したのです。それで、彼女が結婚した相手に私が似ているというのなら、私は彼女にとって何か好感の持てる存在だったに違いありません……。当時は、フロイトの弟子であるシュテーケルとも知り合いになりました。彼はロシア語の名前のついた犬を飼っていて、彼がこの犬に「アルファベット順で最初の精神分析家は誰だ？」と質問すると、犬は「ア・ブラ・ハム」と答えたそうです。——本当に私も聞いたのです。彼が犬に「誰が最初の精神分析家？」と聞くと、犬が「アア・ブラア・ハアアム」……。

O　面白いですね。

W　それからE先生が「王女はいつも彼女に出せる一番高い声で話していましたよ」と言っていました……。そう、王女と言えば、また王女のことですが、彼女はエドガー・アラン・ポオの大ファンでした。それで、彼女は私のことをなぜかそのカテゴリーに入れてしまったのです、もちろん私の行為がそうだというのではなく、性格に従ってですが。死やマゾヒズムやサディズムを扱っている、すべてが結局狂気に至るようなものを、以前フランスの評論家が「低俗なロマン主義《バ・ロマンティスム》」と命名していたのを読んだことがあります。見たところ、ポオはそういう人たちに強い影響を与えたのです。私はエドガー・アラン・ポオのタイプの人間などではありませんよ……。

O　それはマリー・ボナパルト＊のことですね？

W　ええ。彼女の本を読んでみましたが、彼女も完全に正常とは言えなかったと思います。彼女は大柄で、太った女性でした。パリにいた当時、彼女が昼食に招いてくれたのですが、断わってしまいました。私は家内の死後、あんな状態にあったものですから……。

（長い中断）

O　一つまだ私によく理解できないことがあります。あなたは「今日はそれについて話したくありません」と言われますが、いったい、どうしてなんでしょう？――何か臆していらっしゃるのかもしれませんが、でもこんなにも長い間、精神分析を経験している人ならば誰でも、あらゆることについて、あるいはほとんどすべてのことについて話すことができると思うのですが。

W　その話題になったわけですか。では、大変なことをお話ししなければなりませんね。――私には女友達がいるのです。

O　それで？

W　彼女がここへ来て、私たちを驚かすことがあるかもしれません。

O　それがそんなにひどいことですか？

W　彼女はおそろしく嫉妬深いようなのです。とても衝動的な女性なので、とんでもない場面が持ち上がるかもしれません。今朝、偶然、この女性とタバコ屋で会ったものですから、今日は落ち着かないのです……。よりによって今日、ここへ来ることはないでしょうが。それでも、あなたが今日ここにいるので、とても神経質になっているのです。まさか来たりしませんように……。

O　すみません、でもそのことは知りませんでした。

W　あなたにうちでロシア語を教えているということにしようと思ったこともあるのですが。

O　ええ、どうしてそうしなかったのですか？

W　まあ、彼女は私がもう教えていないことを知っていましてね。――最悪の場合には、あなたは私の昔の生徒だということにしておこうと思いました。
O　……で、その生徒がちょうど訪ねてきたと……。
W　最悪の場合は、です。――あなたに言うことがあります。時々、考えていたことなのですが、喫茶店で会うことにしたらどうでしょうか？　でも、偶然、彼女がその喫茶店に来たら、どうなるでしょう、私は人生でもうたくさんの不運に見舞われてきましたが、不愉快な偶然もかなりたくさん起こったのです……。
O　では、あなたがうちへ来るのが一番良いのでは？
W　あなたの家へ？
O　ええ。
W　まあ、そのほうがいいですね、不愉快なことが起こるよりは、私が出かけましょう。――これで解決してよかった。ああ、それにしても、何もかもがひどく不愉快です。この女性は私のことをまったく理解していないのです。精神分析が重要だとも思っていないし。
O　結婚するのですか？
W　結婚はできません、彼女は私のことを全然理解していないのですから。それでも、彼女は絶対に結婚したいと思っているせいで、いつも言い争いになるのです。
O　彼女はいったいいくつなのですか？
W　六十歳です。――一度、もうおしまいになったことがあります。あの時、もう二度と会いたくないと言うべきでした。今ではもう終わりにすることができません、彼女は病気なのです……。
O　いったい、知り合ってどのくらいになるのですか？
W　そう、だいたい二十五年です。
O　それで、そのおしまいになったのはいつですか？
W　二十年前です。たったの二、三週間でしたが。そのあと偶然、道で会って、彼女が「また仲直りしましょう」と言ったのです。そうしないほうがよかったですね。
O　あなたは女性を手に入れる機会が、かなり多いように見えますが。
W　多すぎるくらいです。なぜだかわからないのですが。
O　わかります。食事とワインのことしか頭にないような平均的なウィーン人とあなたとを比べてみれば……。その女性ともう会いたくないのならば、さっさと終わり

＊　フランスの精神分析学者で、ギリシアの王妃（一八八一―一九六二）。一九二六年にウィーンでフロイトに師事した。フランスにおけるフロイトの著作の紹介者となったが、主な業績としては全三巻からなる『エドガー・ポー――精神分析的研究』（一九三三年）や『女性のセクシュアリティについて』（一九五一年）などがある。

にしたらどうですか。

W　いいえ、それはできません。

O　では彼女との関係はそのままとして、もっとよくわかり合える次の人を探すんですね。

W　それには遅すぎます。

O　それで、彼女はヴォルフマンとしてのあなたの存在について何も知らないのですか？

W　私がフロイトのところにいたことは知っていますが、その本のことまでは知りません。

O　そのことは彼女に言っていないのですか？

W　本を書いたなどといったら、百万長者だと思われるでしょうね。

O　では、あなたのことを書いた私の記事も彼女は読んでいないのですか？

W　幸いなことに、読んでいません。

O　彼女は仕事を持っているのですか？

W　前は仕事についていたのですが、それから病気になって、母親の金で生活していたのです。今は、私の金で暮らしていますが。

O　実際、これまでのところ、あなたは平凡な女性に関心があるのですね。

W　私の本を読みましたか？――読んでいればわかりますが、私の姉は知的な女性でした。

O　分析が終わったら、こうした平凡な女性に対する固着がいつか解消できて、やがてはあなたの水準に合った女性を探すようになるだろうと期待していたのですが。

W　私は同僚の女性たちを知っていますが、でも知的な女性ではありません。家内のテレーゼもそんなに知的とは言えませんが、少なくとも精神分析に対する理解はありました。でも、知的な女性というのは少ないものです。それに姉に比べれば、誰もが劣っていたようです。姉は本当にとても知的で、誰も追いつけないほどでした。――あなたもまた実に非凡な女性ですね。

O　私がですか？　そうお考えですか？

（1）『ヴォルフマン自身によるヴォルフマン』三〇一ページ。
（2）同書　三〇六ページ。
（3）同書　三〇〇ページ。
（4）同書　三〇一ページ。

幼年時代の補足

W　この頃、時々発作的な衰弱に襲われます。それで、あなたが忘れてはならないのは、私は一月でもう八十八歳になり、本当にあまり期待できない歳だということです。――いったい、ガーディナーが私について書いたものをどう思いますか？

O　さあ、そうですね、とても好意的な書き方と思いますけど……。

W　第二次世界大戦後の時期については、あの本の中にはあまり出てこないでしょう……。それから、このところいつも私は歯の問題を抱えているんです。義歯を二つ持っているのですが、一方は付けていると気分が悪くなるし、もう一つは痛いのです。でも歯がないとひどい格好だし、食事の時は大変です。最初に使った義歯が一番ましでした。――そう、まだ話したかったことがありますす……。あなたにこのヴィクトールの話をしたかったのです。私たちの家庭教師だったお嬢さんは、うちに来る前にポーランドにいましたが、裕福な上流階級ばかりでなくて平民のところにもいたのです。ポーランドのある家庭で働いていた時、父親は確か軍医でしたが、その家にヴィクトールという名の息子がいました。それで、私たちはこのヴィクトールの話をいつも聞かせられていました。彼女はいつも何か話しはじめるんですが、ずっと話しつづけるうちに、最後には何から話しはじめたのか忘れてしまって……それで、とにかく、このヴィクトールの話をしたんです。それで、そのあと偶然、どういう状況でかはわかりませんが、私はこのヴィクトールと知り合いになったのです。

　ロシア人はどちらかというと本当にのんびりしています。少なくともロシア語にはある諺があるのですが、たぶんそれは昔のロシア人にはあてはまっても今ではもうあてはまりません。「後ろの脳味噌で考える」というのですが……。この意味は、ロシア人は賢いが、何かを思いつくまでにものすごく時間がかかるということなのです。遅くなってはじめて物事を知る、物事を思いついても遅すぎるというわけです。ロマンス語系の人々は、ドイツ語系やロシア語系の人々よりも活発だと言われています。このヴィクトールは、ロシア人とは全然違うような、ロマンス語系の人のような印象でした。活発で、とても小柄で、私と彼は友達になりました。

　私はもちろん政治に関わったことはありません。父は自由主義的な雑誌を発行していたのですが、みんな何という名前をつけたらいいのかわからなかったので、母が『クオ・ヴァディス？』*が一番いいと言ったんです。

O　それで『クオ・ヴァディス？』という名前になったんですか？

W　いえいえ、南部通信というような名前になりました。文字通りには訳せないのですが、南ドイツ新聞や南ロシア新聞などと同じようなものでしょう。月刊誌でした。それで、ヴィクトールと私は友達になったのですが、彼はとても好感が持てる人で、一度、ボタン穴に黄色と黒のオーストリア色のリボンをしてきたことがありました。私が「そのボタン穴にとめてある物は何だい？」と尋ねると、そう、彼は「同盟を結んだんだ」と言ったんです。ロシアの学生たちはみんな革命家ですからね。でも、彼はまさにちょうど反対の同盟、つまり君主制の同盟を結んだので、これがその記章だというわけです。

　当時は、日露戦争があって、多くの人が特別に愛国者になっていました。この人たちにとって、ロシアという巨大な国が負けるなどということはとても悲しみに耐えられなかったのです。あの小さな日本がこの大国を負かすなどとは、まったく嘆かわしいことでした。一九〇四年のことでしたが、このヴィクトールも愛国者だったのです。そのことは別に気にさわることではありませんし、「いったい私と何の関係があるのか？」と思っていました。私の父の新聞ははっきりと自由主義でした。自由主義は禁じられていたわけではありませんでしたが、政府の立場からは反対勢力にされていました。それから、父のもとに出入りするジャーナリストたちは、若干例外はあっても、それほど印象的な人はいませんでした。一人覚えているのはユダヤ人で、オデッサにはすでにユダヤ人のジャーナリストもたくさんいましたが、この人は私の目を引きました。ずいぶんあとになってから、イスラエルには極端な国粋主義の政党があって、この人が党首になっているのを新聞で読みました。どうやらイスラエルに帰ったあとで、有名人になったようです。当時、私は彼と一緒の写真も撮ったのですが、ヒットラーが出てきた時に破り捨ててしまいました。

　父は当時、大きな祝宴を開いては、ジャーナリストを招待していました。私たちのところでは一時期、よくダンスをしていたのですが、時には学生を招待することもあり、いつも政治が問題にされていました。ある時、政治と関係のない母が、ダンスの夕べを催してジャーナリストと学生を一緒に招待しようという考えを持ち出したのです。——おそらく、母にはこの二つが合わないことは、はっきりとはわからなかったのでしょう。その時にヴィクトールも来たのです。

ところで、いずれにせよ、この宴が十二月十四日に行われたのが偶然なのか故意なのかは知りません。十二月十四日というのはデカブリスト**が蜂起した日です。アレクサンダー皇帝《ツァー》が死んだあとの一八二五年十二月十四日にデカブリストたちが皇帝に対して蜂起したのです。父がこの事件を祝うためにこの日に定めたのか、それとも偶然にすぎなかったのかはわかりません。いずれにせよ、政治とはあまり縁のない学生たちがやってきて、この中にあの記章をつけたヴィクトールと、それから新聞に協力してくれている人たちがいたのです。それで、みんな彼のつけている記章が君主制主義のものであるのを認めて、ぎょっとしたんです(笑)。すると彼は私の父に、「君主制主義者がお宅に出入りしているのを知らなかったんですか?」と言いました。——翌日、父はそのことで私を非難して、お前が君主制主義者と友達であることは許せない、仕事の協力者の一人にそのことで非難されたなどと言いました。彼をさっさと追い出すことなど、もちろん私にはつらいことでした……。

O　そうしたんですか?

W　まあ、私がしたのは彼をもう招待しないことでした。でも一度、彼にまた会わなくてはならないことがありました。私はすでに彼と黒海沿いの行楽地に行くことを取り決めてあったのです。当時は車はほとんどなく、たぶんオデッサ全体で一台だったと思いますが、馬車がありました。そこで馬車を一台借りて、彼と一緒にこの行楽地まで出かけたのです。私たちが進んでいくと、突然、彼との付き合いを禁じたその父が私たちのほうへやってくるのが見えました。まあ、もちろん愉快なことではありませんでしたが、どうすべきかよくわかっていませんでした。父は私とヴィクトールのほうを眺めました。私はただ挨拶をせずに、もしかしたら彼は私たちに気づいていないかもしれないと考えました。私はただまっすぐ前を眺めて、挨拶をせず、父のほうも動きませんでした。

＊　ラテン語で「汝はどこへ行く?」の意。

＊＊　十二月党という意味のロシアの革命団体。ナポレオンとの戦争に従軍し、自国の後進性を痛感した若い貴族の士官が一八一六年に結成。憲法制定を目標とし、一八二五年に武装蜂起したがニコライ一世に鎮圧された。

父が私たちに気づいたかどうかはわかりません。このことは明らかにされないままでした。

O　そのことについて一度も話したことがないのですか？

W　ええ、私たちはそれについては何も話しませんでした。父は私を非難することもできたのですが、一度も何か言ったことはなく、もちろん私も何も言いませんでした。ただ、それから私はこのヴィクトールとのことは真面目に考えなくてはだめだと思い、彼との付き合いをやめました。それからあとはまったく彼に会っていません。ともかく、この話は私に強い印象を残したのです。あとでメレシュコフスキー*の『十二月十四日』を読んだ時、デカブリストたちに特に強い興味を持ったのですが、この出来事のせいかもしれません。学校では、もちろんデカブリストが皇帝に対して蜂起したことについては何も聞かされませんでした。ご存じでしょうが、面白いことにロシアの君主はヴァラング人**、つまりノルマン人に由来するので、デカブリストたちは「これはドイツ人に対するノルマン人の蜂起だ」と言っていました。皇帝はドイツ人でしたから。とにかく、私にはたいそう印象深かったので、あとでこのデカブリストの蜂起に関する映画の脚本を書いたほどでした。

O　それはどうなったんですか？

W　ああ、それはいつかここウィーンで破いてしまいました。文学サークルには知り合いが全然いませんでした。

O　一九〇五年の革命***のことをまだ覚えていますか？

W　ええ、暴動が起こったので、私たちはバリケードを作って立てこもり、父が自衛のためにと拳銃を買ってきました。いつもですと実際に死刑になるようなことはなかったのですが、その時は死刑が頻繁に行われていました。それからすべてが終わり、人々はまた静かになったと思っていました。それで一九〇八年頃には、もうそのことは誰も考えなくなっていたのです。

O　これはいつまでも続かないと感じるような、ある種の変革の雰囲気はなかったのでしょうか？

W　実際そんなことはありませんでした。一九〇五年の革命のあと、私たちは外国にいました。一九〇六年の新聞には、いつもインフレのことが書いてありました。それで、その時、父は一緒ではなかったので、母にお金を外国に運び出したほうが良いのではないかと言ったのです。私がそんな考えを持っていたなんて考えてもみてください。私がですよ！　自分ではお金を持っていなかったのに。それに、あとになっていくらか持った頃には、そうしなかったのですから。

O　それでお母さまは何とおっしゃったのですか？

W　何も。無視されました。――一度、母が姉と一緒にイタリアへ行った時、コモ湖のそばに空き別荘を見つけたので、母が姉に買いたいかどうか尋ねたのですが、姉はいらないと言ったので、その件は終わりになったことがあります。母が自分でその別荘を買っていてくれたら良かったのですよ！――そう、まったく戦争のためにおかしくなってしまったのですよね。戦争がなかったら、すべてが違っていたでしょうね、どうなっていたかは言えないと思いますが。しかし、ロシアは議会制民主主義になっていたと思います。父は立憲民主党《K.D.》（1）に所属していましたし……。

O　その人たちは何を支持していたのですか？

W　そうですね、何を彼らが望んでいたのかははっきりしませんが、共和制か何かだと思います……。いずれにせよ、議会を持っている限定された君主制です。あの革命が始まってからは、アメリカではなくイギリスを手本としたものを望んだのです。アメリカの大統領は権力が強すぎますから。それでまず君主制、それから立憲君主制ですが、彼らが支持していたのは共和制だと私は思います。

O　その立憲民主党はウクライナの独立にも尽力したのですか？

W　まあ、そうですね、彼らはウクライナの運動の支持者ではないのですが、自由主義者たちはこの地域にもっと自治が行われるべきだと考えていましたし、新聞でもそう弁護していました。私の子どもの頃はそもそもウクライナという言葉はなかったんですよ。小ロシア人と大ロシア人がいて、ウクライナ人は小ロシア人と呼ばれていたのです。

O　ウクライナ人は違う言語を話すのではないですか？

W　ええ、言葉は少し違っています。

O　方言なのですか、それとも独自の言葉ですか？

＊　ロシアの作家・思想家（一八六六―一九四一）。十月革命に強く反対して亡命した。評論『永遠の伴侶』『ロシア革命の予言者』、歴史小説『キリストと反キリスト』、戯曲『パーベル一世』など多くの著作がある。『十二月十四日』は一九一八年の作。

＊＊　九世紀にロシアに入ったノルマン人のこと。八六二年、ノルマン人（ヴァイキング）の首長であったルーリック兄弟がノヴゴロドを中心に商業都市国家（ノヴゴロド王国）を建てたのが、ロシア建国の初めとされる。

＊＊＊　ロシア第一革命と呼ばれる。一月二十二日に起きた民衆への発砲・死傷事件である「血の日曜日事件」を機に、各地で暴動が発生し、それをなだめるために十月にはニコライ二世が勅令を出して、国会の開設と憲法の制定を約束した。

W　実際は違う言語です。今はウクライナ共和国がありますが、言葉は今もウクライナ語で、とにかく昔よりも多いのです。昔は農民だけがウクライナ語を話していました。

O　あなた自身はウクライナ語を話せるのですか？

W　いいえ、正確に話すことはできません。

O　では、わかることはわかるのですか？

W　ええ、とにかくロシア語に似た言葉だとわかるほどには似ていますが、独自の言語なのです。もうお話ししたことがあるかどうかわかりませんが、私にはウクライナ人の同級生がいました。ニコフスキイという名でしたが、ふだんは彼と何か特に話すということはありませんでした。それで、一九一七年から一九一九年までウクライナには政府があったのですが、長続きせず、ボルシェヴィキがさっさと片づけてしまいました。彼とは同じ学校で、同じクラスなのに友達づきあいしたことはありませんでしたが、あとになって新聞で彼がこのウクライナ政府の外務大臣としてウィーンのホテル・ハプスブルクに泊まっているという記事を読んだのです。

　あの男が外務大臣とは！　私は彼を訪ねようと思いました。まず秘書がやってきて、「はい、大臣は歓迎するそうです」と言いました。で、彼はギムナジウム時代より頭一つ分も背が伸びたようでしたが、髪にポマードをつけ、優雅に着こなし、思いがけず長身になっていました。あまり長時間は話しませんでしたが、私の父の新聞がウクライナの運動に味方してくれたことを覚えているかと聞かれました。その後、彼がアメリカでウクライナの独立を支持する党の議長になったことを耳にしました。

――まあ、今日は政治の話をしましょう。私は政治には関係なかったのですが、政治は私とは無縁ではなかったのです。

O　政治には特に興味がなかったのですか？

W　私は絵画と文学には興味がありましたが、政治というのはだいたい永遠の闘争ですし、狂信者もいます。狂信というのはいつも性に合わないのです。女性は特に政治においては狂信的です。

O　誰のことをおっしゃっているのですか？

W　まあそれはよく知られたことでしょう。

O　でも私はそのことは何も知りませんが。

W　まあ、そんなに目立たないかもしれませんが、私的な意見を言う時には、女性はたいてい極端です。少なくとも、私の経験では。

O　私の経験では違いますけれど。

W　そうですか？　（長い中断）政治に関係したことを

また思い出しました。あのドロスネス先生の父親は——覚えているでしょうが、私をフロイトのところへ連れていった人です——精神病院を持っていました。それで、私が抑うつ症になった時に、母がそのお父さんに相談したのですが、彼は、家具師になるべきだとか、かんなをかけろだとか、いろいろと身体を動かすように私に勧めたのです。まあ、確かにサナトリウムの多くで患者が働かされていると思います。とにかく、ではそうしようというので、家具師のところへ行かされました。いつもは農場にいるのは夏だけで冬は行きませんでしたが、私はもっと長いことそこにいようと思って、かんな台を農場に移したのです。それからそこで作業をしたかどうかは覚えていないのですが……。

O　かんながけは楽しかったですか？

W　まあ、そんなには。でも、当時は精神分析はまだ知られていなかったので、そういうことをやってみたのです。サナトリウムでは患者は袋貼りの作業をしなければなりませんでした。とにかく、そのかんな台が農場にあったのは確かです。——それにロシアでは、実質的にいつも近くに政治警察がいました。治安警察官には二つありましたが、片方は明るい青の制服を着ていて、これがあまり見かけることのない地方警察でした。もう片方は紺の制服を着ていましたが、こちらは、どう呼んだらいいのかわかりませんが、今では秘密機関と呼びならわしていますね……。まあ、それがまさに政治警察だったのです。私はもちろん政治と関わったことは一度もありませんでしたが、突然、警察に呼び出されたことがあります。行ってみると、警官が一人いて、挨拶をしてから椅子を指さして「どうぞかけてください」と言いました。——それから上官がやってきて、印……何というのでしたか、印刷機械でしたか？

O　印刷機です。

W　……印刷機が農場に移されて、皇帝の政府に反する声明が印刷されているという情報を得たというのです。——私は、それは何かの間違いだと言って、どういう状況なのか説明しました。で、彼はとても私に親切で、印刷機の件は口実にすぎないのかもしれないと思いました。あるいは、本当にそんなことを考えていたのでしょうか？　急に彼は話題を変えると、「どうしてあなたのお父さんが私たちに反抗しているのか、知っていますか？」と言いはじめたのです。

O　誰に反抗しているというのですか？

W　皇帝の政府に対してです。——「あなたのお父さんに、私たちに協力するように言ってもらえませんか？

私たちに協力すれば出世できるかもしれませんよ。考えられないことではありません」と言いました。――まあ、私の父は組織作りの才能がありましたから、そのことを言っているのです。「でも、まあ、ご覧の通り、私には父に影響を与えるような力はありません。それに、それは父の問題ですから」と言うと、「そうですか。ところで、あなたもお父さんと同じ考えなのですか？」と言うので、私は「ええ、そうです、同じ考えです」と言いました。「それを文書に書いてもらえませんか？」と言われたので、「ええ、まあ、お望みなら……。」

O　あなたのお父さんの考えを？

W　父の考えをです、ええ。私はとにかくこうしたリベラルな見解を共にしているということを、どう書き表わしたのか覚えていません。それがすべてでした。つまり、私は皇帝の警察とも関係があったのです。――それから、二度目は、その時は警察に関係していたというのではなくて、あることが起こった、私にとって不快な結果になりかねないことが起こったのです。当時、ロシアには一家族に息子が一人しかいない時には、徴兵されないという法律がありました。そのほかにも、ギムナジウムを卒業したら一年だけ自由意志で志願することができました。

私は行かなくてもよいことを知っていたので、もちろん軍隊には行きませんでした。すると突然、検査のための召喚状が来たのです。これは間違いだと思ったので、出かけていって、「どうして私が召喚されたのですか？私は一人息子なので兵役義務は免除されているのですが」と言いました。――そこの上官が言うことには、父に調査書を送ったのだが、回答がなかったので、おそらく父が死んでしまったか、父が私は兵役につくべきだと思ったのだろうということでした。――まあ、父は新聞作りで忙しかったので、おそらく見落としたのでしょう。いずれにせよ、父は質問状には答えていなかったわけです。

「どうしたらいいでしょうか？」と言うと、そこの男の人が気の毒に思って、「検査は放っておきなさい。もうどうしようもないのです。つまり、いったん検査を受けたら、もうどうしようもないのです。その場合には、一年だけの志願兵ではなくて、普通の兵士として採用されます」と言ってくれました。――私は家へ帰るとこの件を全部母に任せて、母にきちんとやってもらいました。まあ、これも一つのエピソードにすぎません……。

O　軍隊には絶対行きたくなかったのですか？

W　ええ、絶対に。

O　でも、子どもの時には兵隊さんごっこが好きだったのでしょう？
W　ええ、子どもの時には軍隊が好きだったのですが、そのうちにそういう気持ちはなくなってしまいました。十歳頃、立憲民主党やそのほかの本を読んだ時には、それに夢中になってしまいました。ある年齢になると夢中になるものです。――そうですね、そうしたら普通の兵士として徴兵されていたかもしれませんね。志願兵は一年限りですが、その他は三、四年続くのです。だから、これは重大なことで、父が返事を出さなかったというのは軽率なことでした。
O　あなたはお父さまが忘れたと思っているのですか？
W　まあ、それはそうですよ。だって、父は……。もしかして、父がそれを望んでいたとでも？　どうしてそんなことを望まなければならないんですか？　そんな紙切れに答えることなど本当に見落としていたんです……。それはともかく、私の母は英語を申し分なく話せるようになることで頭がいっぱいでした。生涯ずっと英語に取り組んできたのです。母は英語からロシア語への翻訳をやっていました。母の死後に何冊かノートを見つけたのですが、母がいかに美しい文字を書いていたかを見てびっくりしました……。母は私が子どもの頃にすでにフランス語よりも英語のほうが重要であることを見抜いていたのです。でも、私は家庭教師のせいで全然だめですが。
O　どの家庭教師ですか？
W　私の本を読んだのですか？
O　ええ、もちろんですとも。
W　ではわかると思いますが、うちにはイギリス人の家庭教師がいたのです。母が私たちに英語を習わせたいと思ったのは実に正しかったのですが、この人物は失敗でした。彼女は頭がおかしくて、酔っぱらったりするんです。とにかく、彼女は何となく私の性に合わなかったので、英語を教わることもありませんでした。フランス語とドイツ語はまだ良かったのですが。私の本を読んでいるのであればおわかりでしょうが、うちにはフランス人とオーストリア人の家庭教師もいました。でもそれはもっとあとのことです。小さい時には、子守女がいました。
O　その乳母はあなただけのためだったのですか、それともお姉さんのためでもあったのですか？
W　私だけのためです。
O　お姉さんには別にいたのですか？
W　私の姉には子守女はもういませんでした。まあ確かに、時には姉のためでもあったのですが、私たちは子守女と一緒に一つの部屋で寝ていました。でも、イギリス人の家庭教師は本来は姉のためだったのです。

O　この家庭教師が来た時に、あなたはいくつだったのですか？
W　まだとても小さかったはずです。
O　では生まれる前ではなかった？
W　生まれた頃と言っていいでしょう。
O　では、誰があなたに授乳していたのですか？
W　私が生まれた時には、乳母もいて、うちの農場からあまり遠くないところに住んでいました。この乳母の息子のことを乳兄弟と呼んでいました。一度、私たちがその乳兄弟のところへ出かけていったのを覚えています。でも、実際にはこの乳母についてはもう覚えていないのです。子守女のナーニャのことしか覚えていません。まあ、まだ意識が完全には目覚めていない年齢だったに違いありません。父が私の生まれた農場を売った時、私は五歳でした。だからこの農場に関係した記憶は、すべてそれより幼ない時のものだということはわかっています。当時、私は農場が売られて悲しい思いをしたものです。その頃ナーニャがなぐさめてくれて、土地——彼女はいつも土地と言っていました——は売られるが、農場はけっして売られないのだと言っていました。
O　土地というのはどういう意味ですか？
W　まあ、私にもよくわからないのですが、いずれにしても、彼女の言ったことを信じてはいませんでした。
O　それで、何歳まであなたはナーニャのそばで寝ていたのですか？
W　わかりませんが、七歳か八歳の時までです。
O　あなただけだったのですか、それともお姉さんも一緒に？
W　おぼろげな記憶ですが、最初は私たち二人で、そのあと姉がもう大きくなったというので、私だけが寝るようになりました。
O　それで、ナーニャはどんな女性でしたか？
W　そうですね、彼女は無学な人でした……。息子が一人いたのですが、死んでしまったので、それから私に愛情をすべて転移していたようです。私がとてもお気に入りで、ずいぶんあとまで私たちのうちに住んでいたのですが、でもそのあと歳のせいでちょっと頭がおかしくなっていました。私にはとても優しくて、私のことを愛してくれているのだと感じていました。
O　お母さまよりも？
W　母は冷静な人なので、自分の感情を表わすことができませんでした。子どもたちを愛していないというのではありませんが……。それを表現するすべを知らなかったのです。例えば、従兄弟のシューラのことを覚えていますが、彼はお母さんの膝に乗せてもらって、お母さんからキスしてもらったりしていました……。そういうことは私たちの母の場合はなかったのです。

O　なかったんですか？

W　小さい頃には母からキスしてもらったし、寝る前に母にキスすることもありましたが、愛情がこもったものではありませんでした。私たちが病気になった時にだけ、母はたいそう尽くしてくれました。風邪をひいたらどうしようと、いつも不安がっていたんですよ！　母は心気症でした……。

O　あなたのお母さまがですか？

W　ええ、母はあらゆる病気にかかっていると思いこんでいましたが、結局は八十九歳の時に老衰で死んだのです。でも、私には母親の愛情というものが欠けていました。それに、父もやはり何らかの愛情を示すような人ではありませんでした。唯一、父が優しさを示してくれたのは、私たちと遊びながら、ロシア語のアルファベットを教えてくれた時でしたが、実際、それがすべてでした。

O　あなたは大地主で貴族の一家の子孫ですからね。特別な称号を持っていらっしゃったのですか？

W　いいえ、特別な称号はありませんでした。貴族というのは身分証明書に記入される身分にすぎません。ドヴォルヤーニンというのです。グラジュダーニンというのが平民でした。ロシアは身分制国家でした。私の祖父は貴族ではありませんでした。

O　どういう身分に属していらっしゃったのですか？

W　商人です。実業家で、何か商売をしていたのですが、農場主として身を固めて、その土地を買ったので裕福になったのです。そこは黒土だったので、法外な値上がりをしました。穀物を育てるには良い土地でした。黒土のところが一番収穫が多いのです。そこはかなり南部だったのですが、時々雨が少なすぎることがありました。ロシアには白ロシアのように、砂地かローム層の地方があります。私たちのところの農民はとてもうまくやってて、飢饉もなく、いつも食物は十分にありました。白ロシアではこれと違って、人々はずっと貧しかったのですが、見かけは同じようでした。ただ細部が違っていたのです。私たちのところの農民は長靴をはいていましたが、白ロシアではぼろ布の靴をはいていたのです。

O　ではあなたのお父さまの時にはじめて貴族になったのですか？

W　そうです。平の裁判員、名誉職の裁判員、そして貴族へと取り立てられたのです。

O　で、お母さまは？

W　母は貴族でした。やはり農場を持っていたのですが、あまり大きくありませんでした。
O　ではあなたのお母さまはお父さまよりも良い家系の出なのですね？
W　ええ、そう言っていいでしょう。
O　あなたの御両親は不釣合いな夫婦だと思われていましたか？
W　いいえ、そんなことはありません。――母は実に才能豊かな人でした。一度、母はひと冬をまるまるニースで過ごしたことがあるんですが、その時スケッチを持ち帰ったのです。スケッチがうまいのでみんなびっくりしたものです。特に足や手は難しいのですが。その後、オデッサの美術学校に依頼して画家に一人来てもらったのですが、その人は母の絵を見ると、「これはどれも実に素晴らしいものです。でも、勉強しなくてはいけません、毎日、九時間描くのです」と言いました。――まあ、それを聞いてからは母はもう鉛筆を手にしなくなりました。母には文学的な才能もありましたが、才能があっただけだと言えるでしょう。画家が言ったように、勉強しなくてはならないとなると、もう母はやる気をなくしてしまうのでした。
O　あなたの絵の才能もお母さまゆずりなのですね。
W　ええ、まあ、絵を描くことは単なる趣味なのですが。――父は音楽に凝っていました。父は音楽学校へ行きたかったのです。ピアノはかなり上手でした。母にはユーモアのセンスもありました。
O　お父さまは違ったのですか？
W　ええ、全然。でも母には悪いところもあって、とても嫉妬深かったのです。
W　それで、あなたは五歳以後はオデッサで暮らしたのですか？
W　ええ。両親はその当時、チェルソンの近くの土地を売ったあとで、オデッサに家と近くの農場を買ったのですが、農場の屋敷はオデッサの家よりも大きいぐらいでした。オデッサに行くことがあったら、私たちの農場にぜひ行ってみてください。バシルのヴァジレフカというのですが。列車で一時間ほど、二番目か三番目の駅で降ります。
O　お父さまはバシルというのですか？
W　いいえ、父はコンスタンティンです。私の名は、本当はセルギウス・コンスタンティノヴィッチといって、姉はアンナ・コンスタンティノヴナでした。農場のそばの駅はヴィゴダと言い、当時は人口二百人の村でした。
O　ロシアにはまだ親戚のかたがいらっしゃるのです

か？

W　もう連絡はありません。――そのシューラという従兄弟が一九四五年までは手紙を書いてよこしていたのですが、どういうわけか、そのあと急に便りがなくなりました。彼が亡くなったか、あるいは書いても得るところがないと思ったのでしょうか。彼の手紙から、当時、オデッサがルーマニア人に占領されていたことや、彼がルーマニア人の下で市職員として雇われていることがわかりました。ですから、ロシア人がやってきた時には、彼はあまりうまくいっていなかっただろうと思います。

このシューラが、あなたに見せた絵を二枚とも私のところに送ってきてくれたのです。農場はそのあと没収され、そこに集団農場《コルホーズ》か何かが作られたのです。オデッサの屋敷も同じです。シューラが書いてきたところによると、ヒットラーがオデッサをルーマニア人に与えたあとで、郊外の大きな屋敷に法務官が移り住んだということです。彼は家の屋根を直させたのですが、どうやら屋根はもうひどく破損していたようです。これが私たちの農場に関して聞くことのできた最後です。とにかく、父と姉の写真を送ってもらったのは、とても愚かなことでした。つまり、うちには父が前にミュンヒェンで買ってきたカンディンスキーの絵が二枚あったのです。それを送ってもらったら良かったのですが。でも、知らなかったのです……。あとになってはじめて、カンディンスキーが抽象画の創始者であることを本で知ったのですから。

当時、ロシアにいた母には実は何も起こりませんでした。私たちが農民をうまく扱っていたためです。誰もうちの者を苦しめるような人はいませんでした。それどころか、母は農民たちを訪ねたりもしたのです。

O　ところで、あなたの教育に関してですが、あなたの財産はいつまでもそんなにたくさんあるわけではないから、そのうち働かなければならないということを、御両親は言ってくださらなかったのですか？

W　残念ながら、言われませんでした。――以前に一度、十七歳の頃に、あるポーランド人の地主が、すべてを失ったと話していたのを覚えています。その時私は「私たちにそんなことがないといいのですが」と言ったのです。――私がそんなことを思ったなんて、考えてもみてください！

O　あなたがたは農場の収益で生活していたのですか？

W　いいえ、それでは不足でした。私たちには借款や抵当証券がありました。父が亡くなった時、私たちの財産は二百万ルーブルになりました。そうですね、資産家には愉快な時代だったのです。労働者にとっては、社会的観点から見て、もちろん現在のほうが良いですが。でも、どんな文化も高度なことを行う暇を持っている人々に支えられているのです。実は私の教育に関して言えば、とても不満なのです。つまり、本を読んだり、文学的教養を身につけたりさせますが、すべて理論だけに関係していて実用的なことにはまったく価値をおいていなかったからです。

アメリカでは、工場主の息子は父親の事業で何らかの小さな職について、全体的な仕組みを覚えるのが当たり前になっています。地主の息子として私は農場経営の手ほどきをしてもらうべきだったのです。私が二十か二十二歳の時に、父が今から私に農場経営の手ほどきをしてくれるつもりだという手紙を母がくれました。二十二歳というのは少し遅すぎますよ。そのあと父が亡くなってしまったので、もうそういうことはなくなってしまいました。私はそうしたことすべてに関心を持っていたのですが、父はまったく気にかけていませんでした。父は、お金なら十分あるとか、お金はいつまでもなくならないなどと言っていたのではなかったでしょうか。ですから実際的なことや農場の管理などは気にかけるには及ばなかったのです。

O いったい、お父さま自身は農場経営についていくらかは理解されていたのですか？

W たいしたことはありませんが、少しはわかっていたと思います。それから、ロマンティックな物語を話してくれたあの女性《マドモワゼル》がいました……そう、私の教育は必ずしもひどいものではありませんでした。例えば、正式な馬術を教わっていました。父は私を十年間、馬術訓練所に通わせていたのです。そのあと、ある画家のところへ通わせてもらい、それもとても良いことでした。そうでなければ、私はおそらく絵を描くことはなかったでしょう。ヴァイオリンの稽古はちょっと失敗で、進歩がありませんでした。父は絶対に私にヴァイオリンを弾かせたがっていましたし、ヴァイオリンの先生はレッスンの仕事を失うのを心配して、「もうやめるの、残念だな」などと言っていました——。

結局のところ、父は賢明にも、私がヴァイオリンには全然興味を持っていないので、それは残念なことではないと見抜いていました。私は手が痛くて、この引っかき傷には我慢できませんでした。とても良い音感を持っていなければならないのですが、私はそんなに音感が良くなかったのです。先生は「ヴァイオリンの音合わせも自分でできるようにはならないだろうね」と言ったものです。——では何のために習うのでしょう？ そんな必要はありませんでした。そうですね、もし私がピアノを習っていたら違う結果になっていたかもしれませんが！　でも、ヴァイオリンは……。つまり、姉がピアノを習っていたので、私はヴァイオリンを習わねばならなかったんです……。さて、ところでいったい何の話をしていたのでしょうか？

O　あなたの教育についてです。

W　教育ですか……。あの馬術というのはいい考えだと思いましたね。

O　いったい、どうしてですか？

W　素敵なスポーツだからですよ。地方では馬に乗る機会は多いでしょう。馬に乗って狩猟に行くのはすごいことではないですか。

O　狩猟にも行ったことがあるのですか？

W　ええ、もちろん。

O　狩猟は上手だったんですか？

W　ええ、まあ、結構上手でした。情熱的なハンターというわけではありませんでしたが。十歳だったと思いますが、クリスマスにモンテクリストという名前の小さな銃をもらいました。まだ幼なすぎる歳だったのは確かです。実際、そのモンテクリストで小さなスズメを射つというぞっとする出来事もありました。

O　あなたが射ったのですか？

W　ええ。——狩猟の時の主な獲物はヤマシギでした。ヤマシギは本来は北部にいました。白ロシアには沼や河や池があったのですが、南ロシアは草原《ステップ》がとても多くて、樹木はほとんど生えていません。アカシアの木が二、三本あるだけで、あとは野原また野原でした。私たちの農場の近くの公園はだいたい二キロメートルの長さがありましたが、ほとんど何も生えていませんでした。秋になって、九月、十月にはヤマシギは南へ渡りましたが、樹木や灌木があるところでは至るところに集まって、それからジグザグに飛んでいくのです……。それで、秋は狩猟にとって最も大事な時期でした。黒海を越えて飛んでいく旅の前に、一時滞在するのです。ええ、このヤマシギはとても美味しかったです。実は、ここではまだ一度もヤマシギを食べたことがありません。このヴァルトシュネッフ「ヤマシギ」という言葉はドイツ語なのですがね。

O　えっ、ではロシア語でもそう言うのですか？

W　ヴァルトシュネッフですか？　ええ、そうです。

O　お姉さんも狩猟に行かれたのですか？

W　いいえ、行きませんでした。女性の中には狩猟をする人もいたのですが、姉は違いました。——父が言うには、私は狩猟もするし、馬にも乗るし、健全な趣味を持っているので心配はしていないとのことでした。でもそれも役には立たずに、私はフロイトのところへ行きついたわけです。

O　お姉さんは健全な趣味は持っていなかったのですか？

W　ええ、彼女はいつも結局は本を抱えて座っていました。洋服にもまったく興味を持たなかったし、そもそも男に生まれたら良かったのです。姉がなぜ自殺したかは、私には謎です。彼女はたいそう才能があったし、いつも読書をしているところ以外は思い出せません。彼女はいつも、自分は古典的な美人ではないと言っていました。でも、古典的な美人というのは誰なのでしょう？　不細工なわけではありませんでした。あの彼女の写真を覚えていますか？　とてもきれいだったんですよ。でもおしゃれは何もしなかったのです、何にも。そこへあの恐ろしい死です。水銀でした。テレーゼがやったように、ガスのほうがまだ良かったのに。

O　お姉さんには男友達はいなかったのですか？

W　私が知る限り、いませんでした。

O　もしかしたら、誰にも関心を持たれないことを苦になさったのかもしれませんね。

W　姉に関心を持った人ならすでに何人かいたのですが、みんな姉の気に入らなかったのです。それから、姉はいつも金のために自分が求められるのだと考えていました。——それでまた思い出しました。これは私の回想録にも書いておいたのですが、ガーディナーが削除してしまったのです。幼年時代の記憶で、精神分析的にも非常に重要だと思われるので、あなたにお話しします。

私たちの農場は市場のたつ町の近くで、七キロか八キロ離れていました。夏になると、私たちは農場にいて——いわゆるサマーハウスです——そこで遊んでいました。両親は外国に行っていて、私たちは母の弟の監督に任されていました。彼もあとでイタリアに移住しました。

私たちのところには庭師が一人いて、彼はいわば他の召使たちの長でした。彼には二人の娘と男の子が一人いて、その子たちと私たちは遊んでいたのです。この農場はドニエプル河から相当離れていて、他に子どもたちはたくさんはいませんでした……。それで、その庭師の娘と姉のアンナが——当時、六歳だったと思いますが——急にいなくなってしまったのです。すごい騒ぎになりました。まだ覚えているのですが、叔父は責任があったので、興奮して方々歩き回って、大汗をかいていました。庭師の娘とアンナの二人の少女がいなくなったというので、もちろん私たちはあちこちを探しました。公園もその外も。やっと見つけた時は、彼女たちはある壕の中に隠れていたのです。

　あとになって、彼女たちはいったいどういうつもりだったのかと聞かれていました。姉とその庭師の娘のどちらが言い出したことなのかはわかりませんが、二人が言うには、その市場のたつ町に逃げていって、お手伝いさんになる修業をしたいと思ったのだそうです。なぜ大地主の娘がお手伝いさんになる修業をしたいなどと思いついたのでしょうか？　それはある種の同一化だったのかもしれません……。それからこのお手伝いとの同一化ですが、姉にはまだあとでもそれが見受けられたのです。でも、どこかそぐわないところがありました。彼女は学者のような人で、化学に勤しんでいました。それから、何度か言っていたのですが、女主人が不細工で女中が美人だったら、さぞかし女主人にとってはいやに違いないと。
O　お姉さんがそう言ったのですか？
W　ええ。姉はその時はもう大きくなっていました。一度、ドイツのサナトリウムにいた時に、私に向かって、本当は最高の職業は女中だ、自分の仕事をしてしまえばあとはまるっきり自由なのだからと言ったのです。——まったく、少女にしては奇妙な考えです。第二のキュリー夫人かと言われるようにいつも本を読んでいるような少女が、最高の職業は女中だと言うのですから。何かそぐわないものがあります。でもそんなことを言っていたのです。もしかしたら、それが私に影響したのかもしれませんが、わかりません。でもガーディナーはそこを削除しました。
O　なぜでしょう？
W　その箇所を見つけられませんでした。——ちょっと、この件とは関係ないことを思い出したのですが、姉は自分が赤い鼻をしていると思っていました。そんな鼻はしていないのに。それで、私たちは取り決めをして、ナナハイカアかどうか尋ねることにしたのです。これはアカイハナ〔赤い鼻〕を逆から読んだものです。それ以来、姉が私に「ナハイカアじゃない？」と聞くと、私は顔を見てから「ううん、大丈夫だよ」と言うのです。
O　それで？
W　このことをお話ししたのは、私があなたのことを少し姉と同一視しているからなのです。
O　え？
W　私はあなたを少し姉と同一視しているようなのです。
O　私のことを？

W　ええ（笑）。
O　そう、でもどうして？　似ているのですか？
W　いいえ。でも、あなたとならばたくさん話ができるからです。
O　ああ、そうですか。お姉さんとも話がたくさんできたのですね。――でも、外見は違うでしょう？
W　ええ、外見は似ていません。――さっき、なぜ姉が自殺したのかと聞かれましたね？　それもまあ、何というか。全然、理由はありませんでした。
O　本当に理解できませんね。
W　何にもなかったのです、病気でもなかったし、何も。
O　そうですか。特に、その前には気がつくようなことは何もなかったのですね。
W　誰にも考えられないことでした。だって、まったく普通に見えたんですから。
O　抑うつ症にかかったことはないのですか？
W　まあ、そうですね、抑うつ症と言われたことはありません。でも、姉は「憂うつだわ」と言うことはあっても、嘆いたりすることはありませんでした。まあ、それにテレーゼが何も洩らさなかったのはなぜでしょう？　喧嘩していたとしても、それもやはり理由になりません……。
O　あなたがかかった精神分析家たちは、それについて何か考えはなかったのですか？
W　本当に何も覚えていません。――姉は若かったし、裕福だったし、父のお気に入りだったのです。父が姉を可愛がっていたのに。姉は父のお気に入りだったのです。父は姉のほうを可愛がっていたので、私はがっかりでした。私は姉に嫉妬してはいませんでした。姉はひいきされてもありがたく受け入れたりしなかったからです。それから、姉が自殺したときに、父が姉を何か非難するように「まあ、あの子も女にすぎん、男が必要だったんだ」と言ったのを聞きました。
――ええ、そう父は言ったんです。父は失望したのです。姉が外国に住みたいと言ったらお金をあげようと思っていたのですから……。姉はどんな希望でもかなえてもらえたでしょうに。それなのに自殺するはめになるなんて。しかも水銀で！　ひどく苦しんで、歯が抜け落ちていました。どうして人間はあんなことをするのでしょう？

――

　あなたは誰も彼女のことに関心を持たなかったのかと聞かれましたね。私たちはある一家と知り合いでしたが、彼らは自分たちを貴族だと思っていました。その一方では革命的な伝統がありました。お金のことだけはうまくいかなかったので、お金はこの一家にとって最も大切なものだったのです。私たちがベルリンにいた時、この一家の一番上の息子が姿を現わしました。スマートな男でしたが、髪はもう白くなっていました。日露戦争の時に船が転覆したままになり、その時に髪が白くなってしまったんだと話してくれて、私たちは大笑いしたものです。彼の妹はベルリンの美術大学に通っていて、画家になりたいと言っていました。彼女が話してくれたのですが、彼女の兄はお金がなくなるといつも抑うつ症になったそうです。ところで、この彼が急に姿を現わして、とても上品な装いでイギリスの卿《ロード》のように見えたのですが、姉のアンナに結婚の申し込みをしたのです。そして、彼は姉が受け入れてくれないのなら自殺すると言ったのです。でも姉はどんな時に彼が抑うつ症になるかすでに聞いていたので、真面目にとりませんでした。彼も自殺したりしませんでした。

O　あなたは学校ではいったいどんな立場にあったのですか？

W　よくわかりませんが、勉強ができたとかできなかったかとかですか？

O　どのクラスにもリーダーのような子がいるでしょう……。

W　そうですね、私たちのギムナジウムは政治的ではなかったので。

O　そういうことではなくて、特に男の子たちの学校では、いつも何人かがリーダーになっていて、他の子たちはいじめられるでしょう。

W　いいえ、そういうことは私たちのところではありませんでした。私はギムナジウムの二学年に入ったのですが、もうそこではみんな少し大人らしくなっていたのです。ここには国民学校があって子どもたちは皆国民学校に通わなくてはなりませんが、ロシアでは国民学校は義務ではなくて、貧しい人たちの子どもだけが通っていたのです。その頃、貧しい子どももギムナジウムに入れるべきだという運動がありました。それで、生徒たちがあんなにラディカルになった説明がつくかもしれません。とにかく、国民学校は義務ではなかったのですが、こちらでは義務ですよね。あなたも国民学校に通ったのでしょう？

O　ええ、もちろんです。

W　何年間ですか？

O　四年間です。

W　では、まったく違いますね。私は最初、ギムナジウムの二学年に入ったのです。村ではもちろん他になかったので、農民の子どもは国民学校に行っていたし、ほかの子は家で教わっていました。

O　あなたの病気の歴史の中で、鼻が重要な役割を果たしていますが、マックはあなたが学校の時にすでに鼻のことで悩んでいたと書いていますね。鼻のせいで、パグ犬《モップス》というあだ名をつけられたそうですが。

W　ええ、そうです、まあ……誰でも何かあだ名があったでしょう、連中は私にそういう名前をつけたんですよ。

O　で、それは愉快なことでした？

W　いいえ、不愉快でした。私には合っていませんでした。でもそのあだ名は下のほうの学年、四学年と五学年の時だけで、あとはもうなくなりました。ひどい少年たちでしょう。オデッサの住民は——港町ではどこもみな同じでしたが——実際、あまり評判は良くなかったのです。いろいろな住民が混在していて、ギリシア人やグルジア人やアルメニア人などがいました。一言で言えば、やくざものも多かったのです。

そんなにたくさんの外国人がいるので、ここは——特に南部は——ロシアの町ではないと、父はいつも言っていました。ユダヤ人も多かったのです。でも、ユダヤ人はペテルスブルクのほうへは行けませんでした。北部に住むことは許されていなかったのです。ただ西部と、ロシア領ポーランド、南部、それにウクライナに住むことはできました。ペテルスブルクやモスクワに行く時には、ある種のパスポートが必要でした。かなり高い教養を持った者だけがペテルスブルクやモスクワに住むことができたので、ユダヤ人の弁護士や医者はそこにもたくさんいましたが、例えば商人となるとそこに住むのに許可が必要だったのです。そういうわけで、ユダヤ人は主に南部に——ウクライナや白ロシアに住んでいました。

O　あなたの家族にはユダヤ人に対して偏見はなかったのですか？

W　ええ、父にはありませんでした。党——立憲民主党にはたくさんのユダヤ人がいましたから。そうでなかったら党員ではいられなかったでしょう。ロシアではもともと、迫害とは明らさまに言えませんが、まあユダヤ人が不利なことはありました。ヒットラーのように血に基づくものではなくて、宗教に関連してです。ギリシア正教徒になれば、他の人と同じように権利を持ち、けっして制限を受けることはありませんでした。——ペテルスブルクにはなかでもドイツ人が多く、ペテルスブルクに比べればオデッサはもちろん田舎町でした。でも、海を見おろす丘の上にある美しい街でした。上から港全体や船が見渡せました。それはロシア語でブフタと言ったのですが、ドイツ語では何と言うのでしょう……。

O　もちろん、入り江《ブフト》です。

W　ブフト、それもドイツ語なんですね。——それで、低学年の少年たちはもう悪がきだったので、いくつか覚えているのですが……。私たちの学校にロシア語をマスターしていないフランス人の先生がいたのですが、ある生徒が何かしでかしたので、その先生が「あそこの隅に立っていなさい」と言ったのです。——その隅の上方には聖人の絵が掛かっていて、もちろんその絵は何の関係もなかったのですが、ある生徒が即座にからかってやろうと立ち上がって、フランス人の先生に向かって偉そうに「あれっ、その隅には立ってはいけないんですよ」と言ったのです。——すると、先生は慣習がわからなかったので、「では、別の隅に行きなさい」と言ったのです。

O　それで、あなたはいつも優等生だったのですか？

W　ええ、まあ、二学年と三学年の時は中くらいでしたが、あとから良くなって、表彰されたのではなかったでしょうか。成績優秀者と書いてありました。まあ、それからあとの人生でいい成績をあげることはほとんどなかったのですが。

O　それで、友達はいなかったのですか？

W　下級生には何人か知り合いがいたのですが、そのあとその友好関係はどういうわけか壊れてしまいました。

O　お姉さんのほうはどうでしたか？

W　確かに、姉に友人がいなかったことが私には悪いことのように思えました。一人もいなかったのです。それで、私も女の子の知り合いもなく成長しましたが、唯一知っていたのは、ドストエフスキーの子孫の娘にあたるナターシャとかいう女の子だけでした。姉がその子と少しばかり親しくしていたのです。その子は確か不細工な子でした。でも、本当に、姉には他には友人がいませんでした。私が思春期の頃、ドイツ語のレッスンを受けたほうがいいと言われていた時に、あのハッセルブラートのお姉さんがドイツ語を教えてくれるという話があったのを覚えています。それで、私はほんとに嬉しくなって、女性とか少女とかに興味を抱いたのです……。

でも、母はとにかく嫉妬深いたちで、母に聞いたところでは、女の子は……家の中には入れられないということでした。それで、私はとても腹を立てたのを覚えています。で、その時、そんなに私から素敵な女性たちを締め出すのなら、お手伝いのところにでも行ってやろうと思いました。——そのことで怒ったことは今でも覚えています。いわば復讐のようなことを考えていました。

母にも責任があることがおわかりでしょう。言ってみれば、母は近くに女性がいるのが、若い女性がいるのが我慢できなかったのです。彼女が私に「ドイツ語を」教えてくれていたらどんなふうになっていたでしょう？　まったく異常なことです。いやなことに、彼女ではなくてハッセルブラート氏のほうでないといけないと言うのです。

Ｏ　そのお姉さんというのはあなたくらいの歳だったのですか？

Ｗ　彼女のほうが少し上だったのですが、まだ若くて、それにとても美人だったと思います。それで、私はとても嬉しかったのです。言ってみれば、私は皆から今の状況に押し込まれたようなものです。姉のせいで、それから母が嫉妬深いせいで、そして姉に友人がいなかったせいで。誰もいなかったのですから。

Ｏ　一つお聞きしたいことがあるのですが。あなたは今まで実際に同性愛的な関係を持ったことがおありでしょうか？

Ｗ　いいえ。でも、いったいどこからそんなことが。——でもあなたがそのテーマを持ち出すのなら、私にも思いついたことがあります。ロシアではアルメニア人は同性愛者として知られていました。コーカサス地方の保養地に行くと「女性と少年のどちらにしますか？」と聞かれると言われてました。——私がオデッサで学生だった頃、ムラトという名前のアルメニア人がいました。美男子でしたが、気味の悪い眼をしていました。とても変わった眼で、それが彼の場合とてもきれいに見えたのです。

　私たちは小さな学生グループを作っていたのですが、そのムラトも私たちと一緒でした。一度、彼が私に、「劇場の上演後にみんなでＳＰのところへ行くんだろう」と言いました。ＳＰというのは、同性愛者で知られたオデッサの役者のことです。フロイトにも話したのですが、ＳＰは私のイニシャルでもありますね。このＳＰという名は彼の本文にも出てきます。ムラトはみんながＳＰのところに行くと言いました。これが何を意味するのかは、もう私にもわかっていました。一度、大学で講義に出た時に、どこにも空いている席がなくて、ムラトの隣だけが空いていたので、彼の横に座りました。すると、いきなり彼が私の手をつかんで握りしめだしたのです。それが試しだったのでしょう。私はすぐに距離をおきました。

Ｏ　学校《ギムナジウム》では経験しなかったのですか？

Ｗ　いいえ、学校ではそんなことがあるとは聞いたことがありませんでした。オデッサでは同性愛はごくわずかにしか広まっていなくて、外国よりも少なかったのです。ただコーカサス地方とアルメニア人だけです。学校にもアルメニア人が何人かいましたが、彼らは同性愛者ではなかったと確信しています。

　それからまだほかにもありました。二度目の経験をしたのですが、ちょっと待って。はっきりしないけど、確かパリに行った時、車室《コンパートメント》にもう一人男の人がいて、私は窓際のすみで横になって眠っていました。するとその人が窓のほうへやってきて、足先をぴったり私の足先の隣に置いたのです。どうしていいのかわかりませんでした。足を押しのけるべきだったのかも……。とにかく、私は眠っているふりをしました。それから彼は膝で戯れたりもしたのですが、結局、やめてしまいました。あれも一種のほのめかしだったのでしょう。私がどういう反応をするのか見たかったのです。ほかには、この分野の経験はありません。
O　フロイトはあなたの同性愛的な性格について書いていますが……。
W　いずれにせよ、無意識的です。フロイトにあっては、男と男の間の関係はどんなものでも同性愛的ですからね。
O　どんな人間も両性愛的《バイセクシャル》な素質を持つというのは、当たっているようですが。
W　でも、同性愛は比較的まれではないですか。
O　教育の壁がとても強いからでしょう。
W　――それで、そうですね（笑）、わかりませんが、このことを話すべきでしょうかね？
O　どうしてだめなんですか？
W　これは女性に声をかけた時の話なんです……。私は仕立屋で、ある女性に声をかけたのですが、彼女が私の名前をその店で訊くとは思いもよりませんでした。この人は仕立屋を通じて私の名前や私が市の保険員であることを知り、私に電話をしてきたのです。それで交際が続くようになりました。
O　今でも？
W　そうですね、まあ、今でも。
O　ああ、その人があなたの女友達ですか？
W　その人が女友達なのです。すべて報いがあるものですね。
O　これは、まあ、運命の皮肉というものです。フロイトもあなたが仕立屋に対していつも特別な関係にあると書いていますし。
W　運命の皮肉です。
O　それで彼女が電話をかけてきたのですね？
W　私はすぐに、ここでは会話は禁じられているとでも言うべきだったのかもしれません。でも、私には誰もいないなどと考えたのです。まあ、いいでしょう、そうして私たちは出会ったのです。この話全体がどんなふうに起こったのか、おわかりでしょう。その後彼女が病気になって、今や私は困り果てているのです。
O　それはとても滑稽ですね。ごめんなさい、笑ったりして。
W　ええ、滑稽な話です。

（1）　立憲民主党　カデット（Kadet）といい、K．D．すなわち立憲制民主主義のこと。

テレーゼ

W　お尋ねしたいのですが、あなたは私について何か書くという計画を、本当にまだ持っているのですか？
O　それはあなたがまだどれだけ話してくださるのかによります。
W　まあ、もう見てのとおり、私は老人ですし、こうしたことにはもう十分に関わってきました。それに、私の歳ですと当たり前ですが、疲れるうえにすべてがもうたくさんという感じです。私が死んだら、私のことについて書いてくださって結構です。ただ私の生きている間には何も発表しないようにお願いします。と言うのも、そうなったら間には挟まってしまって……。まあ、それにガーディナーには、あなたがやめたと書いてしまったのです。わかってもらいたいのですが、ほかにどうしようもないのです。
O　まあ、いいでしょう……。
W　すべてを改めて一からやるにはどうしたらよいのか、私にはわかりません。あなたとこうして話し合っていると、一種の精神分析になってしまうのではないでしょうか。私はもうたくさんの分析を受けたのです。
O　それでもう十分なのですか？
W　もうまったく関心がありません。
O　なるほど。
W　ええ、もう分析は十分です。（中断）時に、ドストエフスキーのことが頭に浮かんだのですが、ドストエフスキーの作品全体は、本来ショーペンハウエルの言う『意志と表象としての世界』を図解しています。彼の描く英雄たちは、自分たちが得るであろう利益や属する立場に従った行為をするのではありません。そうではなくて、自分たちの理想——時にひどく奇妙だったり、不合理なものだったりしますが——に従っているのです。まだ『悪霊』を覚えていますか？
　確かスタヴローギンというのが県知事の耳たぶに噛みつきます。それから別の時には、「誰も私の鼻づらを引きずり回すことはない」と彼が言うのを聞いて、立ち上がると彼の鼻をつかんで部屋中を引きずり回します。もっとも、非現実的に聞こえる思いつきですけれど……。

スタヴローギンがすることは、全部、ただ自分が起こりうるすべてに耐えられる偉大な人間であることを、繰り返し自分自身に証明するためだけのものでした。例えば、彼が平手打ちをくらった時も、彼は何もしようとしません。それについて彼はいっさい何もしないし、ほかの人もそうです……。つまり、全世界は表象の世界へと変わり、それによって非現実的な作用が起こるのです。それに、そこには無意識的なこともたくさん含まれているので、他の作家の場合には描かれないようなことがあって、たいそう興味深い効果を起こすのです。——

　ほかにもまだ思い出したことがあります。あの『悪霊』という物語の結末を覚えていますか？　将軍夫人のところに住んでいたヴェルホーヴェンスキーは、いつでも彼女の機嫌をうかがっていなくてはならず、彼女の望むことをしなくてはなりません。彼には年金も何もなかったからです。それで、彼はもう長いこと我慢できなくなって、出ていくことにして、列車で出かけます＊＊。最初の駅を過ぎたあと、彼はどこに向かう列車かわからなかったのですが、風邪をひいてしまい、熱を出します。それで将軍夫人が医者を連れてやってくるのです。

　これはまさしくトルストイがしたことと同じです。それどころか、彼もそうして死んでしまったのです。彼は秘書と一緒に列車に乗っていました。なぜ、何のために、どこへ行こうとしていたのかは誰も知りません。彼は風邪をひいて熱を出したので、最初の駅で降りなければなりませんでした。それから奥方のところへ連絡が行ったのですが、彼女はやってくるなり、もちろん夫のしたことを責めました。彼は逃げ出そうとしていたのですから。そうこうしているうちに、彼は死んでしまいました。ヴェルホーヴェンスキーとまったく同じようにして死んだのです。実際、このことは誰も思いつかなかったことです。とにかく、ここに見られる類似性について触れているものを、私はまだ読んだことがありません。

O　でも、どの作家も世界を表象として創造するものです。

W　ええ、多少の違いはあるにしても。ですが、多くの作家は、より現実に即して、よりわかりやすく書いていると思います。あまり馬鹿げた考え方はしていません。でも、このスタヴローギンはひどい人物——気違いと結婚したのです。狂った娘です。こうした行為はすべて、言ってみれば現実を飛び越えています。もちろん、他の作家たちも世界を表象として描くでしょうが、ドストエフスキーほどひどくはありません。

O　そこはフロイトと対比できないでしょうか？　彼も

現実に即してというよりも表象に即して人間を描いていませんか？

W　ええ、確かにフロイトは、ドストエフスキーを特に高く評価していました。あなたがそのことを知っているかどうかわかりませんが。トルストイもドストエフスキーと同じくらい有名ですが、フロイトはトルストイよりもドストエフスキーのほうをずっと高く評価していました。しかし、トルストイの場合は、人間の描写が現実の状況にもっと対応しています。例えば、あのアンナ・カレーニナが自殺する時には、社会から閉め出されたからという誰にとっても理解できるような理由がありました。それに対して、ドストエフスキーの場合は、どうしてこの人間がそんな考えを持つようになってしまったのかと疑問に思うような状況がよくあるのです。それは、例えば、もう忘れてしまいましたが、ある人が拳銃で自殺しようとするのだが、その日時は誰か他の人に決めてもらうというような光景です。いきなり銃声が聞こえて、その人は自殺をしているが、自殺するような理由はまったく見当たらないというように。――

O　それで、とにかくあなたはお姉さんの自殺のあと、また抑うつ症になってしまいましたね。淋病はもう完全に治っていたのに。

W　ええ、姉の自殺後、ひどい抑うつ状態に陥ってしまいました……。

O　それで、そのあとドイツでいろいろなサナトリウムにいらっしゃったのですね。

W　ええ、それはトーマス・マンの『魔の山』に描かれているのととてもよく似ているのですが、そのことは私の本に関するある批評の中に書かれていたと思います。まあ、実際には、年金をもらって暮らしているようなものでした。そこでは自然療法や催眠を用いていましたが、実際には私に催眠は使えませんでした。あるサナトリウムで、ある時一人の医者がいんちきな催眠をやって、爪先立ちで部屋を出ていったのを覚えています。私は彼が部屋を出ていくのなんかを見ていて、眠ってはいませんでした。私は他人の影響を受けようとしているのに、実は催眠にはかかりにくく、眠りに陥らないのです。珍しいでしょう？　いつも助言を必要としている人間が、急に催眠にはかからなくなる。これは奇妙な状況です。

*　ヴォルフマンの話の中では、スタヴローギンが鼻を引きずり回したのも県知事であるかのように書かれているが、原文では県知事とは別のガガーノフという人物に狼藉を働いたことになっている。

**　ドストエフスキーの原作では馬車。以下のトルストイの話と混同したものと思われる。

O　でも、ギムナジウム卒業後にペテルスブルクで勉強なさっていた時、ある医者に催眠をかけてもらったと書いておられますね。それも一時的には役に立ったと。
W　ああ、そうです、ペテルスブルクでは。
O　その人はあなたに催眠をかけたんですね。
W　ええ、そうです、その人はあの有名な精神科医のベヒテレフ*でした。彼は、私の両親が姉の死後にした寄付を、彼の研究所にも分けてもらいたがったのですが、両親はそれをオデッサの病院にあげてしまったのです。ベヒテレフのところでは催眠が効かず、私は眠りませんでした。でも、最初の日が過ぎると気分が良くなってきて、二日目にはもうあまり気分が悪くなく、三日目にはもうすっかり何でもなくなっていました。
　まあ、フロイト以前の精神科医は、精神的なものを扱うことがまったくなかったといっていいほどでした。母のところへ何度か電話をかけてきた医者を覚えていますが、その人と長いこと詳しく話をしたことがあります。私たちがいた部屋の中には、ばねが入っている安楽椅子があって、後ろへもたれることができました。それで、私は自分の境遇をたいそう熱心に話していたのですが、急に彼は立ち上がると、その安楽椅子はどういう仕組みになっているのかと聞いたんです。私はそんなことには関心がありませんでした。彼には患者よりも椅子のほうが面白かったのですね。

　初期の精神科医たちは、患者が訴えていることの内容まではまったく立ち入りませんでした。そこには何らかの身体的障害があって、湯治などで治せると考えていました。これはもちろん誤りであって、そこへフロイトが新しいものを持ち込んだわけです……。
O　フロイトの前にあなたはクレッペリンのところで治療を受けていらっしゃいましたね。
W　ええ、それはミュンヒェンで、私がテレーゼと知り合いになった場所です。その頃私はミュンヒェンのそばのノイヴィッテルスバッハのサナトリウムにいました。ニュンフェンブルク城から歩いてだいたい十分くらいのところでした。そこに彼はいたのです。私の伯父がイタリアから来ていて、伯父はドイツ語が話せなかったのですが、クレッペリンがイタリア語を話せたのを覚えています。それからクレッペリンは伯父に、私の病気は意志の病気、意志薄弱の病気だと言ったのではなかったでしょうか。まあ、あれはテレーゼのせいでした。――それから、サナトリウムの人たちは、私が彼女に気があると聞いた時、「あなたには無理でしょうね、彼女はたいそう責任感があるし、どんな男とも付き合わないから、あなたの苦労はすべて水の泡ですよ」と言っていました。——そう私に言ったのです。でも、それからちょっと事態が変わりました。

つまり、彼女はすでに一度、結婚していて、エルゼとかいう娘がいましたが、その結婚はうまくいきませんでした。それで、その時は患者を助けるという考えへ逃げていて、普通だったら女性が持たないような理想を持っていました。それに何と言っても、彼女はとても美しかったのですから。全然似合っていないサナトリウムに彼女が腰を落ち着けていることは、実に驚くべきことでした。さて、それから私の話が持ち上がったのですが、彼女は私に関することを何も聞きたくないということでした。でも、その後やってきたり、それからまた手紙がきたりして、もうこの話は何も聞きたくないし、今の生活は崩したくないというのです。それで、見たところもううまくいかないいような具合になり、すべてがもう彼女には楽しめなくなって、そのサナトリウムを去ったのです。
O　どうしてクレッペリンは、あなたがテレーゼと結婚することを望まなかったのでしょう？
W　まあ、サナトリウムにやってきて、そこで急に結婚したいといっても、それは似合いの縁組とは言えません。少なくとも、当時の見解によれば。不釣合いな結婚とかをご存じでしょう。前にも言いましたが、クレッペリンは私の伯父に、この病気は意志の病気であり、テレーゼとのことは克服しなければならないと言ったのです。それによって私は健康になれるという、まさに大事な瞬間でした。フロイトは別な見方をしていました。テレーゼとのことはフロイトには何か、そう、昔だったら躁状態とか呼ばれていたもののように見えたのです。
O　では、クレッペリンは不釣合いな結婚を認めなかったとお考えなのですね……。
W　ええ、彼には何か突拍子もないことのように思えたのでしょう。結局のところ、私はロシア人でしたしね。似合いの縁組ではなかったのですから。
O　彼があなたの階級の人々と同じ偏見を持っていたとお考えですか？
W　ええ、まあ、きっと。
O　それで、テレーゼの最初の結婚についてはどうだっ

＊　ロシアの心理学者（一八五七—一九二七）。パブロフの同時代人であり、激しい議論を戦わせた。ロシアで最初の実験心理学の研究室をカザン大学に開設。一九〇七年に心理・神経学研究所をペテルスブルクに開設し、のちに彼の名をとってV・M・ベヒテレフ脳研究所と改名された。主著は『客観的心理学』など。

たのですか？
W　まあ、それは別の問題です。どんな関係だったかは想像できるでしょう。あとになって、私たちがロシアに帰っていた時に戦争が始まってしまい、ドイツにお金を送ることができなくなってしまいました。それで、私は彼女に、エルゼの父親に助けてほしいと手紙を書いてみたらと言いました。――すると、彼女はたいへん激昂して、「あんなろくでなしにそんなことを頼めと言うの」と言ったのです……。――彼女はそんなことを考えたことすらなかったんですよ。敵対していたのですから。
O　それは、どうして？
W　それからエルゼが死んだのですが、その時彼女は一人でドイツへ戻っていき、私もあとを追いました。まだエルゼを救える望みがあると思われたのです。私たちはその頃、スイスに行きたいと思っていました。でも、医者がもうその意味もない、助かる望みはないと言い、エルゼは二、三週間後に死んでしまいました。
O　なぜエルゼを一緒にロシアに連れていかなかったんですか？
W　そう、最初、私はテレーゼも連れてはいかなかったのです。戦争が始まった時、彼女はミュンヒェンに、私はオデッサにいました。

O　ええ、それから彼女はロシアに行ったのでしょう。彼女はエルゼを一緒に連れていけたではないですか。
W　そのことは、実際、誰も考えたことがなかったのです。もちろん、そうすることもできたでしょう。でも、当時は、そもそも入国許可をもらうのがとても大変だったのですよ。交通は完全に途絶えていました。それに、戦争がそんなに長くは続かないとみんな思っていて、二、三か月くらいだろう、そんな何年もは続かないと考えていたのです。それに、エルゼはミュンヒェンの学校に通っていて、ミュンヒェンに住んでいる伯父の家にいました。つまりテレーゼの兄弟の家で世話してもらっていたんです。テレーゼは私を責めていましたが、自分がロシアに旅立ち、エルゼを残していってしまった点で、自分のことも責めていました……。
O　テレーゼの旧姓は何だったのですか？
W　ケラーです。
O　それで最初の結婚の時の名前は？
W　（中断）この話はやめましょう。
O　何がそんなに不愉快なのですか？
W　愉快なことではありません。
O　今まで相手の人に会ったことがあるのですか？
W　いいえ、彼女はその人とはいっさいもう関わりを持っていません。
O　あなたはその人を全然知らないのに、最初の結婚がそんなに不愉快なのですか？
W　ええ、私には不愉快です。
O　でも、あなたが彼女と会った時には、二人はもう別れていたのでしょう？
W　ええ、もう別れていました。
O　何がそんなに不愉快なのですか？
W　（中断）まだ吸いますか？（と言って、タバコを差し出す）
O　テレーゼとお会いになった時、彼女は何歳だったのですか？
W　そうですね、家内は私よりもずっと年上でしたね。
O　で、何歳でしたか？
W　年齢を偽っていたと思います。
O　あなたに正しい生年月日を告げたことがないとお考えですか？
W　当時、彼女は八歳年上であるかのように話していたと思います。だから、少なくとも八歳、あるいは九歳上だったかもしれません。正確にはわかりません。ロシアに行った時には、彼女は証明書を失くしたと言っていましたから。彼女と出会った頃、彼女は二十八歳だと言っていました。私は二十歳でした。
O　最初の頃、テレーゼとはおかしな行き違いがあったようですね……。
W　ええ、まあ、それは彼女のせいです、私のせいではありません。彼女はいつも手紙で断わってきたのです。
O　あなたの本を読むと、サナトリウムにお入りになった時にいきなり大胆な行動に出られたので、不思議に思うのですが。その前まではいつも抑うつ状態で、具合が悪そうなので、本当はとても内気なのかと思ってしまいます。
W　まあ、いいでしょう。でもフロイトもそう言っていましたよ。あれが女性に対する突破口なんです。
O　それはどういうことなのでしょう？　あなたが前に書いていらっしゃるのを読むと、あなたは内気だったと思えますが。
W　あの時は積極的だったのです。
O　あの時、いきなりそんなに積極的になったのですか。
W　確かに、よく理解できませんね。
O　あなたはすぐに彼女の部屋へ行った。……それからこのおかしな交際が始まったのですね？　いったいなぜ彼女は手紙でいつも断わってきたのですか？
W　おそらく、彼女は子どもの心配をしていたのでしょう。あとでベルリンに訪ねてきた時、彼女は流産をしたと言っていました。私は愚かにもこの問題をまったくなおざりにしてきたのです。このことを考えてみなくてはならなかったのに。

O　そのことをお考えになったことがないのですか？

W　まったく考えたことがないのです。彼女を手に入れたいとだけ望んでいたのです。それ以外は何も。でも、確かに言われるとおり、病弱で抑うつ気味の患者が、突然そんなにエネルギッシュになるとは不思議ですね。あの時は確かにとてもエネルギッシュでした。人間とはそういうものなのかもしれませんね。

O　それで流産ですが……その子どもはあなたの子どもだったのですか？

W　ええ。

O　流産だったのですか、それとも中絶だったのですか？

W　彼女は、流産したと言っていました。

O　それで、あなたは彼女が妊娠していたことをご存じなかった。

W　彼女は何も私に言ってくれませんでした。あとになってから、はじめて言ったのです。その時にはもう私は旅立っていました。

O　その流産は何か月めのことなのですか？

W　それは知りません。でも、とにかく、もうかなりあとのことには間違いないでしょう。その子どもが彼女に似ていたと話してくれましたから。目だけが私の目、私のような淡い色の目だったそうです。ですから、もうかなり形が出来上がっていたに違いありません。当時、私はこのことに関心を抱かなかったのです。まったく関心外でした。

O　男の子でしたか、女の子でしたか？

W　男の子だったと思います。

O　流産は家の中で起こったのですか、それとも病院で？

W　家の中だったと思います。何か重いものを持ち上げて、それで流産になってしまったと言っていました。

O　その時まだ彼女はサナトリウムで働いていたのですか？

W　そうです。

O　それで、まわりの人たちは、彼女が妊娠しているのを知っていたのですか？

W　みんなが何か気づいていたかどうかは、話してくれたことはありません。流産だったと言っただけです。

O　当時彼女は何も言わなかったのですね？

W　ええ、彼女は何も書いてよこしませんでした。何も。
O　奇妙だとはお思いになりませんか？
W　彼女は、何か重いものを持ち上げて、それで流産してしまったと言っていたのです。それ以上は何もわかりません。
O　でも、ごく最初の頃は彼女はまだ妊娠していなかったのでしょう、それでいわゆる行き違いにもかかわらず、妊娠してしまった。
W　いいえ、それは私が去ってからもっとあとのことです。それに、私がシュラハテンゼーのサナトリウムにいた時には、時々、彼女に会っていたのです。その後、ベルリンで別れる時に、彼女が以前こんなことがあったと話をしてくれたのです……。いや、違います、もっとあとになってからはじめて話してくれたと思います。ベルリンにいた時は、彼女は何も言いませんでした。――それで、あなたは意志についてどう思いますか？　意志に対して、どんな考えを持っていますか？
O　教育上の過失があるのではないか、ということですね？
W　意志という概念は、そもそもフロイトには欠けています。フロイトの場合は、意志とは衝動なのです。しかし、実際には、意志とはその反対で、衝動を押し返す力であり、理性的と考えられることを為すものです。だから、衝動は意志と同じではありません。――そう、それで思い出したのですが、私がテレーゼと別れた時、伯父がいろいろと私を助けてくれて、私の知らないオデッサの住所を教えてくれました。そこには、社交界の女性たちが出入りしていて、私はとても美しい女性に出会いました。彼女はユダヤ人でした。一度、伯父と一緒に公園を散歩している時、突然この女性が男の子か女の子と一緒にいるのが目に映ったのですが、伯父は彼女たちを見て、「あの女性を見てごらん、すばらしい、実に美しい人だね」と言ったのです。――そこで私は「あの人なら、伯父さんがくれた住所のところで四週間前に会ったよ」と言いました。

　それからあとになって、周旋人の女性が話してくれたところでは、伯父はいつもこの女性に会いたがっていたが、彼女のほうでは断わり、私と会いたいと言ったのだそうです。それで、何度か私は彼女のところへ通いました。――これで思い出した話の一つは終わりですが、まだもう一つあります。テレーゼがウィーンに来る前の話で、二年間がたった頃に、私はまた女性たちと会いました。ウィーンでもオデッサの周旋人と同じような女がいるかどうか聞いてもらえないかとドロスネスに言ったところ、彼は聞いてくれて、そういう女がいると教えてくれたのです。そう、ちょうどヴィップリンガー通りのところでした。

私は出かけていきました。年輩の女性がドアを開けてくれて、「私の姪のテルとどうですか？」と言いました。──その人もテレーザという名前だったのです。「まず、見てみたいのだが」と言うと、その姪が出てきましたが、二十代はじめの絵のようにきれいな女性でした。しばらくの間、通ったものです。──それからあとで、一度、ケルントナー通りを歩いていると、突然、そのテルとばったり会ったのです。やたらにめかしこんでいました。すごい毛皮など着て。彼女の横には背の高い立派な男性がいましたが、やはりエレガントな装いでした。彼女はほとんど同じ人とは思えませんでした。まあ、私は挨拶をして、すぐにまた歩き出しました。

彼女は男の人を待たせて、私のところへやってくると、「今、ちょうどオペレッタに行くところなのよ。また一度いらしてくださいな。私はまだ伯母のところにいるのよ」と言いました。──でも、もう私は行きませんでした。このことをあなたにお話しするのは、いかに私が用心深かったかをわかってもらいたいからです。私に実際に起こったようなことが、起こる日が来ようとは、まったく思いもよりませんでした。いつもお金をねだってばかりいるような女性の手中に陥るなんて……。

O　よくわからないのですが、その人たちは何を周旋していたのですか？　どんな女性を周旋していたのですか？

W　上流階級の女性です。売春婦ではありませんが、言ってみれば秘密娼婦というところでしょう。

O　ああ、そうですか。

W　そのことは誰も知らないような、本当に淑女だったのです。

O　あなたはお金を払っていたのでしょう。

W　ええ、それも少ない額ではありません。当時の私にはどうということのない額でしたけれど。当時はすべてにおいて違っていましたから……。

O　それでテレーゼは、あなたに他の女性がいることを知っていたのですか？

W　まあ、そんなことはありません。──彼女は嫉妬深いので、そんなことをしたら大変です。彼女には従姉妹が一人いるのですが、その従姉妹のことはいつも家族の中のもてあまし者であるかのように言っていました。その従姉妹のリースルはトゥーン伯爵と関係を持てば良かったのにと彼女が話してくれたことがあります。一度、こんなことがありました。街である女性を見かけたのですが、その人は……きっと似ているところがあったのでしょうが、今こうして回想してみると、その人はテレーゼと似ているところなどないのです。でも、その人の何かが目についたので、これが例の従姉妹に違いないと私は思いました。

「あなたはテレーゼの従姉妹のかたではありませんか？」と声をかけますと、彼女はいいえ、従姉妹なんかでありませんなどと答えました。——まあ、それから少し話をしてから、「またいつかお目にかかりたいですね」と社交辞令を言いました。すると後になって彼女はテレーゼに、私が自分と関係を持ちたがっているなどと、とんでもない話をしたのです……。
O　えっ、ではその人は従姉妹だったのですか？
W　従姉妹でした。それで、それから彼女は嫉妬深くなったのです。そう、そういう大変な時期だったのですが、それもそのあと治まりました。
O　で、それはいつ頃のことだったのですか？
W　私がフロイトの許へ通っていた頃です。まだ彼女が私のところへ引っ越してきていなかった頃に違いないと思います。最初、フロイトは私が彼女のところへ行くのを許可しなかったのですから。彼が行かせてくれるまでに二年もかかりました。それで、その頃はまだ、彼女はしばらくの間、ミュンヒェンにいたのです。
O　それでその従姉妹はウィーンにいたのですか？
W　彼女はミュンヒェンからウィーンへ、ウィーンからミュンヒェンへと、いつも動き回っていました。
O　それで、あなたはその従姉妹に前に会ったことがなかったのに、おわかりになったのですか？
W　これがその従姉妹だろうと推測したのです。
O　写真をごらんになりましたか？
W　いいえ、写真を見たことはありません。似ているところはそんなに多くなかったのですが、彼女だとわかったのですから、何か似た特徴があったのでしょう。私はテレーゼの写真を一枚持っていますが、これはあなたに持っていってもらわねば。その写真の彼女は女優のようです。彼女はミュンヒェンで、舞踏会に行ってもいいか私に聞いてきたのですが、私は反対する理由がないと言いました。——それで彼女は舞踏会に行って、この写真を送ってきたんです。この時の彼女は、少しばかり征服欲が強そうに見えます。
それから、その従姉妹のせいで、まだありました。彼女がテレーゼに、私が彼女と関係を持ちたいと思っているなどと言うものですから、その後手紙が来なくなったのです。私が書いても何の返事も来ません。私はフロイトに「何かが起こって、身動きできないのではないか」と言いました。すると、フロイトはもちろんそのことを認めるつもりはなかったので、「あなたの思い過ごしですよ」と言いました。――でも、彼女から何の連絡もない日が続きました。――「もうこれで三週間も手紙が来ないのです」と言うと、彼はミュンヒェンへ行くことを認めてくれました。――それで、行ったのです。鐘を鳴らすと、マリアというお手伝いの子がドアを開けたんですが、私の鼻の先で素早くドアをぱたんと閉めようとしました。それで、ドアの間に足を入れると、中へ押し入りました。そしてその場で私たちは仲直りをしたのです。その頃、彼女は私と絶交しようとしていたのでした。

O　従姉妹のせいで？

W　従姉妹のせいで。

O　それから、あなたがテレーゼと一緒にロシアにおられた時ですが……。

W　テレーゼがしっかりした人なので、治療のあとはうまくいっていました。もし私が他の女の人と出会っていたなら、治療はもちろんうまくいっていなかったでしょう。私の母と喧嘩を始めた時には、彼女も確かに手を焼いていましたが。

O　いったい、なぜ喧嘩になったのですか？

W　まあ、私の母とテレーゼの間にはすごい敵対関係があったのです。この敵対関係はテレーゼが作り出したものでした。彼女は自分の気に入らないことはすべて変えてしまいたがったのです。そのため、テレーゼが死ぬまで、私は母を引き取れませんでした。母が自分の親戚たちにはたいそう優しくて、私たちにはそうでないのがテレーゼを煩わせました。これはテレーゼの考えです。母にとっては親戚たちがまず大事なんだというのですが、私にはそう感じられませんでした。

母との確執によって、財産も減ってしまいました。というのも、母ともういっさい話すことができなくなっていましたから……。それに、母はいつも親戚たちの家にいましたし、親戚たちもその後は当然、私のことも避けていました。まあ、いやな状況でした。一九一四年から一五年にかけての冬の間、私はテレーゼと一緒にモスクワにいて、試験を受ける準備をしていました。

O　テレーゼはつまり、あなたのお母さんに対して嫉妬していたのですね。

W　ええ、確かに。おっしゃることは当たっています。

O　でも、あなたのお母さんもテレーゼに偏見を持っていらっしゃったのでしょう。

W　もちろん、母は私がテレーゼと結婚したのは間違いだと言っていたのですから。
O　不釣合いな結婚だというわけですか？
W　ええ、もちろん。彼女は看護婦でしたが、それが下層階級だというのではありません。でも、母が嫁に対して嫉妬深く、逆もまた然りという時には、どうなるかおわかりでしょう。母はとにかく嫉妬深かったのです。父はそういう感情を覚えたことはまったくないと言っていましたが、母には理由があったのです……。
O　それで、お母さんの好みに合う女性というのは、どんな女性だったでしょう？
W　とにかく裕福な人です。
O　そういう人と知り合いになったことがありますか？
W　今までのところはまったくありません。それで、実際、テレーゼは拒絶されているのを感じていました。その反面、自分の母親や自分の両親にはとても寄りかかっていたのです。彼女は私の母にも本当の母親と同じようにしてもらいたいと思っていました。この願いはかなえられませんでしたが。とにかく、テレーゼにはいつも問題がつきまとっていました。些細なことをいくつか思い出したのですが、彼女はたいそう小市民的だったので、考え方もまったく違っていました。彼女がロシアに来た時、もちろん自分のお手伝いを連れてきていたのですが、その子は夜の八時まで働けばそれでいいことになっていました。そこにいつも争いの余地があったのです。他の子たちが嫉妬してね……。
O　それがそんなに小市民的だとお考えですか？
W　いや、そのことではありません。彼女は適応できなかったのです。それにドイツ人でもありましたし、拒否されていると感じていたのでしょう。その当時は戦争が始まっていて、ドイツ人は憎まれていたのを忘れないでください。彼女がドイツ人だというのは、都合が悪かったのです。だからといって迫害されるようなことはありませんでしたが。私と結婚して、結局はロシア人になっていたのです。レストランには「ドイツ語で話さないようにお願いします」と書いてありました。――これも、そんなにひどい仕打ちではありませんでした。
　ロシアではヒットラーがやってくるずっと前に、北欧人たちを崇拝していました。それで古い名前を、例えばイゴールなんて名前を発掘したのです。ユダヤ人の迫害と北欧人への心酔というのはよく似ていました。ただ規模が小さかっただけです。
O　それは、いったいいつ頃のことですか？
W　第一次世界大戦前のことです。戦争の最中に、はじめてあのいやなドイツ嫌いが出来上がったのです。ロシアには勤勉で有能なドイツ人がとてもたくさんいました。そのうえ、ノルマン人とドイツ人は、ロシア人にとっては別のことでした。ノルマン人の一種族がロシアを征服したのですが、それはロシア語でヴァラギと呼んでいたヴァラング人でした。イギリス人はドイツ人に対抗する気分を作り出すすべを心得ていました。まあ、単に戦争のせいですべてがそうなってしまったのです。戦争がなかったら、まったく違っていたでしょう。ロシアが議会制民主主義になっていたかはわかりませんが、でも私はそう思うのです。すべての政党が戦争を支持しており、私の父が属していた立憲民主党もそうでした。ただボルシェヴィキだけが戦争に反対して、それでそのあと成功したわけです……。

その続きもお話ししなければなりません。本当は政治には関心がなくて、絵画や文学のほうに関心があったのですが、革命後にケレンスキー*が権力を持つと、私も立憲民主党の仲間にならなければと思いました。ケレンスキーは立憲民主党の議長でした。父がこの党でたいそう重要な役割を果たしていたので、彼らは私をすぐに加入させ、ただちに私を委員に選出してくれました。毎週、社交的な夕べが催されましたが、政治について話すことは実際にはほとんどありませんでした。音楽もあって、踊れました。私も通いました。

前にあなたに、いつも奇妙なことばかりするスタヴローギンの話をしましたが、ドストエフスキーによると、スタヴローギンは自分が何でもできることを常に示したがっています。私は自分にはそれができるということを、自分に示すために何かをするのです。それをすることができれば、私にとってその件は片づいたことになり、そうでなければさらに続けます。私は自分にそれができるということがわかれば十分なので、そのあとはそれから離れてしまいます。まあ、絵の場合はそうではありませんでしたが、絵は趣味なのですから。立憲民主党には若者たちがいて、演説をしていました。そこで私もいつか演説をしなくてはならないと考えていました。以前にはそういう必要性があるなどと考えたことはなかったのですが、私も演説ができるということを自分に示さなくてはなりませんでした。フロイトは私が国民経済に携わるべきだと言い、彼はもし精神分析家にならなかったら、やはりそうしていただろうと言っていました。しかし、彼は成功しなかったでしょうね。こうした経済専門家はみんな、今では、何を言ったらいいのかわからなくなっていますから。

そこで、私はテーマを、何か経済学に関係したことを探して、演説をしました。二、三百の人がいましたが、もちろん私にとってそんなに大勢の人の前で話をするのは大いなる試練でした。——それでも、とにかく大成功でした。グロースフェルトという博識な弁護士がいて、「私も聞いていましたが、素晴らしい演説でしたね」と言ったのを覚えています。——彼らは私を看板党員として利用できると思ったのです。それで、地方都市に行って、そこでまた演説をするという任務を課されました。私は出かけていったのですが、準備万端というわけではありませんでした。要するに、私は一生で一度そのような成功を収めるだけで十分だったのです。それ以外には、もう二度と政治に関わりたいとは思いませんでした。

そうですね、また思い出したことがあります。立憲民主党にはトゥルベズコイ侯爵がいたのですが、彼の演説を聞いた時、彼は革命について話していました。その時彼はロシアの民衆が、本当にいかにお人好しであるかに言及して、「ロシア革命とフランス革命を比較してみたまえ」と言いました。その時はもう四か月が経過していたのですが、まだケレンスキーの時代で、誰にも何一つ変わったことは起こっていなかったのです。誰にも指一本触れられていませんでした。ロシアの民衆は何と平和なのでしょう。彼はフランスでの死刑に言及したりしていました。それから、事態はこのまま続くだろうとも言いました。

そのあと馬車で家へ帰る途中、御者に革命に対する見解を尋ねてみました。すると、ケレンスキーが権力をまだ握っていた当時は、迫害も何もなかったのですが、その御者は「これから多くの血が流されるでしょう」と言ったのです。——そこで、不思議に思って、「なぜかね？　もう四か月もたっているが、誰にも何も起こっていないではないか」と言うと、彼は「いや、きっとそうなるに違いありません」と答えたのです。——そう、彼は正しかったわけです。彼は私たちよりもっとよく知っていたのです。

O　その人はボルシェヴィキだったのですか？

W　いいえ、彼はまったく政治とは無関係でした。一般的に、農民たちはボルシェヴィキではありません。農民

＊　ロシアの政治家（一八八一—一九七〇）。社会革命党右派で、一九一七年の三月革命以後の臨時政府の法相および陸相としてソヴィエトを代表していた。同年、七月から十一月にかけて首相として挙国一致を説いたが、十一月革命でアメリカに亡命した。

たちは財産を分配したいと、所有者になりたいと思っていたのであって、集団農場は望んでいませんでした。農民たちはボルシェヴィキを支持したりしてはいませんでした。彼はまったく無学な農民でしたが、どこからこういう感じを抱くようになったのか……。でも、彼は正しい予言をしたわけですから。奇妙ではありませんか？　すべてはもう良くなった、このまま続くだろうと言った学者よりもきちんと理解していたのです。それから、この農民は何か違ったことが起こるだろうということも知っていました。

O　それで、この時代に、支配階級の人たちは、自分たちの特権がいつまでも続かないと考えてはいなかったのですか？

W　それは誰も予見していませんでした。戦争がなかったら、ボルシェヴィズムもけっして起こらなかったでしょうね。このことは確信しています。あの戦争はまったくの気違い沙汰でした。まだ社会主義者ではなく民主主義者だったリベラリストたちも、やはり戦争に行きました。レーニンは正しく理解していたのです。本に書いてあったのですが、彼は戦争の前に、ニコライ皇帝《ツァーリ》とフランツ・ヨーゼフ皇帝《カイザー》*が、親切にも戦争を始めてくれるとは思ってない、と言っていたそうです。まったく、あの勝利の日まで戦争を続行するというのは、リベラリストの計画の中でもとても愚かなものでしたね。

　もはや勝利について話せる状況でなかったのは明らかでした。兵士たちはもう撤退していましたから。まったく見る目がなかったのです。当時の見解では、平和条約を締結するのは愛国的でなかったのです。「ロシアは同盟諸国に最後の勝利まで戦うと約束した」とソルジェニーツィンが書いているのはまったく正しいのですが、「私たちは自殺を約束した覚えはない」と書いているのも実に正しいのです。でも、あれは自殺行為でした。もうすべてが崩壊しているのに、それでもまだ勝利について語るなどということ以上に愚かなことはまったく考えつきません。

O　ヒットラーの場合もそうでした。

W　まあ、いいでしょう、でもヒットラーのは、正常とは言えませんでした。でも、正常な人々も何人かはいたというのに……あんなに見る目がなかったとは……。

O　テレーゼの話に戻りましょう……。

W　テレーゼの場合はこうでした。フロイトが、彼女はサナトリウムではとても評判が良かったかもしれないが、看護婦にすぎないのだから、君は悪いものを追いかけているのだと言ったのです。いろいろ困難はありましたが、フロイトの言うには、私は悪いものを追っかけて、とても良いものを手に入れた、彼女はとてもしっかり者だから、ということでした。

O　あなたのせいで彼女はそのサナトリウムを去ったのですか？

W　明らかに、彼女は私との話全体が気に入らなかったのです。これが一点目。二点目として、私は書きたくなかったのですが、私は彼女にお金を渡したのです。

O　彼女と別れた時に、お金を渡したのですか？　それを彼女は受け取ったのですか？

W　受け取りました。そしてそのお金でペンションを買ったのです。

O　彼女はお金をどこで手に入れたのだろうと前から思っていました。看護婦ではそんなにたくさんの稼ぎがあるわけではありませんから。

W　そのお金は私から出ていたんです。――私は、女性のために莫大なお金を散財して没落するような男ではないと、いつも思っていたのですよ。知り合った女性たちに、二、三度払ったことがありますが、合計してもそんなにたいした額ではありません。しかし、このことはあなたに話したいと思うのですが、私の父は、私が女性に感化されてお金を奪われてしまうのではないかと心配して、私への遺産に制限を付けていたのです。父には愛人がいて、父の死後すぐに手紙を書いてよこしたのですが、私はその手紙を投げ棄ててしまいました。

O　あなたのお父さんに愛人がいたのですか？　それでそのことをお母さんはご存じでしたか？

W　ええ、知っていました。母が劇場のボックス席を予約しようとしたら、もう取ってあると言われたのです。それは父が愛人のために取ったものでした。それでわかってしまったのです。私はその人に会ったことはありませんが、父からたくさんお金を巻き上げていたに違いありません。

O　それでお母さんは何と言っておられたのですか？

W　父は母に誠実でなかったので、父と母の関係は前からもう良くなかったのです。それに、母はとても嫉妬深いたちでした。そう、それで違う話をしたかったのですが、父は私が女盗人の手に陥らないようにと心配して、私が二十八歳になるまで遺産を制限していました。私は

＊　オーストリアの皇帝（一八三〇―一九一六）。一八四八―一九一六年在位。第一次世界大戦勃発時の皇帝でもあり、この戦争はオーストリアとロシアのバルカン半島における利害関係の衝突が原因である。

いつもそんな危険は私にはないと思っていました。私はあの時……彼女をルイーゼと呼ぶことにしますが、あの時ルイーゼとそんな関係になるとは夢にも思わなかったのです。

父が死んだ時、ある弁護士を雇いましたが、彼はユダヤ人でした。母にも弁護士がいましたが、その人はポーランド人で、裕福な地主でした。それで一度、家内と一緒に私の弁護士の奥さんのところへ行ったことがあるのですが、テレーゼはふだんはけっして行こうとしないのです。彼らは化粧品店を持っているある商人の家に住んでいました。アウデルスキーという名前の、やはりポーランド人でした。それで、彼の奥さんがルイーゼにそっくりだったのです。

とにかく、私は家内と弁護士の奥さんのところへ行き、アウデルスキー夫人と知り合ったのです。それで、彼女は私にはとても感じの良い人に思えましたが、時折、街でたまたま出会ったりすると、挨拶をしてからしばらく一緒に散歩したりしました。もちろん、私には彼女と何かしようというつもりはありませんでした。私には危なすぎました。それで、テレーゼがエルゼのためにオデッサを発ったとたんに、このアウデルスキー夫人から手紙が届いたのです。彼女はひどい経済状態に陥っていました。まあ、お金が欲しかったのですね。

この人は気に入っていたのですが、この手紙を破り捨てて、もう彼女のところには行きませんでした。執着していたわけではなかったので、こんな結果になるとは思ったこともありませんでした。それが、今やこんなとんでもない人にひっかかったのです。まあ、いつかあなたにこのルイーゼの話がどんなものだったのか、お話ししなくてはなりませんね。別の時に……。

O テレーゼのことですが、彼女が何かに悩んでいたことに、誰も気づかなかったのでしょうか。あなたの分析家たちは、彼女の自殺について何か考えを持っていたのですか？

W 全然。

O 説明もできないのですか？

W 当時、マックにテレーゼのことを話したのを覚えています。「テレーゼが何の関係があるのですか？ あなたが私の患者さんです、あなたのことは考慮に入れなければなりませんけれど」と彼女は言いました。――一定の考えなんてないでしょう？

O その時はまだテレーゼは生きていたのですか？

W ええ、鼻の話の頃ですから。

O まあ、それがフロイト派の見解なのです。今日ではもうそのような考えからはしだいにずれてきていますが。今では家族についても、あるいは夫婦でしたら夫婦についても扱うのです。

W　それは確かに正しいですね。なぜなら、私がテレーゼに頼っていたのなら、テレーゼのことも分析しなければならないのであって、この人は私の患者ではないなどと言ってはいけないのです。

O　正統なフロイト派の人々は、そうはしません。それは方向が違います。

W　そちらのほうが正しい方向ですよね。この方向の人たちが他に何を主張しているのかはわかりませんが、とにかく、人は他人と関係しているという点では合っています。病人は他の人々に頼っているのですから。彼女を除外して、この人は私の患者ではないなどと言うことはできないのです。まあ、このマックが私の手助けをしてくれたと、確かに書きました。でも、そのあとで家内が死んだんです。このことがなかったら、事態はもっと耐えやすかったでしょう。でも、私はそれから、ご存じのように、例のコンプレックスのせいでだいぶ馬鹿なことをしでかしました。別な女性を探すことだってできたでしょう。あのルイーゼはまったく似合いませんでした。彼女のせいで、すべてが台無しになってしまいました。

O　それはかなりおかしいようですが。あなたはフロイトのところにたいそう長くいて、それからマックのところへいらっしゃったわけですが、それは奥さんの亡くなるだいぶ前の話ですよ……。

W　まあ、これはあなたが受け入れ、私が賛同している見解です。フロイトが助けてくれていたら、本当に救ってくれて私が完全に健康を取り戻していたのなら、ルイーゼとこんな状況に陥ることはなかったでしょう。姉に対するコンプレックスはもうとっくに消えていたにちがいありません。しかし、お気づきのように、消えてはいなかったのです。

O　いずれにせよ、テレーゼが自殺したのにあなたが何も気づかなかったというのは、かなり奇妙です。何か腑に落ちないのですが。誰かが自殺したのに、周囲の人が何も気づかないということはありませんよ。

W　どうお考えなんですか？

O　あなたは奥さんと一緒に暮らしていらっしゃって、彼女が自殺したのに、周りの人が何も気づかないなんて。そんなことは、私にはありえないように思われますけど。

W　どうして？

O　何か気づくことがあるはずです。

W　反対に、あの日私は外出する時に、彼女が前よりも気分がよくなっているという印象を受けたのです。彼女はごく普通だったし、何一つ気づくようなことはありませんでした。

O　でも、その前年まで、彼女はきっと満足していなかったにちがいありません。

W　その頃、ちょうどヒットラーがやってきたことを忘れてはいけません。もしかしたら、彼女は自分がユダヤ人だという妄想を抱いていたかもしれません。彼女の顔つきは南方系でしたから。彼女の祖母はスペイン人だと話してくれたことがありますが、それはあとで彼女の兄弟に否定されました。でも、彼女はスペイン人のような顔をしていました。それから、母親がユダヤ人と関係していたと言われていることについても、少し話してくれたことがあります。このことは私の本には書きませんでしたが、でも彼女が話してくれたのです。それで、私が「じゃあ、君はユダヤ人かもしれないね？」と言うと、彼女は「いいえ、それはまったく別な時のことなの」と答えました。――その時に彼女が何らかの考えを思いついた可能性はあります。

O　彼女の兄弟はそのことを知らなかったのですか？

W　いえ、そのことは話し合っていません。ただスペイン人かどうか訊いただけで、そのことは否定されました。それから、私が彼女にヴュルツブルク――彼女の出生地です――に手紙を出せば、アーリア人だという証明書をもらえるかもしれないと言うと、彼女はたいそうぎょっとした顔をしていました……。自殺というのはまったく理解できません、何も考えていないかのように振舞うなんて。理解できませんね。

O　でもそれは、今日明日にできることではありません。

W　まあ、彼女はいつも健康のことを苦にしていました。そのことは遺書にも書かれていました。「まもなく終わるでしょう、私はもう生きていけません。」――それから、胆嚢に関係したことがありました。医者はいつも、胆嚢は何ともないと言っていましたが、結局は検査を受けたところ、胆石がいっぱいたまっていることがわかったのです。手術をしなければならないけれど、もう耐えられないと彼女は言っていました。――それから今度は心臓に問題が見つかりました。発作はありませんでしたが、彼女はいつも胆嚢のことで頭がいっぱいでした。自殺のことですが、彼女は固定観念を持っていたのです。

O　年齢の違いも、何らかの役割を果たしていたのでしょうね。

W　ええ、まあ、彼女は鏡の前に立って、「歳をとって、ひどい顔になった」と言っていました。――私は、「それはお前がそう思っているだけで、馬鹿げたことだよ」と言いましたが、助けにはなりませんでした。彼女は洋服に対する興味もすべて失ってしまい、私が新しい洋服を作るように勧めても、全然作ろうとしませんでした。こうした考えと自殺とがどうつながるか、はっきりしません。

O　あなたは、こういうかなり年上の女性と結婚するにあたって、何も取り決めをなさらなかったのですか？

W　彼女は年齢の割に若々しかったんです。それは写真を見ればわかります。

O　でも、その時はまだ若かったのでしょう。彼女は死ぬ前には、もう六十歳になっていたはずです。

W　年老いたようには見えなかったのです。――そうだ、このことを言っておきたいと思います。これから話すことは内輪の話です。私がテレーゼのところへ通いたかったのは、彼女が性的に私を興奮させてくれたからなんです。だから、女性へと突き進ませるものは性的な力だと言われれば、確かに当たっていました。でも、それからどうなったでしょう？　私は去り、また彼女のところへ戻ってきた時に私が見たものは、完全に落ちぶれて、骸骨のように痩せ細った彼女でした。

その時、ちょうど会ったのです、その女性に……。フロイトは言っていました。それはナルシズム、病めるナルシズムだと。私はそんなことは受け入れませんでした。この女性は私のことを愛していたのだ、そうでなければこんな状態にはならなかっただろう、と考えるなんて。戻ってきてまず最初に、ほかならぬテレーゼと結婚する、君を拒絶し、君に手紙で断わってきた女性が、君のせいで病気になってしまったとなると、君のナルシズムは満たされたことになる。君が帰ってこなかったら、あるいは彼女は死んでいたかもしれない。彼女がひどい状態にあるのを見ると、彼女は君を愛しているのだから、君は彼女と結婚するのだ、というわけです。それにまた別のことですが、性的なことがありました。彼女は元気な頃はセクシーだったのですが、やがて彼女がこの役にはまってしまうと――このことは内緒ですが――もう私は彼女に性的に刺激されることはなくなったのです。

O　彼女がひどく痩せ細ってしまった時のことですね？

W　私のせいでひどく痩せ細って、病気になった時には、その何というか……。彼女は強い女性で私を拒絶していたのですが、それが抜け落ちてしまうと、それが前提だったので、私は無理するのが難しくなってしまいました……。それからまた、性交の時には少しきれいな格好をしてなどということがありますが、彼女はそんなことはなくて、とてもひどい服を着ていたのです。ひどい話ですね、私が話すことは内緒ですよ。それで、他の女性たちに性的なものを求めるようになって、彼女のことは愛していましたが、性的なものはほかの女性たちに求めたのです。でもこのことは彼女の自殺とは何の関係もありません。ヒットラーが彼女の自殺には関係あるのです。

——あの頃私が自殺に関して体験したようなことを体験することなんて、他の人間にはまったく理解できないでしょうね。どんな印象が持たれてどんな結果が待っているかなど。

O　もちろん、その通りです。

W　もちろん、このことは私とルイーゼの関係にも影響を及ぼしています。

O　どうしてですか？

W　それがたいそうひどいショックだったからです。

O　彼女も自殺するかもしれないという心配があるので、言いなりになっているほうがましだとお考えですか？

W　ええ、確かに。——それから、テレーゼは胆嚢だと思い込んでいたら胆石が見つかったので、それはひどいショックを受けていました。その時彼女は「生きていけない、また手術なんて」と言いました。——前に、彼女は盲腸の手術をしたことがあって、ウィーンで最高の教授に手術を受けたのですが、手術のあと、とても具合が悪かったのです。

それでもう生きていけないなどと思いこんだのです。それにあの「自分は年老いて醜い」という考えが離れなかったのです。あんなことをするなんて、予想させるようなことは何一つありませんでした。まったく理由がなかったのです。喧嘩とか嫉妬とかはあったでしょうが、特別なことは何もなかったのです。まったく不合理です。いろんな人に宛てた別れの手紙には、一つの考えが書いてあって、私の記憶にある手紙を引用してみると、いつも同じものです。すべての手紙に同じことが書いてありました。「ともかく長くはないのだから、今のほうが良い」というもので、私にひどい最期を見せないで済ませたのです。彼女は一人では生きていけなかったのです。

一度、その手紙を持ってきましょう。それを読んでもはっきりはしないでしょうが。そんなにひどい病気だったわけではないのです。でも、そもそも彼女は、自殺を何か素晴らしいことのように思っていたのです。いつも、悪者は自殺しないと言っていました。——それに、前に一度、路上で発砲があった時に、彼女は「弾に当たっていたら、それも良かったでしょうに」と言ったことがありました。――そう、財産の喪失と、貧しい懐ろ具合。エルゼのことで、あの子が死んでしまったと自分を責めていたことも忘れてはなりません。それから金持ちと結婚したのに、また無一文の生活に直面するはめになったのです。

O　なぜテレーゼを精神分析家のところへおやりにならなかったのですか？

W　まあ、彼女は精神的には病気だと思っていませんでしたから。

O　でも奥さんは人に会うのが苦手で、どこにも出かけたいと思わず、ますます閉じ込もっていきましたね。これは実際、どこかおかしいという兆候ではありませんか。

W　わかりません。私は何も気がつきませんでした。もしかしたら、まだ私が知らない生活があったのかもしれません。――それに、私の母に対して彼女は徹底的に反抗していました。彼女の場合には意志の弱さなどありませんでした。彼女にはその道の大家など必要なかったのです。

O　でも奥さんはどんどん閉じこもるようになって、お金のことしか関心がなくなっていきました……。

W　ええ、でも彼女が精神分析家のところへ行くようなことはなかったでしょう。その必要はなかったのです。

O　彼女にそう勧めてみたことはおありですか？

W　いいえ。反対することがわかっていましたから。彼女が病気の時は、それは精神分析が利用できないような病気でした。助けが必要だと、自分一人では処理できないと感じなくてはならないのです。こういう感覚を彼女は持ったことがありませんでした。人が自殺する時には……何か死の衝動のようなものがあるのですが、それをテレーゼは持っていたのです。彼女は自殺をいつも何かすごく美しいもので正しいことのように強調していました。偉大な英雄的行為のように。それに、貨幣の価値がなくなった時にも、自分を責めていたかもしれません。私は相変わらずいつも何か買いたがっていましたから。人が自殺するような状況は特定するのが難しいと思います。

O　あなたは死の衝動のようなものがあるとお考えなんですね？

W　私が気づいている限りでは、今日、精神分析家はもう死の衝動の存在を信じてはいません。実際、私もあるとは思いません。ただ、消えてしまえたら一番いいのだが、と思うような状況はありうると思います。それがそういう衝動のためかというと、そうは思っていないのです。自己保存の衝動は多少なりともあるでしょうが、それはあの時には……。
O　それで、あなたは精神分析はある人にだけ有効だとお考えなんですね……。
W　……助けを求めている人に。でもテレーゼは助けを求めはしなかった。フロイトは、彼女は精神的には十分健康で、身体的な病気だけが問題だと言っていました。
O　えっ、そうですか？　彼女をフロイトのところへ行かせたのですか？　いったい、どういう理由で？
W　まあ、それについてはもう覚えていません。たぶん、いろいろ間違ったことがあるというようなことを話したのでしょう。するとフロイトは彼女がロシアできちんとした振舞いをしていなかったのもわかっている、と言っていました。
O　それはいつのことですか？
W　そう、彼女が死ぬ二、三年前ですか。今から五、六年前のことです。その時にマックが言ったのです。そう、でもその時フロイト教授はとんでもない誤りをおかした、と……。
O　テレーゼのことで？
W　……そして、彼女は精神的に正常だということを彼に納得させることができたのが不思議だと。
O　それではマックはそういう見方はしていなかったのですか？
W　ええ。彼女は「あなたは二十五年間、気違いと結婚していたのです」と言いました。
O　それはテレーゼが死んだ時に、マックがあなたに言ったことなのですか？
W　ええ。
O　それはどういう根拠があったのでしょう？
W　自殺というのは、言ってみれば、その人が正常ではなかった証拠だというわけです。――まあ、私の母との諍いでは、テレーゼは確かに正常ではありませんでした。――でも、姉の場合は、テレーゼよりももっと理解できないと思います……。そう、家内の場合は、自分がひどい病気だという心気症にかかっていたのは明らかでした。全然、そんな病気ではないのに、病気だとか、もう長くは生きられないなどと思い込んでいたのです……。

シスター・コンプレックス

W　ちょうどタクシーに乗っていたら、「大貴族から物笑いまではほんの一歩」というロシアの諺について考えることになってしまいました。こういう諺はドイツ語にはないと思うのですが。

O　私は聞いたことがありません。

W　そのことを考えたのは、「不屈の男たちのためのプーシキン*」という文句を目にした時です。——プーシキンがそれを読んだら、墓場でひっくり返るでしょうね。それで彼の詩を一つ思い出したのですが、それをあなたに意味の通るように訳してあげましょう。「友は信じている、偉大な星が昇り、ロシアは目覚めるだろうと、独裁という絶対主義の破片で、ぼくらの名前が書かれるだろうと……。」そして今では火酒のボトルの上に「不屈の男たちのためのプーシキン」と書かれているわけです。

実におかしいでしょう？　——まあ、いいでしょう。モーツァルト・クーゲル**というのもありますが、これはそんな奇抜な名前ではないですよね、まだ優しい表現だ……モーツァルト・クーゲル……。

　ところで、E先生が私に、思い出すことを継続して書くようにと言っていました。まあ、そう言っても、これはガーディナーの場合にはあてはまらないでしょう。——何事にも彼女は独占的でありたいと、私を保護する唯一の人でありたいというのが見て取れます。それで、私の本が出版された時に、自分宛てにあるロシア人の女性がパリからロシア語の手紙をよこしたなどと書いてきたのです。S先生も言っていましたが、その女性がロシア語で何を書いてきたのか私にわかるように、彼女はコピーを一部私に送ることができたはずなのです。

　もしかしたら、その人は金持ちで、私をパリに招待したいと言ってきたのかもしれません。裕福な移民者もいるでしょうから。ロシア人は精神分析を理解していません。それで、精神分析に興味を示すようなロシア人の女性であれば、つまりは教養のある人に違いありません。いずれにせよ、彼女はコピーを送ってくれるべきだったのですが、そうしませんでした。どうしてかおわかりでしょう。彼女はまた他の女性が介入してくるのがいやだったのです。あなたのことはもうひとことも書いてやるつもりはありません。私は彼女にその手紙がどうだったのか尋ねたのですが、彼女いわく、たいそうあつかましい手紙を書いていたとか。

O　誰がですか？　そのロシア人がですか？

W　ええ。

O　そもそも、そんな理由がないではありませんか……。

W　ええ。明らかに彼女は、ほかの誰かが私について書くのをいやがっているんです。

O　何とか理解できますが、それはまたずいぶん人間的ですね。

W　E先生はまた別な評価をしています。彼は、あなたのなさることには反対しません、と書いてきました。

O　あなたは前に、彼もあなたの話を録音したがっているとおっしゃっていました。だから彼が私たちの対話に賛成とは思えないのですが。

W　どうやら、それは違うようです。――ほかにも、彼が私と録音するものは、私が知る限りでは、これから五十年たってやっと出版されるのだそうです。

O　でも、彼はその頃はもう生きていないではないですか。

W　ええ、もう生きていないということでは、確かに。彼が言うには、フロイトの患者に話をいろいろと聞いて、それをあとになってから出版するのが彼の勤めているフロイト・アルヒーフの仕事だということです。

O　まあ、でも医者としてはそれも大変でしょう。例えば、私の場合は医者の守秘義務に縛られているわけではありませんから、E先生の場合とは違う前提条件で話し合えます。それでも、私はE先生はとても偉いと思います。

W　彼がたいそう中立的だという点では。――まあ、彼にとって都合の良いこととそうでないことの両方をお話ししなければなりませんね。彼は真実が大事だと言っていたのです。でも、ガーディナーは別なふうに考えていました。いったん書かれたものは、書かれた以上、もはや何にも所属しないというのです。

O　一方、E先生は、真実は自分の録音テープにあると思っているようですね。

W　彼はそう心の狭い人ではないようです。――さて、あなたには隠さずにお話ししましょうかね。以前、あなたは淋病にかかったことがあると言ったことがありましたが、あれはとてもじょうずなやり方でしたね。それによって、私の側からの同一視、つまりあなたに対する同一視ができたのです。一方、私のほうはそれでどうやら禁止令が解かれました。ただこれで実際にどうなるか結論を出すには、もちろん歳をとりすぎています。もし二十歳か三十歳若かったら、健康を取り戻していたかも……。

おわかりですか？　私はあなたと同じ立場に立ってみたのです。あなたは本当は自分には都合の悪いことを話してくれました。私を信用してくれたわけです。こういうことは、もっと早くに起こらねばならなかったのです、わかりますか？　だから、私は次のような結論を出しました――知識と記憶、知識と解釈では十分ではない、さらに何か経験が付け加えられねばならない。しかし、この経験は得られていない。あるいはお望みなら、こうも言えます。経験は得られたが、もう遅すぎたと。あなたにこの考えが浮かんだ時には……。他の女性はそういう話はしませんよ。でも、あなたは私に淋病について話してくれましたね？

O　ええ。でも、どうしてあなたにそのことを話してはいけないのですか？

W　まあ、いいでしょう。あなたはそう思うかもしれませんが、ほかの人は違うふうに考えているのです。全部が全部というわけではありませんが。――ところで、今はもちろん、私の歴史の話をしていたのでした。テレーゼが死んだ時、彼女の遺書に「きちんとした女性と結婚して、お姉さんのところに行ってください」……これがどういう意味かはわかりませんが……「そして、彼女と相談して、お引きずり《シュランペ》には執着しないこと。あなたを没落させますから」と書いてありました。――あの時、彼女は正しく理解していたんです。

O　あなたがお引きずりに惹かれる傾向があるということをですか？

W　ええ、それが危ないということを正しく理解していたのです。きちんとした女性と知り合えば、結婚してどうにか暮らせますが、お引きずりではどうしようもありません。お引きずりというのは……始終金を欲しがると

*　ロシアの作家、詩人（一七九九―一八三七）。デカブリストたちと時を同じくし、ロシアの後進性を嘆いた。本文の次の箇所でヴォルフマンが思い出す詩は、一八一八年作の「チャアダーエフに」の一節と思われるが、ヴォルフマンの訳とは若干違っているので、原文のその箇所を紹介する。

「友よ、信じよ、星はきっとのぼるだろう、
心をとりこにするような幸福の星が。
ロシアは夢からさめるだろう、
そして　専制政治の廃墟の上に
ぼくらの名前が　しるされるだろう！」（草鹿外吉訳）

**　マルツィパンと呼ばれるアーモンド味の砂糖菓子をチョコレートでくるみ、球状にしたお菓子。

か、そういうことをするのです。――そう、そのあとこんなことになって、あの女友達とはひどい状況にあるのです。その話をしたほうがいいですか？

Ｏ　ええ、どうぞ。――でも、どうしてその人がお引きずりなんですか？

Ｗ　結婚しているのにそのことを何も言わないというのは、もう十分お引きずりではありませんか。

Ｏ　えっ？　その人は結婚していたんですか……。

Ｗ　結婚していたのです。それなのに私に何も言わず、いつも私のところへ来ていたのです。もし結婚していると言っていたなら、私は彼女とは別れたことでしょう。でも、そのうち彼女はその男とまた離婚してしまったのです。――ところで、お引きずりというと、どういう意味に理解されているんでしょうね？　この言葉はいい言葉ではないので、そんなに侮辱的でない、もっといい言葉がないでしょうか？――

　私は二度ほどすごい女性と交際したことがあるのですが、最初の人とはうまくいきました。幸運にも、その女性の手から逃れたので、そのことを手記にも書いたほどです。しかし、愚かにもその手記を親しかったツェルマークという男に渡してしまったのです。その後、彼とは喧嘩別れしてしまいました。それで、今になって電話をかけて、「あの手記をまだ持っているかい？」などとは聞きづらいのです。――あなたにそれを渡そうと思ったのですが、S先生も、そんなことはするものではない、もう十年も前のことなのだから、と言って私を止めるんですよ。でも、簡単にこの件をお話しすることはできます。この話はうまくいったのです、幸運なことに。いかにすべてのことが偶然によるものであるかは、これでわかります。それから、そのあと私は別の女性と出会って、その人からは二度と自由になることはなかったのです。この人は無一文でしたから。年金も健康保険もなく、病気でした……。彼女は心臓の病気で、狭心症でしたが、腎臓病もあり、胆嚢の病気もあり、糖尿病もあり……で、あなたならどうしますか？　そこへさらに彼女は癌だと言うのです。まあ、本当かどうかは知りませんが。

　そうして、彼女はなぜ結婚してくれないのかと言って、たえず私を非難して悩ませます。こんな女性とは誰も結婚しません。彼女はひどい精神病質なんです。一度、この女性と何を話していいのかわからなくなったことがありました。彼女が興味を持つのはいつも同じことなのです。そう、それを言ったほうがいいでしょうか？　私たちがある家のわきを通り過ぎた時、彼女は「こんな家が私には必要だわ」と言いました。――彼女は愚にもつかない要求をするのです。健康保険がないとか、年金がないとか、病気だとか、私が彼女ともう二十五年も関係しているとか。私は日曜日だけ彼女と会うのですが、この関係全体が狂っていて、ひどいものです。破滅です、すべてが。以前、彼女とアメリカに行きたいと思っていましたが、彼女は行きたくないのです。だとしたら、私はアメリカで何をしたらいいのでしょう？

O　その人のためにあなたはアメリカに行きたいとお思いになったのですか？

W　まあ、そうです。この人のために。もうひどいありさまなので。

O　でも、彼女は結婚していた男性がいたのでしょう？

W　ところが、彼女はもう二度も離婚していたのですよ。

O　彼女はその相手から何ももらえなかったのですか？

W　ええ、何も。彼女は映画館とか劇場とか、たくさんの人が切符を手に入れようとして並んでいるところではうまいのです。ちょっと出かけていって、「予約してあるんだけど」と言って、切符を手に入れてしまいます。それは彼女の才能に違いありません。彼女は関心もなければ何もありません。彼女はたくさん本を読んだと言っていましたが、私は本箱に何があるのか見ていますから、そんなわけはありません。彼女はただ物質的なものだけに心が向いていて、健康保険にも入っていないのです……。このことはあなたにお話ししておきたいと思います。あなたなら、全体の見通しをつけてくれるに違いありませんから。

O　彼女が結婚した時に、あなたは彼女と別れられたでしょうに。

W　彼女はまた別れたあとで、はじめてそのことを言ったのです……。

O　でも、彼女は名前を変えたでしょうに。

W　彼女は私のところへ来て、何も言わなかったのです。その結婚がどのくらい長く続いたのかは知りません。いずれにせよ、彼女が名前——新しい名前を言った時には、もう二度目の離婚をしていたのです。

O　結婚したのに彼女はあなたといつも会っていたのですか？

W　結婚したのにいつも私のところへ来ていたのです。

O　そしてあなたにお金をねだった？

W　当時はそうではありませんでした。でも、あの本のためにとんでもない間違いを犯してしまったのです。あの時、お金がいくらか入ったので、彼女にたくさんのお金を渡してしまったのです。

O　でも、彼女はそのお金をどこから手に入れたのかは知らないのでしょう?

W　ええ。本のことは何も知りません。彼女に何も言わなかったので、私が百万長者になったと思ったのではないでしょうか。それで、私のところへ来て、「クルト・ユルゲンス*は奥さんにとてもたくさんお金を渡したというのに、あなたはそうしてくれたことがないのね」と言って……いつも、非難ばかりです……。私にすべての責任があるかのように……。こういう人間がいるなんてどう見ても良いところのないこういう女性たちがいるなんて、まったく知りませんでしたよ。

O　もちろん、そういう人間もいるんです。

W　E先生は「彼女が悪態をついて暴れるとしても、それ以上ほかに何があるというのですか?」と手紙に書いていますが、まあ、言うのはたやすいことです。——でも、その女性が、前にも一度あったように、いつも絶えずスキャンダルを起こしているとしたら……。その時は私たちは通りで喧嘩したのですが、人々がすぐに警察を呼んだものですから、まったくひどいことになりました。たぶんあなたなら何か助言してくださるでしょうが、S先生は、男性は愚かなものだと言ったことがあります。

O　本当のところ、その女性と別れなさいとしか助言できませんね。

W　一度別れたのにまた仲直りをして、それでうまくいかなかったとしたら、今はもう別れる見込みはないとS先生は言っています。私はこのことをガーディナーにも話したのですが、彼女はこの話をあまり知らないのに——私はただ「ある女性が私にしつこく要求してくる」とだけ言ったのです。——彼女はS先生はそんなことを口にすべきではなかったと言いました。一度仲直りをしたら、最後の息をひきとるまでその女性と一緒にいなければならない、などと言える立場にはないというのです。

O　その点でガーディナーの言っていることは正しいですね。

W　そこは彼女が正しいのです。でも、彼はいつも「大丈夫、大丈夫」と言っています。ああ、すみません、苦しいものだから、私は今彼のところへ行っているのです。支払いはしなくてよいのです。彼はとても親切な人です。

O　S先生ですか?

W　ええ。でも、彼は「当時うまくいかなかったなら、もう変わることはないでしょう」と言いました。——彼女と別れられたかもしれない機会が二、三回ありましたが、S先生が言ったことがいつも頭にあって、私を妨げていました。だから精神分析家は私に良いことのかわりに悪いことをしてくれたのです。すみませんが、こんなことを話すのはあなたをとても信用しているからです。そもそも……私はS先生のところにいて、それからE先生が来て、私のことを三週間精神分析しましたが、それがいったい……それでどこに転移すればいいというのでしょう？　患者は転移をしなければならず、それは父親コンプレックスであるに違いない、というわけです。でも、十人もの人に助言を受けていると、新聞に書いてあったようなことになってしまいます。他人を頼りにすることができるのだろうか、それともそうすると見捨てられるのか？

O　では、E先生はあなたにどうしろと言っているのですか？

W　私はあなたと会ったと書いて送ったのですが、すると彼は私にあなたを訪ねるようにと言ってきたのです。

O　E先生がそう言ったのですか？

W　ええ。もちろん私はガーディナーには何も書いていません。彼女の気に入らないことに気づいていましたから。

O　それでS先生は？

W　最後に会った時には、そうそう、あなたと話をすれば、私の気もまぎれるだろうと言っていました。でもガーディナーはそれに反対ですから、彼女にはもうあなたのことは何も書かないことにしています。

O　それでE先生は、あなたの女友達について何と言っているのですか？

W　それは実に的を射た質問ですね。彼女についてE先生は何と言ったか？　S先生の言ったことは正しかったと思います。E先生は「これであなたと率直に話ができます。良かった。万事がまた順調になります」と言ったのですが、それに対してS先生は「彼はあなたのことを実際よりも健康だと思っているんでしょうね」と言いました。――でも、フロイトが私を百パーセント治したというのは、理論上のことです。おわかりでしょうが、私の記憶に、あの本全体が基づいているのです。ガーディナーが私に回想録を書くように勧めた理由がそれなのです。フロイトがどうやって重病の人間を治したのかを世界に示すためだったのです。それから、この本に対する批評は「ヴォルフマンは他の人々との接触を失ってしまった」というものでした。――それもまったく違っています。接触はまったく失われていませんでした。反対に、他の人々との接触が親密すぎて、葛藤が生じてしまった

＊　ドイツの代表的映画俳優。代表作は「眼下の敵」「スパイ」など。

のです。すべて当たっていません。

　そうですね、まあ、アメリカへ行けば……でも、誰が私を連れていってくれ、誰が私の面倒をみてくれるというのでしょう？　お金もかかるのでしょう？　まずE先生が手紙を書いてきました。それをまだ持っています。「アメリカの友人たちは、ヴォルフマンのためなら何でもやってくれるでしょう。もし絶対にアメリカに来たいというのであれば、アメリカへ来ることもできます。居心地が良いかどうか、それはわかりませんが」とありました。――まあ、彼に手紙を見せたら、それは幻想にすぎないと言っていましたが。
O　あなたは英語ができないし、それに見知らぬ環境では……。
W　ええ、確かに。あれは幻想でした。でも、E先生は私に健康な人間のように振舞ってもらわなければ困ると考えていました。健康な人間なら、最後にはあの女性と別れる力があるというのです。それに、日曜日に二、三時間のことなら、何ともない、彼女が罵っても騒いでも、すべて我慢すべきだというのです。それでどうなるというのでしょう？　いったい、これはいつ終わるというのか？
O　そもそも、あなたはこの女性のどこに惹かれたのでしょう？　彼女はそんなに強い性的魅力を発散していたのですか？
W　彼女には性的魅力がありました。でも、馬鹿げている点は、その性的魅力がそんなに強いことなどなかったということです。
O　えっ、そうなんですか？
W　たぶん、最初はあったかもしれませんが、それからはどんどん弱まっていったのです。――とにかく、この女性は……どうあなたに言ったらいいでしょう？　この女性は争い好きなのです。それが彼女の構成要素なのです。――中傷し、他人を罵り、自分を犠牲者だと……考えられるあらゆる不正が彼女の身にふりかかっていると感じることが。だから彼女は行く先々で自分の意志を押し通さずにいられません。レストランでもこんな具合に始まります。自分の料理はこんなに少ないのに、隣のテーブルの料理はもっと量が多いと言ってみたり、心臓が悪いとか、空気が悪いとか言ったり、防虫剤《グロボール》の匂いがする、そこにコートがかかっているがそのコートが防虫剤の匂いがして我慢できない、窓を開けてもらわなくてはと言うのです。でも、ボーイは「他のお客様がいらっしゃるのでそれはできません。すきま風が入りますので……」と答えます。

この女性がどんなにひどいかを言い表わすことはできません。彼女とは何の話もできないのです。彼女と何について話せばよいのでしょう？――知人が二つの職についていて、一つは内閣、もう一つは文芸関係の会社で働いていたのですが、一度、そのことを彼女に話したことがあります。その会社は彼の考えには不同意で、彼には働いてもらいたくないのですが、それでもお金を払っていました。たいした額ではありませんでしたが。この話をあなたにするのは、あの女性のことがあるからです。彼女はすぐに「このことは新聞に投書しなくてはだめね。ひどい不公平な話だもの。この人ったら何もしないのに」と言ったのです。――彼女には何も話せません。すぐに脅迫するんですから。

O　ひどい。

W　これで私のことがおわかりですね。あなたなら私のことを理解してくださるとわかっていたんですよ。男性には理解できないのです。

O　誰に理解できないというのですか？

W　男性には純粋に男性の立場というものがありますから、それがわからないのです。S先生は何と言っているでしょう？「あなたが彼女に何か渡す必要はまったくありません、彼女に対して義理は全然ないのですから。彼女は小さな子どもではないのですから。彼女があなたと付き合ったとしても、それは彼女の問題です。それから年金のことも……。」そう、まあ、私は社会民主党ではありませんが、でも私の見解は実はかなり社会主義的です。「一方が金を持っていて、他方が全然持っていないのは不公平というものだ」と自分では言っているのですから。どうしたらこれと正反対の立場に立つことができるでしょう？　そんなことはできるものではありません。

でも、S先生は伯爵だし、E先生は楽な暮らしをしていますね。こういう人たちにはわからないのです。でも、あなたは女性として、「私にはある義務があると思う、なぜなら私はこんなに長いことこの女性と一緒だったのだから。それに、彼女は実際、病気なのだから」という気持ちを理解してくれるのではないでしょうか？　でも、ひどいのは、この女性とは何も話すことができないということです。この人は私を告発しようとしたのです！　彼女は自分の一件を、いわゆる不正を、私が彼女にしたひどいことを公にしようと思っているのです。私がこんなに年寄りで、彼女はまだ若いからというだけの理由で、私がひどいことをしていると非難し、これは公にしなくてはいけない、このことはテレビで流さなくてはいけないというのです。こういう女性と何を話すというのでしょう？　あなただって彼女と話をすることはできません。私は愚者のようにそこに座って、黙っているのです。すると、彼女は「また発作がぶり返したわ」と言うのです。

O　どんな発作ですか？

W　抑うつの発作です。

O　ああ、そうですか。

W　抑うつとは何かを彼女に説明するわけにはいきません。それに彼女は馬鹿ではないのです。ええ、彼女は馬鹿ではありません。でも、彼女は偏屈なので、自分が住んでいる狭い圏内――この狭い圏内においてだけは立派な人なのです。だから彼女は窓口に行って、予約したこともない切符を予約したなどと言えるのです。そういうことだけはとてもうまいのです。彼女は商科アカデミーを出ていましたが、この商科アカデミーというのは中学校以外の何物でもなくて、ただ名前がアカデミーとなっているだけなのです。それでも、もちろん彼女はアカデミーの学生だったわけです。彼女のお母さんはあの子はとても才能があるとか、むろん教養があるとかも言っていました。でも、この女性とは誰も話ができません。彼女に言った一言一言に対して、すぐに「それはみんなに公表しなくては」と言うのです。――まあ、どう思われますか？

O　完全におかしいですね。狂ってます。

W　ええ、そうです、S先生は彼女が妄想的思考を伴った、重篤な精神病質者だと言っています。彼女は自分がいたるところで迫害されているとか、運命によって損をさせられていると感じているのです。

O　彼女は、最初からそんなふうだったのですか？

W　いいえ、最初はそうではありませんでした。でも、今や六十歳になります。いろんな病気にかかっているのにずいぶんと若く見えるのです。彼女は映画を見によく出かけますし、劇場にも行かなくてはなりません。ライムント劇場ですが。

O　一人で行くのですか？

W　一人で行きます。私はそういうことはやめてしまいましたが。それで、彼女は病気なのですが、二言めには重病だというのです。あなたには、私がどんな人間と関係を持っているか知ってもらうために、こうしてお話ししたのです。これがどういう結果になるのかはわかりません。でも、まだはじめての女性――私の初体験についてもお話ししなくては。もう時間は遅いですか？

O　いいえ。

W　では、あまり急いでお暇することはやめておきましょう。そうでないと、ちっとも先に進みませんから。私は初体験のことを文章にしたのですが、あのツェルマークに渡してしまいました。私たちはまったく別々に生活してきたので、彼と会っても何の意味もないでしょう。「何か欲しいものがあるので仲直りしたがっているのだ」と彼は言うでしょうね。――彼は本を執筆して、それをルーズベルト夫人に送り届けたのです。まあ、夢想家だったのです……。

O　彼の仕事は何ですか？

W　執筆しています。作家です。でもその本一冊しか書いていませんし、それも成功しませんでした。その頃は借金も抱えていました――成り行きはこうでした。確かサン・クウェンティンという名の伯爵令嬢が別荘《コテージ》にいて、その人はオーストリア人の家系なのに、オデッサの出身でした。父親がオデッサの工業企業体の取締役をしていたので、彼女はロシアで育ったのです。ロシア人と同じようにロシア語が話せて、二人姉妹でした。それから兄弟が一人いて、その人はナチスだったのですが、事故にあいました。どうしてそうなったかは知りません。戦争中に飛行機で飛んでいて、着陸の時に突然姿が消えていたのです。どうやって彼が飛行機から落ちたのかはわかりません。とても奇妙な出来事です。

　いずれにせよ、このサン・クウェンティン嬢が、家内の死後に私をツェルマークに紹介したのです。というのも、彼の奥さんもやはり自殺したからです。彼はそういうことをいくらか理解していた唯一の人でした。

O　その人の奥さんはいつ自殺したのですか？

W　もうずっと前です、十年前のことです。

O　それで、サン・クウェンティン嬢は二人とも奥さんが自殺したから……。

W　そう、彼ならよくわかるはずだと思ったのです。

O　それで、実際そうだったのですか？

W　彼は即座に正確に理解してくれました。彼は奥さんの自殺に耐えてきて、私に注意してくれました。何度も何度も私に注意を与えてくれたのです。彼は病気になって、ある女性の言いなりになっていたのです。残念ながら、私は彼の忠告に従いませんでしたが。まあ、彼とならとてもうまく話せました。彼にとって一番大事なことは、女性たちをうまくひっかけることでした。そのことを彼は最も高く評価していました。――彼は背が高くて、実にスタイルが良かったのです。美男子ではありませんでしたが、女性運がありました。それで、あんな自殺の後に陥った例の状態を、彼はとにかく正しく判断してくれたのです。

　彼は自分がどのようにして一人の女性の言いなりにな

ったかを話してくれました。でもそれも、その女性がほかの男と一緒の現場に出くわすまでのことで、それでこの関係は終わりでした。二度目の時には、彼は一区にあるカフェを持っているフランス人と結婚しました。この女性に対しては彼は常に不実で、ありとあらゆる女性と関係を持っていたようです。その女性はカフェのオーナーでもあり、裕福だったので、打算的な結婚ではありました。戦争の間はろくに食べ物もありませんでしたが、訪ねていくと、彼女は時々私にも何か作ってくれました。そのあと、彼女は何か聞き込んできたに違いありません。いつも本国へ帰りたいと訴えていましたから。それで、またフランスへ戻ったのですが、それから彼らは仲直りしたようです。あなたにあの話を簡単にお話ししようと思うのですが、これは二、三年続いたあと、うまい結末になった話です……。

O　それもまた戦争中のことですか？

W　家内が死んだあとのことです。その頃私はまったく愚かなことをしてしまいました。それで、今でもこのひどい人間から逃れられないでいるのです。

O　彼女はテレーゼの死後、最初の女性だったのですね。

W　テレーゼの死んだあとに一人——とても若い少女がいました。良かったら写真を見せてあげましょう。その子は美しかった。金髪で、きれいでした。この件はうまい具合に終わったのです。その子を手放したのは偶然によるものでしたが、でもその子はこの女性よりもまだ十倍良かった。そのあとで、例の女性に出会ったのです。すべては私の不注意と愚かさのせいです。

あの女性には仕立屋で会いました。ご存じのように、仕立屋は私の生活の中では重要な役割を持っています。女性に声をかけて——あけすけな話をあなたにしてしまいますが——その女性と一緒にホテルに行く時は、ふだんは名前や住所は言いません。だから、仕立屋では私の名前も住所も知られているということを考えてみればよかったのです。でも、私にはそんなことは思いつかなかったわけです。彼女は着飾っていて金髪で、いや、金髪に染めていて、私はたいそう気に入りました。それで私は彼女が仕立屋から出てくるのを外で待っていて、一緒にカフェに行ったのです。その時は彼女の母親も来ていました。さて、何を話したらいいでしょうね？

O　彼女はあなたとすぐに寝たのですか？

W　すぐに寝たのです。その頃、私はあるホテルを知っていたのですが、今でもそのホテルのわきを通るといやな気分になります。——そのホテルで私は彼女との関係を始めてしまったのです！　ああ、何ということでしょう！　今では座っているだけで、彼女と何をすればいいのかわからないというのに。──私たちはそれから取り決めをして、いつ再会するか近くのカフェに手紙を預けて知らせることにしました。彼女に住所を知られなかったなら、ただ二、三度、彼女と会うだけで終わりにできたでしょう。それがいきなり彼女が電話をしてきたのです。

O　保険会社にですね。

W　保険会社にです。私に電話をしてきたのは彼女が最初です。私はたいそう不快な気分になったのですが、それは守衛が彼女が私に何かを持ってきたと言ったからでもあり、食事がとてもまずかったせいでもありました。──いずれにせよ、その時私は、そういえば私には誰もいないと思って……。私はすぐにでも「電話をしてこないでください。ここでは私用の電話は禁じられています」と言って、受話器を置けばよかったのです。でも、そうしませんでした。そうやって彼女は、私たちが二、三週間ごとに会って、一緒にホテルへ行くということを取り決めてしまったのです。これで関係が完全になってしまいました。最初はそうではなかったのです。そのうち事態がまったく違う様相を見せるようになって、日曜日ごとに彼女と過ごすなどということになるまでは。まあ、すべてをお話しすれば、あなたにも詳細がわかってもらえるでしょう。本当に、あなたにはお話ししなくては。

O　あなたは自分と寝た女性に金を無心されても、まったく迷惑に思われなかったのですか？

W　私はそれは普通だと思っていました。

O　なんともお感じにならなかったのですか？

W　彼女は無一文でした。彼女も何とかして生きなければならなかったんです。

O　お話全体がすでに変だと思いますけれど……。ところで、あなたはこういう無学な女性との結びつきから解放されることを、分析に期待していらっしゃったけど、ほとんど実現されなかったようですね。

W　フロイトは解放してくれませんでしたね。

O　だいたい、あなたが御自分にふさわしい女性を見つけるのを期待すること自体、ほとんどありえないことです。

W　私の家内もそう言い当てましたね。家内は遺書の中にちゃんとそのことを書いていました。──まあ、あなたとお話しするのは、S先生と話すのとはだいぶ違います。あの人は私と話す時間があまりありませんから。──それからこの女性には、清潔さに関してコンプレックスがありました。ああ、どこかにしみがあったり、防虫剤のにおいでも嗅ごうものなら……。私がこの種のコンプレックスからも解放されているとは、考えにくいのではないですか？

O　ええ、確かにそう思います。

W　こんなコンプレックスもほとんど変わらないとは！　彼は私のこういうコンプレックスを治してはくれませんでした。むしろ逆でした。私が性的なものをひどく強調したものだから、それで……。

O　あなたがそうなさったということですか？

W　ええ、まあ、もちろんフロイトは性的なものを持ち上げて、性的なものをたいそう高く評価したわけですが……。

O　なぜそうお考えですか？　私にはわかりませんが。

W　性的なものをそんなふうに自由に放任していたら、うまくいくわけがありません。私の例を見ても、どんな結果になるかおわかりでしょう。

O　どうしてですか？　そんなふうに自分の性的衝動に身をまかせたことがおありなんですか？

W　ずいぶんと。

O　本当ですか？――それは知りませんでした。私はそういう印象を全然持っていませんでした。

W　まあ、そうですね、現代的な意味では、おそらく無害なものでしょうが……。

O　あなたは知的な女性と無学な女性――お引きずりと呼んでおきましょう――との間には、性的な点で差があるとお考えのようですが。

W　いや、それは間違った考えです。

O　それはまったく間違っていると。

W　そう、それはシスター・コンプレックスのせいだったのです。――そのことで私が治ったとは考えにくいとおっしゃったのは実に正しいことです。それどころか、そのせいで私は人生を全部台無しにしてしまいます。ひどい女性たちに拘束され、彼女たちと関係したことすべてに耐えなければならないのです。すでに神経症である人間にとっては、この世の中で最悪のことです。それについてもっとお話ししたいのですが、まだ時間はありますか？

O　もちろん。

W　あなたも同意なさるでしょうが、私にはあのツェルマークに電話をして「あれをまだ持っていますか？」と聞くのはつらいのです。――そうすると彼は「今になって私が必要なんですね、今ごろ電話をかけてきて」と言うでしょう。――そして、彼の忠告に従っていればこうした結果にはならなかったはずであることを、私は認めざるをえなくなります。

O　どうしてですか？　彼はあなたの女友達のことを知っているのですか？

W　彼女のことは知りませんが、でも彼は私に警告したのです。――そうだ、このこともお話ししましょう。二十歳ほどの少女がいたのです。きれいでしたが、娼婦のようではありませんでした。着ているものは地味でした、あらゆるものが。私は彼女に声をかけて、一緒にホテルへ行きました。そして、また会いたくなったら手紙を書くという取り決めをしました。住所は教えませんでした。でも、あとになって渡したようです。とにかく、一か月に一、二度、彼女に会って、すべてはとてもうまくいっていたのです。お金はそんなにかからなかったし、彼女は親切で、性的満足も得られました。万事順調だったと言っていいでしょう――。

まあ、その時また愚かなことをしてしまったのですが、休暇に行ったのです……。彼女と知り合ったのは十一月か十二月のことでした。それから次の春に休暇をとったのですが、その少女と一緒に休暇に行ったらどうだろうという考えが頭をよぎったのです。彼女に提案して、私たちはノイジードラー湖に行きました。その時、すぐに私は思ったのです。またお前はひどく馬鹿げたことをしてしまったぞ、少女とこんなところへ来て……。

O　でも、どうしてですか？

W　それまで彼女は慎しみ深かったのです。それが突然、要求がましくなって、あれこれ買い込んだりしたりしはじめました……。彼女はまったく教養がなくて無学な子だったのに、おかしなことに文学に対して理解がありました。午後になると部屋にワインを持ってこさせて読書をしていたのです、いつも本を読んでいました。あなたがあのゴンチャローフの小説を知っているかどうかわかりませんが、これは最高のロシア文学の一つです……。

O　誰の作品ですって？

W　作家の名前はゴンチャローフです。彼の小説の一つにはオブローモフという名前の男が出てきます。地主なのですが、空想の世界にのみ生きていて、何もできない男です。本当にそういう小説なのです。タイトルは『オブローモフ』といって、まったく何の出来事も起こらないので、とても退屈な話です。それから彼はある女性に求婚するのですが、そこにこの結婚を阻止しようとするドイツ人が現われて、この男は精力的で理性的なんです。これはドイツ人を誉めた唯一のロシア文学だと思いますよ。それから、このドイツ人は彼の恋した女性と結婚するんですが、この本全体には何のストーリーもないので、あらかじめある種の文学的な理解力がないと面白くありません。――まあ、考えてもみてください、そんな分厚い本が気に入っているというのですから。彼女は文学がわかっていたのです。

でも、それからお金のことがありました。ひっきりなしに彼女はお金を欲しがりました。でも、今、私があの人にかけている額と比較したら、それはもう笑止なほど少額でした。つまり、彼女には庶子の息子がユーゴスラヴィアに一人いて、息子のためにお金が必要だったのです。息子のためです。少なくとも、まともな理由です。彼女はいつも五十シリングちょうだいと言って、その次の週にも五十シリング欲しがりました。――当時はお金の価値がもっとあって、私もちょっとした貯金をしていました。

私たちはある陸軍大尉と知り合いになって、二人でとても仲良くしていました。もちろん、大尉としての彼はとても保守的でしたが、気にはなりませんでした。彼はナチスに心酔していて、ナチスが進駐してきた時など私のところへやってきて、「これで安心して座っていられますよ。もう誰もあなたからこの場所を取り上げることはできません。もっとも、誰もそんなことをしようとは思わないでしょうが」と言いました。とにかく彼は夢中でした。でも、党に対してはそうではありませんでした。さて、それでどうなったでしょう？　もちろん、彼は昇進しませんでした。それからしょっちゅう彼は食事にやってきて、今にも逮捕されるのではないかと思えるような振舞いをしていました。やがて彼は、個人的理由からナチスの敵対者になってしまったのです。

私は彼にこの女――グレートゥルのことを話しました。グレートゥル・ファラントというのが彼女の名前でした。私は彼女に「君は何て素敵な名前をしているんだろう」と言ったことがあります。人がその名前を聞いたら、ゴート人だと思うことでしょう。まあ、おそらく金髪で北欧的な女性だろうと。大尉は、あなたは彼女と一生手を切れないだろう、彼女は一生あなたから離れないよ、と言いました。――そんなふうに見えたようですが、でもこの話はうまい具合にけりがつきました。とにかく私にはわかったのです。ああ、なんてことだ、この女とはとてもやっていけるものではない、おまえは馬鹿なことをしたんだ。――それで、私はいわゆる愛人関係をやめると言い渡したのです。

O　それで彼女は何と言ったのですか？

W　それがおかしいのです。――もちろん、そんなことは彼女らしくないのですが。とにかくこんなことは長くは続かないことはわかっていたので、私は彼女と別れる決心をしました。前に彼女のためにウィーンに部屋を一つ借りていました。彼女はいつもお金を欲しがっていて、たいした額ではありませんでしたが、でも私にはちょっとした問題でした。警察へ行くぞと脅したこともありました。その後彼女はあと一度だけやってきたのですが、思うにそれが最後でした。こういうことは私の家政婦には気に入らなかったのです。私と結婚できればいいのにと思っていましたから。

O　あのティニーがですか？　彼女もそんなことをあてにしていたのですか？

W　ええ。私が結婚してくれることを期待していたのです。私にはもちろん何も言いませんでしたが。でも、このグレートゥルのせいで彼女は自殺しようとしたことがあると母が話していたことがありました。でも、私には何も言っていませんでした。とにかく、そのことはティニーにとっては悲劇だったのです。グレートゥルは、少なくとも私の絵を理解してくれていました。

O　あなたの女友達はそうではないのですか？

W　全然。まったくだめです。正反対です。私がセックスのあとに絵を見せるといって非難するほどなのです。ひどいことです。

O　おかしいですね。

W　わかりませんが、もしかしたら私の中には、頭のおかしい女と関係を持ちたいという欲求が潜んでいるのかもしれません。何がその背後に潜んでいるのかはわかりませんが。とにかく、このグレートゥルとの終わりはこんなふうでした。私は手紙も受け取ったのです……。前から思っていたのですが、彼女は時々、とてもまともとは思えないような話をすることがありました。例えば、彼女は一度、橋の上に立って水面を覗き込んでいたことがあって、そこへ一人の紳士がやってきて「どうしたんですか？」と尋ねるので、「お金がないんです」と答えたら、紳士は百シリングを渡して去っていったとか。そのあとで誰かが彼女のところへやってきて、「今の紳士が誰だか知っていますか？　あれは……」——もう名前は忘れましたが、有名な作曲家だそうでした。こうしたことはまったく奇妙な話ですよね……。

そこへ急に手紙を受け取ったのです。どこからだったでしょう？——クロスターノイブルク［ミュンヒェン近郊の都市］の性病クリニックからでした。そこから彼女は私にこんな手紙を書いてきたのです。病気になってマラリアの治療を受けています（笑）。でもまた元気になったら働くつもりです、それは確かです、と。――そこで私は思いました。何をして働くつもりか、そのうちわかるさ。これまでと同じような仕事をするんじゃないかな、と。

O　それは本物の娼婦ということですか？

W　いいえ、彼女は娼婦ではありません。編物職工だったのです。

O　あら、そうですか？

W　彼女はウィーンには住んだこともないんです。ウィーンの近くのどこかにいたことはありますが。

O　先ほどこんなことを言われましたね。彼女はすぐにホテルに一緒に行ったと……。

W　いや、彼女は娼婦ではありませんでした。ただ一緒に行っただけなのです。娼婦であるわけないのです。編物職工で、編み仕事をしていたのです。それで、私はその性病クリニックに行きました。彼女はマラリアの治療を受けていると書いていましたが、それがどういうことか私にはわかっていました。梅毒のマラリア療法をご存じでしょう、それで、私はまた彼女にお金を送らねばならなくなりました……。

別の男だったら、この女性にまったく同情しなかったでしょう。私にはそういうことはできません。当時、いやはや、性病になんかかかった女に、何も送ってやるもんか、などとどうてい言うことはできなかったのです。――私は彼女をかわいそうに思ったので、クロスターノイブルクまで出かけていきました。もちろんそれまでに、彼女と別れるようにはっきりと忠告されていたんですが。

O　ツェルマークが忠告したのですか？

W　ツェルマークは奥さんの死後、似たようなことを経験していたのです。彼はある女性の言いなりになっていましたが、その人はけっして卑しい身分ではなくて、それどころかある教授の娘さんで教師をしていました。でも、彼女は彼には不実だったのです。それで、彼は彼女の不実を知った瞬間に、彼女の言いなりになってしまったのです。他の点では彼は本当はとてもエネルギッシュな男でした。でも、自殺がそんな結果をもたらしたわけですね。なぜ彼は以前はそうでなかったのでしょう？何かの関係があるのでしょうね。

どうすれば良かったのでしょう？　グレートゥルが気の毒なので、私は見舞いに行きたかった。ちょうど行った時に、そこの看護婦が言うには、彼女は偽の身分証明書を持っていて、本当はグレートゥル・ファラントという名前ではなくて、カロリーネ・ミュラーだというのです。――それから、その看護婦は「……正しい時に正しい忠告をすることが、どんなに重要なことか、おわかりでしょう」と言って、彼女から私を救い出してくれたのです。「ミュラーさんのことは放っておきなさい」とも言いました。——そのことがたいそう印象的だったので、私は、もしかしたら彼女を見舞わないほうがいいかもしれないと考えました。医者と話をしてみようと思い、看護婦に医者に会えるかどうか尋ねてみると、「それは結構ですが、先生は今ウィーンにいて、ある病院を運営されていますので、住所を差し上げます」ということでした。——看護婦から住所をもらい、私は医者を訪ねてみました。

するとその医者はグレートゥルのことにたいそう熱心でした。医者は、「いいですか、まともな家庭で、父親は労働者なんです。この子だけが家族の中のはみだし者です。私たちは彼女をまともな人間にしたいと思っています。彼女は私たちのところで、親切な人間の手に守られていますし、私たちも彼女の面倒をみようと思っています」と言うのです。——私が「彼女のために一部屋借りているのですが」と言うと、医者はこう言いました。「その部屋は解約してください。ここにいるほうが、ずっと大事ですから、もうあなたは干渉してこないでください。あなたが彼女にお金を送ってくださると、私たちのこと一切がだめになってしまいます。彼女にはお金を送らないように。彼女の心配をする必要はありません。私たちの手で彼女をまともな人間にしますから。」

彼がそう言ったので、まあ、それでは私がすべてをだめにしているのだなと思いました。——私はお金も送らなかったし、彼女のことはもう何も耳にすることもありませんでした。でも、それから何年もたってから、私はヴェーリンガー通りのある薬局で、彼女がカーテンを下ろしているのを見かけたのです。このグレートゥルというかカロリーネというか……彼女がカーテンを下ろしていたのです。彼女に話しかけて、カフェで会うことになりました。私と会った時、彼女は今はお給料を頂いている、そこの薬局で働いているという話をしました。それから、息子が彼女の面倒をみてくれているとか、私に家へ訪ねてきてほしい、そして絵を見てほしいとか言いました。

O　彼女が描いた絵ですか？

W　いいえ、私の絵です。

O　彼女に贈ったものですか？

W　贈ったものです。そのうち一枚は、とても良くしてくれたからと婦長さんにあげたそうです。そのほかにも絵を持っているので、家を訪ねてほしいと言うのです。

それから何か話をしていたのですが、彼女が言うには彼女と結婚したいと思っている男がいるのだが、彼は働いていないので、別れたいと思っているということでした。それから息子はもうずいぶん大きくなって、彼女の手伝いをしてくれるそうです。つまり、彼女はまともな女性になったということです。

O　そのあとまたお会いになったのですか？

W　私は彼女に「君の家を訪ねて、絵を見ることにするよ」と言ったのです。――そのあとで、もしかしたら行かないほうがいいかもしれないと思って、それで行きませんでした。それでこの話は終わりですが、この時は運が良かったのがおわかりでしょう。そのあとで、あの女性にあそこで出会って……。この最初のエピソードは、人間がいかに偶然に左右されるか、とても面白い話なのですが……あの医者が彼女を受け入れたのも、偶然によるものでした。彼女が印象的だったために、医者も彼女の話に熱中していました、実際彼女はきれいでしたから――。

あなたは精神分析医が望まないことについて、実に正しい結論を引き出していましたね。彼らはそういうことを知りたくないのです。私はE先生に言ったのです。「ごらんのとおり、悲しい結末になってしまいました。ということは、私が完全に健康になったということでしょうか？」――それに対して彼は言いました。「まあ、そうですね、だがどうしてほしいのですか。あなたは完全に健康になったわけですが、永遠の健康など医者に要求するわけにはいかないんですよ。」――彼は、長い年月が過ぎて、私ももう歳だから、ほかの人と関係が持てなくなったなどと曲解したのです。でも、論理的に考えるならば、あなたがおっしゃったように、私が解放されるべきだったコンプレックスは、ほとんど消えたと言わざるをえないでしょう。

テレーゼの時にはちょうどフロイトがこう言っていました。彼女はただの看護婦だったから、私は何か悪いことをもくろんでいたが、彼女がきちんとした人だったので、私はとても善いものを手に入れたのだと。このような結末になるとは思ってもいませんでした。そして今やあんなひどい女の手中にあるわけです。それでひどいのは……。あのグレートゥルはナチスに大反対だと言っていました……。一度、唯一良い政党は共産党だということを言っていましたが、その後でまた「まあ、あの連中も赤い暴徒にすぎないわよ」と言ったんです。――何の話をしていたのでしょうか？

O　グレートゥルが何と言ったかという話です。

W　つまり、彼女はひどくナチスに反感を持っていました。でも、それからどうやらナチスの一人と、ナチスの公務員と仲良くなったようでした。その頃、彼女は他の女の子の話をしてくれたのですが、その子はフランス人やイギリス人の男性と関係があって、どういうわけかそのことがばれてしまったんですね。その時彼女は「あの子はみんなおしゃれのためにやったのよ」と言ったのです。

O　何のためにですって？

W　おしゃれのためです。ところで、ルイーゼで一番ひどいのは、たいそうおしゃれ好きだということなんです。彼女は自分の健康のためだと言って金を欲しがり、それから洋服を買います。それにもう六十歳なのに、年老いた女性に対して嫌悪を抱いていて、自分がティーンエイジャーだと思っているようです。そこへグレートゥルが「みんなおしゃれのため、洋服を買うため」だと言ったのです――。

女性が本当に何かを狙っている時どうなるか、ルイーゼを見ているとよくわかります。グレートゥルはそんなことはありませんでした。彼女は質素な着こなしで、お金は息子のためでした。それならまだ理解できます。でも、あの女の場合はどうでしょう？　いったい、何のためにそんなにたくさんのお金が要るのでしょうか？

O　彼女はいつも洋服を買うのですか？

W　今では減ってきました。それに新しいものを買うよりも、洋服の丈を詰めるほうがお金がかかるんですよ。

O　それでいつも一緒に買物をなさっているのですか？

W　残念ながらそうです。でも、いったいどうやって終わらせればいいのかわからないのです。

O　いったい、それでやっていけるのですか？

W　あの本のお金が入りますから。

O　それで、あなたが手に入れたすべてのお金ですが……そのうちあなた御自身の分はあるのですか、それとも全部女友達にあげるのですか？

W　本来は少しだけあげていたのですが、私は家にいても煩わしいものだから、ちょっと彼女にお金を渡してしまったのです。失敗でした。

O　でも、それでも彼女はけっして満足しなかったのですか？

W　ええ、絶対に満足しません。「あんたが死んだら私はどうなるの？」といつも同じことを言うのです。それで私が慰めるのです。E先生などは彼女のためと言って私に少しばかりお金を送ってくれています。

O　あなたにお金を送ってくれるのですか？　いったい、

何のために？
W　あの女のためにです。
O　単なる博愛精神から助けてくれるのですか、それともあなたはフロイト・アルヒーフのために何か彼にあげたのですか？
W　彼には私が描いた絵をたくさんあげました。
O　それでそのお金ですが、フロイト・アルヒーフのほうから払ってくれるのですか、それともE先生のポケットマネーなのですか？
W　アルヒーフからです。
O　定期的に？
W　ええ。
O　では、いわばフロイト・アルヒーフから年金をもらっているわけですね。
W　……私は何ももらっていません、あれは彼女のためなんです。彼らが私に送ってくれ、私がそれを自分のためにとっておけるのだったら、私もずいぶんと楽な生活ができるのですが。
O　でも、だからといってフロイト・アルヒーフを非難することはできませんよ。これはあなたの落度なのです。
W　ええ、確かにフロイト・アルヒーフの責任ではありません。――私の年金からは彼女にあまり渡せないので、アルヒーフに経済的に頼っているのです。あらゆる面から見て、ひどい状況なんです。おわかりでしょうが、そもそもすべてが葛藤だらけで、それが結局私の気分を最低にしているのです。E先生はお金を送ってくれるだろうかと思うような、アメリカに対する依存状態も好ましいものではありません。私はまったくの疑問符に依存しているのです。どのくらいの期間、まだ彼はいくらかでも送ってくれるのだろうか？　どのくらいの間、私は彼女にお金を渡すことができるのだろうか？
O　それでそのことをルイーゼは知っているのですか？
W　フロイト・アルヒーフのことは知っていますが、本のことは何も彼女に言っていません。でも、ねだるのも気分の良いことではありません。それに女性のために情けをかけられ、何かを送ってもらうというのも、やはり気分の良いことではありません。
O　あなたの死後も彼女は受け取るのですか？
W　それはわかりませんが、E先生は前に一度そうだと言い、別な時には違うことを言いました。その際には、E先生に対する依存関係が生まれ、それがずっと続くわけですから、治療は無駄になってしまいます。かなり大きな依存関係が生じるわけですが、これはもちろん害を及ぼします。自我がだめになると言ってよいでしょう。

O　その動機が私にはわかりません。彼らはあなたをこのような依存関係にしておくことに、どんな関心があるのでしょう？

W　まあ、それはわかりやすいことです。E先生はこんなにも有名になった症例――フロイトによる最も有名な症例が、最後にはどうなるかを追跡してみたいのです。

O　ではお金を受け取るのは、実際にはあなたを死ぬまで観察させてあげるためなのですか？

W　お金で彼は私を助けてくれています、ルイーゼのために。彼は好意を持ってやってくれているので、本来は非難することなどできません。でも、分別のあることとは言えませんでした。まだ治療を続けるか、でなければ治療は終わりにして、その人を一人にしてあげなくてはいけないのです。異議もいろいろあります。E先生はこういう意見だが、S先生は違う意見を言い、ガーディナーはまた別の意見を言うというように……。相矛盾するような混乱した依存関係に陥っているのです。

O　例えば、S先生は週に一度あなたに面接することに、どんな興味を持っているのでしょう？

W　E先生が彼に頼み、彼もフロイト・アルヒーフと良い関係を保とうと思っていたので、引き受けてくれたのです。おそらく彼も何か本を書くのでしょうが、私は知りません……。

O　とにかく彼は、数年前に一時間あたり二百から二百五十シリングも要求していたんです。

W　驚いた！――あなたは以前、私がルイーゼと結婚すべきだと言いませんでしたか？

O　私が？　覚えていませんが。――そうすればあなたの死後も、彼女がお金をもらえるとお考えなんですか？

W　いいえ、でも彼女は結婚以上のことは要求できませんよ。

O　まあ、それは当たっていますね。

W　でも、あんな人と結婚するのは大変なことです。互いにしっくりいかず、話もできず、何一つ一致するものもないのに、それでもなお結婚しているなんてね。そのうえまだたくさんの義務があるのです。確かに私は法的には何の義務もないのですが。それに終わることのない口論……。

O　リスクが大きいですね。それであなたはいったい結婚したいのですか？

W　あなたが前に言われたことですが……。

O　もちろん、理論的な可能性として「結婚したらどうなるのだろう？」と考えてみることはできるでしょう。

W　まあ、おわかりのように、結婚するというのはいろんな義務が加わってくることで、人はそれを利用するわけです。でも、彼女は何があろうと立ち止まらない人です――。

でもお金はまったく足りません。そこでまた、物価が上がったとか、インフレだと言いはじめるのです。すべてが高くなった、グロッシェン［一シリングの百分の一］貨幣も全部支払わなくてはと。私に言わせれば、これは殉教です。彼女は自分の意志を絶えず押し通そうとします。窓が開いていると、すきま風が入るから閉めろと言い、窓が閉まっていると、空気が入らずに息が詰まりそうだから開けろと言うのです。それにこのマントは防虫剤のにおいがするとか、絶えず要求するのです。絶えず何かを求め、人がすることはすべて気に入らないのです。

O　そもそも彼女とどこかへお出かけになることはあるのですか？

W　ええ、ありますとも。映画館へ出かけます。

O　彼女がそんな振舞いをしたら、きまり悪くお思いになるのではないですか？

W　もちろん。いったいどうすればいいのでしょう？　そんな状況にあって……どういう具合なのか、本当に一度お話ししなければなりませんね。彼女は女性としてどうも何か変わった考え方をするようなんです……。でも、私はまたしても愚かな過ちを犯してしまいました。これはすべて例のシスター・コンプレックスによるものです。ガーディナーはこうしたことはいっさい気にしていませんでした。まあ、彼女とはあまり話をしなかったのですが。最後に私が何か言った時、彼女は「あなたは英語が話せないので、アメリカはあなたの役に立たないわ。あなたにはドイツだけが大切よ」と言いました。ドイツの誰のところにいったら良いのでしょう？――さて、うまく事が進んだ話をあなたにしましたが、あの女はもう連絡をしてきません。それにお金も息子のために貯めていました。おしゃれのためではありません。でも病気の女性のほうは健康保険に入っていないくせに、今でも最新のトップモードの服を着たがるような女なのです。ひどいことです。

O　どうやら彼女は、お金を出してくれる男たちをいつも見つけてきたようですね。

W　ええ、まあ。二度ほど結婚していますし、そのほかにも男がいたようです。子どもの時分から心臓の病気で、学校では体育の授業をとらなくても良かったそうです。それに心臓のおかげでナチスからも放っておかれました。でも映画館に行ったり、夜に劇場に行ったりする時は、それほどひどい状態ではありません。

O　それでは、彼女のドレスを人に見せに外出なさるんですね。——それで、彼女は時々あなたの住まいへやってくるのですか？

W　本当は彼女には来てもらいたくないと思っているのですが、それはもちろん不自然なことです。以前はもっと頻繁にうちへ来ていました。彼女のお母さんがまだ生きていた頃には、時々、私も彼女のうちへ行きました。そのことで彼女は今でもまだ私を非難します。「あんたがうちへ来るから、私がお引きずりだってみんなに言われるのよ」と。私が彼女の名声をだめにした、彼女はウィーン中で一番きれいで立派な女性なのに、というのです。この人が誇大妄想を持っていることもおわかりでしょう。こんな不幸なこともありました。彼女の歯が膿んでしまったので抜いてもらったら、突然、本当に心臓病の発作が起こって、ほとんど動けなくなってしまったのです。もう十年前か八年前のことになりますが、確かその時以来、彼女は私のうちへはもう来なくなりました。彼女には階段を昇るのが難儀になったからです。でも、もう心臓も良くなったので、来ることができるかもしれません。でも私は来てもらいたくないのです。いったい彼女と何ができるというのでしょう？　そのことでもちろん彼女は感情を害しています……。彼女には抑うつ症がどんなものか説明してやることはできません。どうせわかってもらえませんから。抑うつ症というのは、裕福で万事うまくいっている人々がかかるものなんです。

O　彼女は抑うつ症を経験したことはないのですか？

W　それでそのことを自慢しているのです。私は神経質ではないから、手をじっとさせていることもできる、と……。彼女は抑うつ症にかかった人間は馬鹿だと思っているのです。まったく原始的な考え方です。精神状態に問題がある人間がかかるものだと……。こんな人は考えられる中で最もふさわしくない、最もひどい人間です。この女以上にふさわしくない人物を思い描くことは、まったく不可能です。

性・金・マゾヒズム

W　そうだ、忘れないうちに言っておきますが、あなたのここの電話番号を持っていないのです。あなたの働いている新聞社の番号は持っているんですが。(と言って、胸ポケットから紙切れを取り出す。) どうかここにあなたの電話番号を書いてくれませんか。何かが起こるかもしれませんから。今や冬は戸口まで来たれりですね……。ところで、今後どうするか、次回にでも話し合わなければなりません。というのは、例の女友達ですが、彼女は十年前に重い病気にかかって、それ以来うちには来ていないのです。彼女はいつも来たがるのですが、私は来させないようにしています。でも彼女はうちへ来るといって脅すのです。まあ、来ることはほとんどないと思いますが。

O　でも、来ると言って脅すのですね?

W　ええ、脅すのです。私が招待しないので不満なんです。それはわかりますよね?——このことはお話ししてしまわなければ。そうでないと、私が今どういう状況にあるのかあなたにはまったくわからないでしょうから、それに、あなたはトルストイのように何か書いてみるつもりなのでしょう、『イワン・イリイチの死』のような……。あれはお話ですが。ロシアでは父親の名前を付けることはご存じでしょう。で、トルストイはこのイワン・イリイチがどういうふうに感じたのか、どうして人生がすべて無駄だと感じたのかを物語にしました。いずれにせよ、悲しいことです……。ああ、これがあなたの電話番号ですね。どうもありがとう。ある日私が来られなくなることもあるでしょうが、あなたが一緒に仕事をしているのは老いぼれなのですから、結果は覚悟してもらわなければなりません。

彼女についてこれからお話ししようとしていることは、私的なことですから、もちろん誰にも話してはなりません。あなたのことは信用していますが、これはとても不快なことなのです。もちろん、この女に声をかけたのは私の不注意でした。それがどういう結果となったかはおわかりでしょう。愚かなことです、愚かなことだから腹が立つんです。一度、彼女ときっかりと別れたのに、再会した後でまた関係を始めてしまったのですから。彼女と仲直りしたわけですが、そんなことはすべきでなかったのです。もはや取り返しがつきません。どうすればいいのでしょう？

O　そんなに長い年月がたったのなら、確かにとても難しいことでしょうね。

W　ええ、とても長い年月もたったし、彼女が病気でもあるし、二つのことがあって……。

O　それで、あなたが亡くなられたら、彼女はどうするのでしょう？

W　ええ、それも問題です。この問題についてはまた別の時に話しましょう。もしかしたら、あなたから何か助言をしてもらえるかもしれませんね。

O　私はどんな助言をすればいいのでしょうか？

W　まあ、もっと詳しくお話しすれば、たぶん何か……。今はまだあまりご存じないからね。

O　フロイトの治療中に、彼がいつも性的なことについて話しはじめた時、あなたはいやな気分になりませんでしたか？　そういうことは家では普通話すようなことではないでしょう。

W　精神分析は、人は自分の衝動を抑圧すべきではない、というところに意味があるのです。誰にとってもそのことは気に入るに違いありません。多少とも気持ちが楽になるんですから。

O　それではあなたは、医者と性的な問題について話すのはごく普通なことだとお考えになったのですね？

W　どうしていけないのですか？　今だって私たちは性について話しているではありませんか。

O　まあ、確かに。今はそれから六十年以上たっていますが、でも一九一〇年には別だったのではないでしょうか。

W　私はそれが革命的なことだという印象を受けました。——私の勤め先にはレータ大尉という同僚がいて、数学がとても得意でした。彼の傍に行くといつも解くための問題を出されるのですが、アインシュタインの理論をよく知っていました。ハンガリー出身で、彼のお父さんは、フランツ・ヨーゼフ皇帝の弟でヴィクトール・ルートヴィッヒとかルートヴィッヒ・ヴィクトールとかいう人物の副官をしていました。この人物は同性愛者で、一度、中央浴場で若い兵士に手をつけようとして、そのことをフランツ・ヨーゼフ皇帝が聞き知ったために、地位を格下げされて、イシュルのどこかに住まわされたそうです。でも、このレータ大尉は——今、私たちは性的なことについて話しているのでこんなことを言うのですが——いつも病気がちで、歩くのも困難でした。そのあと、癌にかかって惨めに死んでいきました。一度、私に自分の闘病史を読ませてくれたことがあるのですが、そこには「一九一一年、梅毒」とあったのです。でも、彼にはそんなようすはまったく見られませんでした。これはとにかく私がいつも一番恐れていた病気でした。ウィーンでは性病はしばらく完全に消えていましたが、また流行しはじめているようですね。

O　ええ、でもその率は非常に低いのです。――あなたはフロイトがあなたを抑圧から解放してくれた、フロイトは衝動を抑圧から解放するのに賛成だったとおっしゃいましたね。

W　あの学説全体が、「神経症は抑圧によって生じる」ということに基づいています。そこから得られる結論は、人はみずからに制限を加えてはならないということです。

O　前にあなたに、どのくらい抑圧から解放されましたかとお尋ねした時に、「まあ、今と比べてそんなにたいしたことはなかったでしょう」とおっしゃいましたが。

W　ええ、まあ、確かに。

O　それでは以前はどうお考えだったのですか？　そもそも誰かと寝てはいけないのでしょうか？　自慰をしてはいけないのでしょうか？　どういうお考えだったのですか、そしてどの程度、抑制から解放されておられたのですか？

W　私は女性たちに声をかけて、ホテルに行ったりしていたんですよ。

O　それで、そういうことは本当はしてはならないことなのでしょうか？

W　本当はそういうことをしてはならないのです。

O　では、しても良いことは何なのですか？

W　それは難しいですね、各人の都合がありますから。――以前でしたら、性交してはならないといった禁止事項があったのですが。ウィーンに来た時に健康保険に関する小冊子を手に入れたのですが、そこには「婚外交渉は避けること」とありました。――中には、座って激しく泣いている女性の絵が描かれていましたが、どうやら性病に感染した女性と思われました。その絵をまだ覚えていますよ。「避けないと病気になります」と書いてありました。だいたいそんな文章でした。当時はこの病気がかなり広まっていたのです。

O　では自慰に対してはどう言われていたのですか？

W　そう、なんとまあ、気が狂ってしまうとか、とても危険で、有害だとか言われていました。

O　あなたの御両親もそうおっしゃっていましたか？

W　そのことで両親と話をしたことはありません。でも、自慰が何やら異常で有害なことだというのは世間一般の見解でした。でも、私がフロイトのところへ行った時には、彼は「まあ、それはおおげさです。実際はそんなにひどいものではありません」と言っていました。

O　フロイトはそもそも自慰に対しては賛成だったのですか？

W　いえいえ、それは行きすぎです。ただ無害なものだと考えていたのです。でも、そのほかの人は危ないことだと考えていました。ゴーゴリについては、自慰にふけりすぎて死んだと言われています。ちょうど、彼に関する映画をテレビでやっていたと聞きましたが、それによると彼は梅毒にかかっていたそうです。ロシアでは自慰のせいで死んだと言われていましたから、それはちょっと考えにくいのですが。実際にどうだったのか、もちろん私は知りません。そもそも彼は女性とまったく付き合わなければ良かったのです。

O　ところで、このマックがあなたの言ったこととして引用している文章は正しいのですか？　あなたが「もちろん、私は祝祭日にだけは自慰をしていました[1]……」とおっしゃったというのですが。

W　いいえ、そんなことは知りません。

O　でもそう書いてあるのですよ。

W　そう私が言ったとあるのですか？

O　ええ。「もちろん、私は祝祭日にだけは自慰をしていました」と言ったと。

W　いいえ、そんなことはありません。それは馬鹿な噂話ではないのですか。それに祝祭日には何の関係もないことですよ。

O　あなたは祝祭日にはある特別な関係を持っていたと彼女は書いています。

W　いえ、それは少し想像しすぎです。そんな馬鹿なことはしていません。マックはちょっと想像して書いたのでしょう。

O　ではこの文章は実際はそうではないとおっしゃるのですね？

W　ええ。そんなことは全然言っていません。

O　わかりました、でも彼女はこう書いているのです。ではあなたはこれを読んでいらっしゃらないのですか？

W　いや、思い出せませんね。馬鹿なことを書いたものです。

O　どうしてでしょうね？　私はとても面白いと思いますが。

W　実にくだらないことです（笑）。

O　なぜです？　そんなに笑うほどのことはないように思えますが。
W　私が彼女のところに行っていた時には、テレーゼと一緒のわけだから、自慰の必要はありませんでした。
O　でも、それでもかなりの人が自慰をしますが。
W　まあ、大部分はまだ女性と付き合っていないか、そういう機会のない若者たちですよ。
O　夫婦になってからしている人も、そんなに珍しくありません。
W　あなたはこういうことに対してどう思うのですか？集団セックスとかそういったことは？
O　私だったらできないと思います。
W　前にガーディナーとこのことについて話したことがあります。その時、彼女は「まあ、特別なことではありません。たいしたことではありません」と言っていました。清教徒的なアメリカ人らしい反応です。
O　まあ、私が抑制が強すぎるのかもしれません。
W　ええ、確かに。今の人たちはもうかなり抑制がとれてきているようです。私の時代にはほとんどありえないことでした。今では当然のことですが。
O　そうでもないですよ。
W　よくは知りませんが、書いてあるものを読むと……。
O　まあ、確かに、新聞には。
W　この頃はあまり聞かなくなりましたが、一時期は流行でした。
O　それであなたはどうお考えなのですか？
W　私はとても抑制が強いので、私もあなたと同じようにするのではないかと思います。ある程度の抑制はすべきです。
O　それでマックがあなたについて書いたことですが、それを今になってはじめてお読みになったわけですか？
W　ええ、そうです。——前は専門雑誌にしか発表されていなかったのです。自分の知人や一部の知り合いがそれを読んだかと思うと、気持ちのいいものではありませんね。
O　マックは何と書いているのですか？
W　マックが何と書いて、フロイトが何と書いているかというと……。
O　まあ、フロイトが書いているのは、あなたが両親の性交を目撃なさったとかいうことで、そんなにひどいものではありません。フロイトが書いたものは幼年時代の思い出なので、支持できると思います。でも、マックが書いたものを発表したのは、間違っていたと思います。それは大人のあなたに関することなのですから。

W　彼女はまだフロイトが生きていた頃にそれを書いたのですか？
O　ええ。一九二〇年代初めにある雑誌に発表したんです。
W　それは専門誌にしか発表されていません。
O　ええ。でも、今度はあなたの回想録と一緒に出版されたのですよ。
W　まあ、いいでしょう。ガーディナーが書いていることもそうひどいことではありません。彼女はあまりたくさん書いていませんし。私は最初は回想録が、病歴をつけずに回想録だけで出版されるものだと思っていました。あれはガーディナーの考えなのです。彼女は私の回想録だけが出版されても、誰も買わないと思っていました。いずれにせよ、それが私の回想録だけだったら、私もそう不快な気分にならなかったことでしょう。あらゆる人たちに病歴を読まれるのは……。まあ、もう変えることはできません。私はガーディナーが言った通りにしなければならなかったんです。ですが、あれは実に複雑なもので、そこにはガーディナーが書いたような出会いがあったり、それからフロイトやマックのテキスト、それに私の回想録があったりと、ちょっとゴタゴタしているのです。まあ、それでもいいですが、場合によってはフロイトのテキストを……。でも全体としてはとにかく満足のいくものではありません。
O　ところで、また性的な問題に戻りますが、フロイトはあなたが性行為の時にある特別な姿勢を、つまり後ろからの姿勢を好むと記していますが……。
W　まあ、絶対的なものではありませんがね。
O　……他の姿勢はあまり楽しめないということでしょうか。
W　それはその女性がどんな体つきかによります。そもそも前からの姿勢でしかできない女性たちもいるのです。もう経験済みですよ。
O　えっ、そういう人もいるのですか？
W　ええ。ヴァギナが前のほうにあるか後ろのほうにあるかによるのです。
O　そうなんですか。――いずれにしても、フロイトはこう書いています。「彼が農地に属している村の中を散歩していると、池のほとりにひざまずいて池で洗濯ものをしている農家の娘を見つけた……。」(2)
W　ええ、そのことはいくらか思い出せますが、でもそれは違います。洗濯とは何の関係もありませんよ。
O　まあ、もしかしたらそこも違っていたかもしれませせん。いずれにせよ、フロイトはあなたがそのような場面に出会った時に、心ならずも恋をしてしまったと言っています。「彼の人生にとってたいそう意味深いものとなった最終的な対象の選択でさえも同じ恋愛条件に依存していることが、ここには引用されていない詳細によって明らかとなっている[3]……。」

W　それは違います。

O　そうですか？

W　いえ、違います。

O　ではフロイトはどうしてこんなことを書いたのでしょう？

W　もっと詳しいことを知りたいというのなら言いますが、テレーゼとの最初の性交は彼女が私の上に座るようなものだったのです。

O　それはちょうど逆のことですね……。

W　ここで精神分析について批判してみようかと自問したのです（笑）。

O　でも、あなたは真実を知っていらっしゃるのですから……。

W　ええ、まあ。だからこうしてあなたのところに来ているのです。というのは、E先生も言っていたことですが、真実が最も重要なことだと思うからです。そしてフロイトと私の間にどのようなことがあったかについては、結局のところ個人的なことではなくて、一般的なことが問題になるのです。ですから、E先生がとったような立場、すなわち真実を書かなければならないという立場に立つことができるのです。いずれにしても、あなたはS先生やE先生よりもよくわかっていらっしゃる。

O　結局のところ、私は精神分析家ではありませんから。

W　精神分析家も助けにはならないことはおわかりでしょう。あなたはシスター・コンプレックスが解消すべき最小限のものだったということを指摘なさいましたね。でも、それは解消されていません。

O　ええ。

W　そこでガーディナーが「あなたは模範を示してくれたではありませんか。あの本はそもそも精神分析は、こんなに重篤な症例でも治せるのだということを証明するものだったのです」と書いていることに対してですが……。まあ、私には助けとなったことは確かです。よろしい、転移だ。でも、転移とは何でしょうか？　それは信頼なのです。そして転移は精神分析なしでも存在するのであって、すべての人間関係はまがりなりにもそこへ還元されうるものなのです。ただフロイトと他の精神分析家たちにとってだけ、それは治療の手段だったのです……。

私の父は――父の写真は一枚あるのですが、面白い写真ではありません。長い髪を生やして天才のように見えるのですが、この父が私にこういう話をしてくれたことがあります。あるところに胸の中に時計が入っていると思い込んだ男がいる。一日中、彼が歩き回っていると、チクタクチクタクと音がするので、これは時計だと思い込む。ついに彼は医者のところへやってくるが、医者は少しばかり彼のことをいじり回してから、たいそう器用なことに、誰にも気づかれないうちに急に手の中に時計を持っている。そこで医者は「あなたは時計を持っていましたが、私は今あなたを時計から解放しました。ご覧なさい、これがその時計です」と言う。――その男は健康になった。

　それから二、三年後に、その医者はこの健康な男に会って、もうすべてを話してもいいだろうと思う。そこで医者は「どうしてあなたが健康になったか知っていますか？　私はあなたの胸から時計を取り出したように見せかけたのです」と言うと、男は「ああ、そうですか」と答える。――彼が家に帰って腰をおろすと、またチクタクチクタクという音が始まったというものです。姉はそんなことはありっこない、ジョークにすぎないと言っていましたが、私がS先生に「そういうことがありえると思いますか？」と尋ねたところ、彼は「ええ、ありえます。その方法で治すことができるのですよ」と答えたのです。――ですからこのことから、フロイトも何かを作り出して、その作り出したものによって人々を治したのではないかと結論することができます……。

　それにしても、いかに人間が進歩していないかということでは、本当に驚いてしまいます。精神分析に関してもそうです。S先生でさえも、フロイトが死んでから精神分析はほとんど進展していないと言っています。どんな学問も発展していくものです。でも、苦しんでいる時も無意識ではそれを楽しんでいるのだ、という主張のせいなのかどうかはわかりませんが。

O　それはどういうことなのですか？

W　まあ、つまりフロイトはあなたが不快な状況に陥るとこう言うわけです。「おや、あなたは抑うつ症にかかっているようですね、でもそれであなたは満足――マゾヒスティックな満足を得ているのですよ」と。そう、この点も十分には明らかにされてはいません。というのも、最終的に私が「お前は自分で健康だと思っている」と言ってもそれは一つの状態なのであって、「具合が悪いと思っている」というのは別の状態であり、それから幸福感、上機嫌、不機嫌、抑うつというのはまた異なる状態です。しかし、悪い状態にあることに無意識的に満足を覚えると言うんなら、そこで本当は論理が失われてしまうのです。

　そしてこのことがショーペンハウエルが言っていることなのです。そもそも命題は人間にはあてはまらない。人間はある点では良くても別の点では悪いので、論理に矛盾が生じると。それはフロイトの心理学においても部分的にあてはまることです。まだとても具合が悪いと思っているのに、「まあ、無意識では満足しているのだ」と言うので、違いがなくなってしまうのです。論理学では、第三項は存在せず《テルティウム・ノン・ダトゥア》と言います。AはBと等しいか、等しくないかどちらかなのであって、ある時はAとBは等しいが別の時には等しくないという場合には、もはやそれらをよく知っているとは言えません。私の言っていることが理解できるでしょうか。

O　ではあなたのお考えでは、それは満足なのですか、それとも満足ではないのですか？

W　まあ、私は全知全能ではありませんから（笑）。お答えすることはできませんが、実際のところは違うと思います。そこで論理が止まってしまい、論理が止まってしまう時には、その上へ学問を構築するわけにはいきません。この第三項は存在せずということですが……第三項それ自体は存在します。なぜならあなたは気分がよいと感じることもできれば、悪いと感じることもできるし、気分が悪いけれど満足なこともあります。一方が他方を帳消しにするのです……。ガーディナーは前に同僚の一人を私のところへよこして、私が精神分析を一種の宗教として受け取っていることについて確証が欲しいと言ってきました。

O　お答えになったのですか？

W　いいえ。私はそのことに関わりたくなかったので、そうしませんでした。それに私が精神分析を宗教として受け取っているかどうかということに返事をするのは難しいことです。しかし、確かに似ているところはあります。ある教えを信じるのですから宗教のようなものです。あなたが共産主義者だとすると……。

O　するとあなたは精神分析は宗教と似たようなものだとお考えですか？

W　ええ、そう思います。E先生のような人たちを考えてみると、彼らはすべてが正しいと断固として信じています。彼らには異論など問題ではないのです。例えば、マゾヒスティックな満足ですが……。精神分析では別の表現で置き換えられていることが多々あるのですが、学問ではそういうことはあまり聞きません。愛憎定まらずと言うことがありますね、それを精神分析家は両価感情《アンビヴァレンツ》と言うのです。

さて、私が両価感情と言おうが愛憎と言おうが、そこにどんな違いがあるというのでしょう？　反対に、愛憎のほうがずっとましです。両価感情というとむしろ意味合いが薄まってしまって、実際、この言葉は「愛憎の」差が小さい時に使うのです。両価感情は「愛と憎しみ」よりもずっと弱い言葉です。ロシア語にはとてもたくさんの諺があって、多くの諺は民衆から生まれてくる民衆の知恵ですが、例えばこんな諺があります。訳すと「愛から憎しみまではほんの一歩」というものですが、それなどこの状況を非常にうまく表わしているではありませんか。そこでドストエフスキーを取り上げるわけですが、彼の場合は実に頻繁に愛憎について語っています。そこには精神分析が付け加えて言うべきことなど本当にまったく何もないのです。せいぜい「そこで満足を得ているのである」というぐらいでしょう。それで誰かが救われるわけではないのですが……。

精神分析家に関して言えば、確かに問題だと言えます。前進することができないのです。少なくとも一歩でも前進しなくてはならないのに。しかしどこでも同じことでしょう。彼らはたえずフロイトが提起したものを操作しているだけなのです。種々の原則と象徴にかかずらって先へ進むことがないのです。私はレーニンについて読んだことがありますが、彼の成功は彼が常に時勢とともに進んでいたことによるのだそうです。例えば、「すべての権力をソビエト（評議会）へ」と言ってから二か月後には「ソビエトにはまったく興味がなくなった、今は違う時代なのだ。いつも同じことをしていたのでは何事も達成することはない」と言っています。でも、精神分析家はいつも同じことをしています。前進するということがまったくないのです。私は今では精神分析について批判的立場をとっていますが、そのことはお気づきになったでしょう。あなたはもっと肯定的な立場にあるのですか？

O　あなたのお話によって目が覚めたというわけではありませんが。

W　目が覚めたというわけではないと。――私はこう考えたのです。分析では分析家が患者を幼年時代に戻し、そしてすべてを子どもとして体験させる。ですから苦悩は消えないに違いありません。それが大いなる疑問となるのです。何かを思い出したら、それは消えなければならないのか？　この疑問には実は答えられていないのです。――とにかくフロイト以後の精神分析学派の人々は、私を自分のものにしようなどとすべきではありませんでした。

O　彼らがあなたをそっとしておいてくれれば良かったとおっしゃるのですか？

W　ええ。そうしたら私ももっと自立した生活をしたでしょうから。この外部からの干渉は、良い影響を与えませんでした。

O　しかし、あなたはもう大人だったのですよ。こうしたことはすべて第二次世界大戦後になされたことですし、大人の人に影響を与えるなんて誰も考えたりしなかったでしょう。

W　しかし、私がフロイトからどれほど影響を受けたかはご存じでしょう。

O　でもそれはずっと前のことですから……。

W　しかし転移の考えは誤った前提に基づいています。父親ではない誰かのことを父親と見なしても、あるいは姉ではない女性のことを姉と見なしても、最終的にはなにも良いことはありません。むしろそれは現実の誤認なのです。リトアニアの諺で「他人の頭では先へは進めない」というようなものを読んだことがあります。リトアニア人は小さな民族ですが、他人が理解したことでは前進しないという、そんな理知的な考えをしていたとは驚きです。そして精神分析は、多かれ少なかれ、他人の頭で生活しているようなものです。それに他人の決定に依存していることが精神分析の危険なところです。彼らにその資格があるわけでもなく、よく知っているわけでもないのに、彼らは自分が精神分析家であるから、だからすべてを知っていて指導できるのだと思っているのです。

それで思い出しましたが、フロイトに一度ロシアで聞いたジョークを話したことがあります。すると彼は大笑いしました。彼には特に気に入ったのでしょう、というのもそのジョークはとても反宗教的だったからです。フロイトも非常に反宗教的な立場をとっていました。そのジョークというのはこうです。二人の子どもが泥で遊んでいました。すると大人が一人やってきて、「おやおや、そこでいったい何をしているのだい？」と言うと、子どもたちは教会を作っているのだと言いました。するとその大人は小言を言いはじめたのですが、しまいには「まあ、いいだろう、教会なら。だが、いったい司祭様はどこにいるんだい？」と言うと、子どもたちの一人がこう答えました。「だって、司祭様を作る泥がないんだもの。」――これがフロイトには気に入ったのです。おわかりでしょう、今ではフロイトが宗教に向けたと同じ批判がフロイトと精神分析全体に向けられているのではありませんか？　精神分析も単なる信仰だと。
O　あなたはフロイトに対する転移が、今でもまだ解消していないとお考えですか？
W　思うに、ガーディナーが私に紹介してよこしたこの医者は、おそらくは正しかったのではないでしょうか。彼がたいそう歪曲して話したので、私は精神分析を宗教として受け入れてしまったのです。彼は私が幼年時代にたいそう敬虔であったために、転移が私の中で大きな役割を果たすようになったのだと言っていました。そして私がとても良くなったのは、実際にこの転移のおかげだと言って良いでしょう。そう、精神分析は複雑な問題です。いったい誰が公に決定的なことを言うことができるでしょうか？　いずれにせよ、その効果はあったのですが、完全な治癒というわけではありませんでした。
O　それで今でもまだ精神分析を信じていらっしゃるのですか？
W　今はもう何も信じてはいません。
O　もう何もですか？
W　いや、そうだ、転移のことは信じています。私はもちろん、転移によって健康を回復することができると考えています。ご存じのように、私は父と葛藤状態にありました――内面的にであって、外面的にではありません。そして父が死ぬと、フロイトに「あなたはお父さんが亡くなって幸運だった。そうでなければけっして健康にはなれなかったでしょう」と言われました。――フロイトはまた、父が死んでいなければフロイトに対する転移も起こらなかっただろうと言いました。彼が転移に大きな意味を認めていたのがおわかりでしょう。今日の精神分析家にとってはそれほどの意義はなくなっていますが。ふだんはE先生は来たがらないのですが、私がどっちみちS先生のところにいることを知ると、ありとあらゆることを私に話したがります。でもこの二人は状況によってはまったく正反対のことを言うのです。誰を信じたらよいのでしょう？
それにそもそもフロイトがいつも強調していたことですが、「あなたにとって好都合なのは、あなたがまだ若いということです。歳をとってしまうと、精神分析を始めるわけにはいきません。」――いったいどうしたら自分より二まわりも年齢が若い男に転移できるでしょう？　そして彼が私の父だとすることが？　まあ、それはできません。それにフロイト自身が言っていたことですが、あるご婦人が彼のところへやってきて――よく知らないのですが、七十か八十歳だったそうです……精神分析を始めるわけにはいかなかったが、彼女が外出するのに不安があるというので、少し元気づけてあげた。外で車に轢かれると思っていたんだよ――そうフロイト自身言っていました。ところで、私が思うに、私たちは二人ともこの件をかなり批判的に見ていますね……。あなたはもともと私に話全体をインタビュー形式にしたらどうかと尋ねたと思うのですが、でも私があなたと行っている会話は、まさにフロイトの時と同じで、思いついたことをあなたに話すというものですね。

O　それで構いません。

W　構わないんですか。あまりたくさんのことは思いつかないと思いますよ。

O　そうとは言えないと思うのですが。

W　とにかく、役立ったか、それとも役立たなかったか、それは言うことができます。ある人が癌のためにラジウムを照射され、癌で死んだとしたら、その人は治ったとは言えません。そしてE先生が言っていることも、当たってはいないのです。彼は当時は［精神分析が］役立ったが、高齢になるまでそれが続くのは望めないと言っています。でも、それは適切な言い方ではありません。

O　まあ、そうですね。でも癌の場合、新たな腫瘍ができることもありますね。

W　精神《プシヒエ》の問題にそれを引き移すのは難しいと思います。新たに何が起こるというのでしょう？　フロイトによれば、すべてのことが幼年時代に潜んでいるというのに。

O　確かにそうですね。

W　精神分析のあまり良くない点というのは、他人から指示を受けて生活することに慣れてしまうことです。精神分析は自我《エゴ》を弱めると私は言いたいのです。精神分析によってイドはいくらか楽になるかもしれませんが、権威と結びつく結果、自我は損なわれます。そう思いませんか？

O　フロイト派の理論によればそうではありませんね。患者は自分にとって何が最良かを見つけ出す可能性を自分で持っているはずです。

W　そこで父親コンプレックスが出てくるのでしょう。精神分析家は父親像です。

O　でもそれは単なる投影の対象にすぎません。この父親像が常に何をなすべきか言ってくれるというわけではありません。

W　ええ、まあ、その裏にはこういう考えがあるのです……。理論によれば、そのあとで完全に自由になり、影響を受けなくなることになっていますが……本当なら精神分析は父親像なしに生きていけるようにできるはずではありませんか。しかし、実際は、その父親像とともにさらに生きつづけることになります。
O　多くの患者は分析後、ひどく分析家に対し憤慨して、もうそれからは医者とは関わろうとしなくなるのです。あなたの場合は、明らかにそういうケースではないですね。
W　違います。私は考えを共有したのです。
O　精神分析もそうなのですが。こうした再教育のあとは、患者も成長することになっているはずです。
W　ええ、そうでしょうね。――しかし、転移を通じてある種の事実誤認という困難な問題が生じ、それが今度は復讐するのです。
O　あなたの中心的な問題は女性問題でしたし、今もそうですね。
W　あなたは問題がわかっていらっしゃる。一方では私は淋病についての心気症でしたが、他方では女性たちがいました。前にあなたは、私が女性たちにもてたとおっしゃったが、私はこの成果をうまく利用できなかったのです。今度、ちょっとした付き合いを持てたかもしれない女性たちの写真を持ってこようと思います。しかし、そこに私の全生涯をだめにしたシスター・コンプレックスが潜んでいたのです。
O　あなたはいつも女性にひっかかって、お金をあげるはめになるのですね。
W　しかし、あのアウデルスキー夫人の場合は、私にはまだお金があったので付き合おうと思えばできたのですが、そうしませんでした。でも、私の知人の娘さんが少年を誘惑したことはあなたにお話ししましたが、その少年はごく普通の子なんですよ。少なくとも私がこのコンプレックスから解放されねばならなかったとあなたが言われたのはまったく正しいことです。
O　今日では、幼年時代の何か特定の性的体験ではなくて、家族や家族関係、つまり両親や子どもたちの間の関係が神経症の原因だと考えられています。
W　それはまったく正しいことです。――幼年時代に何かを抑圧するということは、つまりあなたがその不快なことをがまんしたくないということです。現実から一歩離れるということです。同様にフロイトもこう言っています。狂人は現実を放棄している。多くの神経症患者が現実を歪めるが、彼らは現実がそうであるのを知りながら、そうではないと感じてしまう。これはあるがままの人生に耐えることができないということだ、と。そこで一方には犯罪者がおり、もう一方には神経症患者がいることになります。
　シュテーケルは「神経症患者は犯罪を実行に移す勇気

のない犯罪者である」と言っていたそうです。神経症患者は他人を殺したりしないが、病気になって耐えられなくなる。そしてもしあなたが幼年時代に抑圧したのなら、不快な状況に置かれるといつもそれをどうにか抑えこもうとする傾向が出てきます。

O　でも、不快なものをいくらかでも抑圧しようとするのは、誰でもすることではないですか。特別なことではありません。

W　ええ、しかし規模が問題なのです。――フロイトが実際に私のことを治してくれていたのなら、あんな女性に引っかかっているはずはないのです。何か病的なところがあるのです。

O　おそらく彼はこの問題を正しくは認識していなかったのではないでしょうか。

W　何とおっしゃったのですか？

O　フロイトがあなたの女性たちに対する関係を正しくは認識していなかったのではないかと。

W　そうらしいですね。

O　明らかに彼は、テレーゼがいるからもうすべて大丈夫だと思ったのでしょう。

W　まあ、彼女が生きていた間は確かに。

O　おそらく、彼がすべてを予測しなければならないというのは、求めすぎかもしれませんね。

W　私があの女に会っていなければ、すべては私が死ぬまでそのまま話が進んでいたことでしょう。しかしそこへこの失態です。お引きずりコンプレックスやシスター・コンプレックスなどは、ご存じの通りです。私がちょっとひっかかったのがこれがひどい女で、ひどい精神病質者ときていいます。彼女は空想しまくるので、どんな話をすることもできません。そのうえ彼女は自分が空想したものを信じてしまうのです。だから会話など不可能だし、論理など……。まあ、こうして抑制を解放したので破局を迎えてしまったのです。

O　どうして抑制の解放なのですか？　男性が一緒に寝る女友達を持つことは、この世で最も自然なことではないですか。その場合は特別な解放など必要ありません。

W　これ以上どうしたらいいのでしょう？

O　性的に解放され、その結果ルイーゼと親しくなったとおっしゃるのでしたら……。

W　なぜ私は仕立屋などで――自分の住所を見つけられるかもしれないような場所で女性に声をかけるのでしょう？　私がしでかした間違いにはもうかなりのお金がかかっています。

O　いったいあなたの理想は何なのですか？　独身男性

として生活することですか？　まったく女性とは関係を持たないことですか？
W　人は精神的にも理解し合える女性と知り合いになるか、そうでないなら、一人にしがみつくことなく女性たちを常に替えるべきなのです。
O　それが良いとお考えですか、替えることが？
W　私はこの方法を守るべきでした。誰かが見つかるのならそれがいいのです。しかし誰も見つからない時には、一番いいのは……。友人のあの大尉も「わかっているだろうが、女性はいつも替えるものだ」と忠告してくれました。――そうして私もそれを守ってきたのです。それが彼女のところにひっかかってしまった。まさに悲劇です。この女性をどうすべきかわかりません。健康保険にも入っていないし、年金もない。彼女と結婚してあげるべきなのでしょうが、彼女に会うとその間じゅうずっと、「結婚して」「結婚して」「結婚して」なのです、ひどいことです……。ある借家人が早朝にドアの前に牛乳を置いていってくれるのも快く思わないのです。
O　どうしてそれを喜べないのですか？
W　「どうして自分で降りていかないの？　自分で降りていけるでしょう」と言うのです。まあ、彼女は私がその人たちと親しくなるのではないかと不安なんです……。

彼女がこんなことをしたのを覚えています。まだ親しく付き合っていた頃に、カフェ・アイーダに行って、ある男の人に、まったく見ず知らずの私のところに行って、すぐカフェに来るようにことづけしてほしいと頼んだのです。さて、あなたはどう考えるでしょう？　彼女は見知らぬ人に私のところに行ってくれと頼むような勇気はあるのです。まったくとんでもないことです……。
O　それでその人はそうしたのですか？
W　ええ、そうです。
O　それであなたはお出かけになったのですか？
W　ええ、出かけました……。しかし、いったい誰がそんなことをしようなどと思いつくでしょう？　彼女はありとあらゆることをしでかすのですが、恐ろしいことです。――あるいは彼女は私の家内のことで、なぜ検死解剖しないのかと言って私のところへやってきました。そうしないと、死んだいきさつが明白にならないというのです。救助会社がやってきて、間違いなく都市ガスだと、ガス栓が開いていて彼女がガス栓の前に座っていたと確認したのです。そのことは死亡証明書にも書いてあります。それは明らかです。彼女の言うことを聞いていると、私が家内を殺したから検死解剖したくないのだと言うのです。そんなふうに私をとがめ出すのです。あなたには彼女があらゆる中傷の際にどんなようすであるか、最も印象的な例だけをお話ししているのです。

　やがて今度はテレーゼの自殺が起こりました。あれはまさに最悪の時期でした。私がもっと若かったのならまだ良かったかもしれません。もっと年老いていたらそれもまだ良かったかもしれません。しかし、まさにすべてが最も不都合な時に起こったのです。そのあと私は愚かなことをしてしまいました。あのグレートゥルのことでは幸運でした。今では、女性たちとの付き合いはそんなに簡単なものではないと結論せざるをえないようです……。このルイーゼとは再会したのですが、その確率はほとんどゼロでした。私は四区で彼女にばったり出会ったのですが、彼女は十七区に住んでいました。そしてまさに最も不都合な時に彼女と出会ったのです。もう一か月早ければ、あるいはもう一か月遅ければ、危ないことはなかったかもしれません。でもその日はまさに危なかったのです。そして彼女に四区で出会って、そこからまたこの話が新たに始まりました。人生ではありそうにもないことが現実となるということがおわかりでしょう……。しばらくの間、彼女は私とは結婚したくないと言っていました。私が彼女のことをあまりに低く見ているから、誰か他の人と結婚したいのだと言っていました。しかし、そのあとから「愛してもいない男と結婚する運命なんだわ」と言うようになったのです……。

O　それであなたは彼女を愛していらっしゃるのですか？

W　そういって良ければ。——彼女は私がロシア人なので愛しているのです。

O　ロシア人の何が印象的なのでしょう？

W　ロシア人は最も強いからです。

O　ルイーゼはかなりひどい環境に育ったようですが。

W　ひどいなどというのでは言い足りないほどです。このルイーゼについてもう少しお話ししますと、彼女のお父さんは警察に勤めていて、最初は警官だったのですが、それから内勤になったのです。お母さんはメーレン*の出身で、私が覚えている限りでは農場を持っていました。しかし、彼女はあんなに左翼的な考え方をしているのに、お母さんが貴族の血を引いているなんて話しはじめるのです。

O　彼女は一人っ子だったのですか？

W　いや、彼女にはお姉さんが一人いたんですが、脳腫瘍で死んでしまいました。

O　ではルイーゼは妹だったのですね。

W　ええ。おじいさんがサーカス団を持っていて、ジプシーの血も流れていると話してくれたことがあります。
O　そういう女性には弱いのですか？
W　どんな女性ですか？
O　スペイン人とかジプシーとか。
W　ロマンティックですね。でもこのロマンティックというのには、とても神経をすり減らします。——日曜日ごとに、彼女は私が毎月渡すものが少なすぎると文句を言います。週の間じゅう空腹で、日曜日だけ食べていると言うのです。昼食にはスープに魚、野菜を二皿注文します。それからコーヒーも。まあ、よく食べるでしょう？　私は窮地に立たされていて、この日曜日を断わるわけにはいかないのです。
O　それをあなたが全部お支払いになるのですか？
W　ほかにもまだいろいろ要求が来ます。もっとちょうだい、もっとちょうだいと。彼女は私が財布の中にどれだけお金を持っているか、じっと見るのです。それでまた百シリング札を何枚かあげなくてはならなくなります。彼女に必要なのは血糖値と歯を調べることなんですが……。
O　それで夕方にもまた食事をするのですか？
W　ええ、まあ。夕方も。夕食は何と言いましたか？昼食から一時間もすると、また彼女は何か欲しくなるのです。彼女はあれを注文するのですが……あれは何と言いましたっけ？
O　甘いデザート《メールシュパイゼ》ですか？
W　いえ、デザートではなくて。また肉とかそういうものを食べるのです。
O　それではさぞかし太っているでしょうね。
W　前はそうでしたが、痩せたのです。もう洋服が合わなくなっていて、新しい洋服が必要なんですよ……。
O　それで彼女の病気ですが、いったいどういう症状なのですか？　見てわかるのですか？　どんなようすですか？
W　外には何も現われていません。
O　見てもわからないと？
W　ええ。何もわかりません。知人の一人が言ったのですが、こういうしわがあると、口元のしわがこういうふうに斜めに上がっていると、その人は長くはないんだそうです。彼女にもこういうしわがあったんですが、もう消えてしまいました。
O　では彼女はだんだん若くなっているのですね。
W　ええ、だんだん若くなっています。

＊　チェコの中央にある一地方。モラヴィアともいう。

O　でも何も認められないとなると、そもそも彼女が病気だというのは確かなんでしょうか？
W　まあ、そう思っていますが。
O　でも確かなことはわからないと？
W　確証はありません。
O　もしかしたら、彼女が病気だとあなたに言っただけなのでは？
W　いえいえ、それはわかります。――彼女が病気になった当時は、本当にとても具合が悪かったのですが、そのあとで良くなったのです。でもこの病気が私を麻痺させています。人は病気になると、健康な人と同じようには扱えませんから。
O　病気だというのが……おそらくトリックにすぎないと考えていらっしゃることに、彼女はもうとっくに気づいているでしょうね。彼女は映画館に行けるとおっしゃっていたではありませんか。
W　ええ、まあ。映画館に行ったり、それから劇場にも行きます。
O　もしかしたら全部嘘なのかも。
W　いえいえ、本当に病気になるのですよ。
O　いずれにせよ、あなたの女性との関係は、完全に正常とは言えませんね、どこかがおかしいですね。
W　姉によって狂わされたのです。――あの幼年時代の誘惑は異常なことでした。知人の家では、そこの息子は当時おそらくまだ六歳だったと思いますが、従姉妹が遊びにきて、その子のペニスをいじりながら「おしりに可愛いものが付いているのね……」と言っていましたが、うちでは違っていました。姉は体系的に行動したのです……。
O　私はお姉さんの役割は少なかったと考えています。あなたのお母さんや子守女も何か役割を果たしていたに違いありません。
W　子守女は年老いていました。
O　あなたはいつも無学な女性に惹かれる傾向がありましたね。
W　ええ、でもテレーゼはしっかりした人でしたが、この女は……。
O　人は情緒的な関係を他のことと同じように学んでいくものです。私はあなたが子守女を通じて、無学な女性との情緒的な関係を学んだと思うのですが。
W　そういう考えは、フロイトは口にしませんでした。それに性的な関係ではありませんし。
O　母子関係は、最終的には性的なものでもあるのです。
W　フロイトはそういう問題提起をしませんでした。

『病歴』にもそういうことに関しては何にも載っていません。そのナーニャと結びついているために、私が無学な女性のほうにより強い関心を持つのだというのがあなたの考えですね。フロイトは、姉との件は近親相姦だと説明してくれました。
O　それであなたはむしろフロイトの説に賛成なさるわけですか？
W　この点では彼が正しいと思います。
O　それから、男性が女性にお金を渡すような雰囲気全体が、今日では少なくなっていると思うのですが。それから子守女がいるような環境も。
W　私の時はそういう雰囲気がとても強かったのです。姉もいましたし、そのナーニャもいましたし、家庭教師もいました。農場では違った印象を受けました。町では人々が集まっていますが、あそこではその狭い範囲に限られてしまうのです。——いいでしょう、あなたがフロイトの意見に賛成ではないと言うのなら、どうしてこの件について書いてみようなどと思ったのですか？
O　書くためには、必ずしもフロイトの見解を代表していなければならないということはないですよ。
W　とにかく意志が問題です。意志という概念は、フロイトにあっては消えてしまっています。フロイトの場合、意志とはそもそも衝動なのです。実際には、意志は衝動の反対なのですが。意志とは合理的洞察によって衝動を抑制することです。クレッペリンが、私の病気は意志の病気だと言っていました。そのことをE先生に話すと、彼は「反対に、あなたには強い意志がある。あなたはガーディナーや私や多くの人たちを動かしている」と言いました……。あなたならどう思いますか？　これは間違っています。私に強い意志があったなら、あの女性とこんな状況に陥ることはけっしてなかったでしょう……。私には意志がないのですよ。すべての意志がつぼみのうちに摘み取られてしまうのです。
O　正直に言って、私ならあなたを意志が強いとは言わないでしょう。あなたの教育で何かが間違っていたに違いありません。
W　もしかしたら先天的な過ちかもしれません。
O　むしろ教育的過ちだと思いますが。
W　フロイトは意志と衝動を混同しています。一方ではこんなことを言いました。「精神分析を受けると、人には健康になる可能性が生まれる。それはちょうど切符のようなもので、それを使うかどうかは意志による」と。つまり、自由意志があるということです。ところがこれは矛盾ですね。人は突然意志を持たなければならなくなるわけで、彼は最後までずっと意志と欲求とを混同していました。

O　つまり精神分析は、とても単純なんですよ。患者が完治しない時には、その人が治りたいと思っていないのだと簡単に言うのです。抵抗が大きすぎたと。

W　その見解は実に正しいですね。――精神分析家なら「あらゆる関連が明らかとなったなら、患者は健康になるに違いない」と言うでしょうが、しかし、「その患者が望んでいようがいまいが」と言うのではないのです。

O　おまけに神経症の本質は、人は理性的なものを望まないところにあるのです。

W　それは実にこの件全体の中心となることです。私の場合にもおわかりでしょうが、私は彼女が何の幸福ももたらさないばかりか、反対に、お金がかかることを知りながらも、彼女と一緒にいたいのです。

O　あるいは何か間違ったことをしているのを認めながらも、それを変えることができない……。

W　E先生がどんなに頼りなかったことか。あなたは女性に対して不安を抱いているとか、去勢不安を持っているとか、そんなことを言って……。

O　いったい何を言いたかったのでしょう？

W　根拠のない過度の不安は、男性の場合は明らかにいつも去勢不安に違いないというのです。ナンセンスです。――あらゆる神経症の本質は、そうしてはいけないとわかっていても、他にどうすることもできないことにある、とあなたが言われたのは実に正しい。精神分析全体が崩れていきます。あなたは精神分析の支持者ではないのですか？

O　そんなに簡単に「はい」とか「いいえ」で答えられるものではありません。フロイトが生きていた頃には、多くの画期的なことがありました。治療方法としては全体的にあまり実際的なものとは思えませんが。

W　いずれにせよ、意志についてはおわかりですね。私がテレーゼとの葛藤を克服していたならば、医者の反対にもかかわらず彼女のもとへ行っていたならば、それが実は正しいことだったのかもしれません。しかし、私は回り道をしてフロイトのところへ行ってしまった。弱かったのです。

O　恋をしていたのであれば、確かに奇妙なことですね……。

W　その時はフロイトが自分で診察してくれましたし、助言者も必要としていませんでした。

O　そしてあなたのほうは、医者や家族に対して反抗する勇気がなかった。

W　それがずっと健全な考え方だと思ったので。
O　それからお金のことですが……。おそらくフロイトは、あなたが女性たちにいつもお金を渡していたことをまったく知らなかったのでしょう。おそらくあらゆる結論から見て、彼はこのことを理解していなかったのでしょう。
W　それがどういう意味か、理解していなかったようです。知らなかったのですよ。
O　当時にしてみれば、男性が女性と同棲しているか結婚しているなら、女性が男性のお金で生活するのは当たり前のことでした。
W　しかし、街を歩いていて気に入った女性がいたら、その人と一緒にホテルへ行きたいと思うでしょう。それはその人にいくらかあげた時にだけ可能になるものではないですか。
O　ええ、でもその考え方ですが、誰かが通りで「一緒にホテルへ行きませんか？　いくらか払いますけど」と私に声をかけてきても、一緒に行く気にはとてもなれないと思うのですが。
W　ああ、そうですね。あなたはきちんとした女性ですから。
O　きちんとした女性だなんて！　でも、私が誰かとベッドを共にする時は、それが私にとって楽しいからそうするのですよ。そのためにお金を要求したりしませんよ。
W　それはあなたの見解であって、ルイーゼの見解ではありません。
O　女性がお金のために寝るというのがそもそも疑わしいと思います。おそらく以前も、変わってはいなかったでしょう。――フロイトは、あなたが女性たちと出かけて、そのためにお金を払っていたことを知っていたのですか？
W　ええ、もちろん。
O　それで彼は何も言わなかったのですか？
W　まったく何も。――フロイトはお金のことは言いました。彼のところに行っていた頃に、株をやっていたのです。すると彼は私が国民経済学を勉強するべきだと言いました。でも、そういう分野には私はまったく関心がありませんでした。今ではこうしてお金に困っているんですから、おかしなことですね。それから彼は「まあ、もし国民経済学の勉強をしないのなら、あなたの金銭コンプレックスをどう処理すべきなのか、わからないですね」と言いました。――そうして今では、実際にお金に関してきわめて重大な葛藤状態にあるわけです。
O　でも自分のお金を毎月もらっていらっしゃるのなら、

間に合うのではないですか？
W　それは問題はありません。
O　そのお金は女性たちとの関係で……。
W　ええ。ちょっとうまくいっていないのです。過去のことについては、こういうふうに考えています。慣れ親しんだものを否定するようなことを体験すると、ある変化が起こるのだと。しかし、記憶だけでは何の役にも立たないと思います。フロイトによれば、思い出すだけで十分だというのですが。私は、そのことを疑っています。私が思うに、ある体験を通じて方向転換が起こるのですが、それはただ心の中に表象として体験されるのではなくて、現実に体験されなければなりません。心の中だけでは十分ではないのです。
O　それは精神医学の現代的観点の一つですね。
W　例を挙げましょう。淋病の件はどうでしょう。誰かが「私は淋病にかかった」と言えば、それは彼が体験していることを意味します。その人が他人に率直に話したこと——それは何かを変えることのできる体験です。普通は女性はそういうことを言わないものですが。いずれにせよ、これは一回限りの状況であり、そうしたことが変革をもたらすのです。これは単なる例ですが、何かを思い出すというだけでは足りません。そこには体験の契機が欠けています。そのために、私は根本において精神分析を信じていないのです。
それはそうと、ガーディナーが十一月に、十一月の終わりに来るらしいです……。おや、もう、お別れを言う時間です。毎回のことですが、あなたのところから戻るのはつらいことです。これも人間的な体験なのですが。それに家に帰るとまた一人になってしまうのです。

（1）『ヴォルフマン自身によるヴォルフマン』三〇四ページ。
（2）フロイト『ある幼児神経症の病歴より』二〇六ページ。
（3）同書二〇七ページ。

W　そう、ガーディナーが来ていたんです。彼女に会って聞いたのですが、また誰かがフィッシャー出版社宛てに手紙を書いてきて、私宛てに転送されたということです。どうやら彼女も、ロシア人の女性のことで私が当時完全には納得していなかったことに気づいたようです。もちろんわかりませんが、彼女がすぐに断わったのは、とても良かったように思います。例の女性との厄介事だけなら良かったのですが……。

O　その手紙には返事を出す必要がなかったかもしれませんね。

W　それがまだ手紙は開けられていないのです。誰かがフィッシャー社宛てに書いてきて、私の住所がわからないのでガーディナーに送られてきたそうです。ちょうどガーディナーとカフェで会ったのですが、彼女はその手紙を持ってくるのを忘れて……。

O　それをアメリカに置いてきたのですか？

W　いえ、ここのホテルに忘れてきたんです。木曜日に送ってくれると言っていました。彼女に会ったのは水曜日でした。金曜日には入手できると思っていたのですが、金曜日には届きませんでした。彼女の御主人と親しい知人に電話したところ、伝言してくれるということでした。彼女はその手紙を土曜日になってから中央郵便局に出しにいったのです。で、昨日になってやっと届きました。

O　それで誰からだったのですか？

W　当ててみてください！

O　フランスにいるロシア人女性ですか？

W　いいえ。私もそのロシア人からかと思ったのですが、別の御婦人からでした。

O　どんな女性ですか？

W　前にも思ったのですが、女たちを皆集めて、全婦人組合を作るべきですね。寄付金を出してくれるに違いありません……。

O　いったい何のために？

W　ルイーゼのためにですよ。――まあ、いいでしょう。それでその手紙を昨日受け取りました。その女性は古いゲルマンの名前を持っているのですが、名前も姓も今は言わないことにします。

O　その女性をご存じなのですか？

W　いや、知りません。場所はどこかハンブルクの近くの町からだと教えてもらいました。手紙には、こう書いてありました。「あなたの御本が出版されてからかなり経ちましたので、その間にあなたが亡くなられたのではないかと心配しております。しかしながら、それでも私の手紙をお受け取りになったら、この手紙をお読みになって少しは幸福な気分になられることと存じます。」――それから彼女の父親が私と同じ年に生まれたと書いてありました。たしか四月生まれで――危険な月です、ルイーゼも四月生まれで――牡羊座ですね、たいそう不快な動物です。

　彼女の父親は、若い頃外見が私によく似ていたそうです。明らかに彼女には父親コンプレックスがあるようです。それから時代が――彼女の言葉によると、文化圏が――同じだったので、彼女たちの生活もとても似ていた、と書いてありました。これはとても興味深いことです。北ドイツと南ロシアの文化圏は、以前はどうやらとても似ていたようです。彼女が似ていたと書いているからには、本当に似ていたに違いありません。それからさらに書いてあったことをそのまま言いますと、「ナチスがウィーンを占拠していた間のあなたの悲しそうなお顔が私にはとても印象的でした。ウィーンにあなたをお訪ねできたらとても嬉しいのですが。もしそれが無理だというのでしたら、くれぐれも御挨拶申し上げたく存じます。かしこ。」

　それで、こういう時はどうすべきだと思いますか？　S先生に手紙を見せたのですが、彼は「この女性はとても興奮しているようですね」と言っていました。――筆跡が並はずれていて、この文字は何だろうと推測しなければならないほどなんです。それで、あなたならどう思いますか？　有名になるのは簡単ですが、有名であるのは大変です……。

O　そうですか？――いったいS先生は何と言っているのですか？

W　まあ、「親切な手紙を有難うございます、プライヴァシーをあかすわけにはいきませんので、訪問の件はお断わりしたいと思います」とでも書いて出せばどうかと。それで思い出したのですが、アウグストゥス皇帝*が確か「どんな人間にもその人の生涯における役割がある」と言っていました。これは実はそんなにくだらないことではありません。それに人は運命や時にはつまらないことによって、まったく果たすはずではなかったような役割を押しつけられるのです。今や私はこの小さな星の役割を背負わねばなりませんし。
O　でもこれまでで最悪の役割というわけではないでしょう。
W　しかし、いったい何のための手紙なんでしょう？　その人を来させるわけにはいきません。いったいその人をどうすればいいのでしょう？　例の女がいなければ、「ぜひ来てください」と手紙を書いて、一緒に劇場に行ったことでしょう。しかし、彼女が私にまとわりついています。
O　その人はどういうことをしているか、職業は何かとか書いていましたか？
W　見当もつきません。
O　年齢もまったく書いてないのですか？
W　それもありませんでした。写真の一枚でも送ってくれれば良かったんです。そうすれば少なくともどんな感じの人かはわかりますから。まあ、このロシア人女性について言えば、移民や「ロシア在住の」ロシア人ともいくらか違っているようですが、彼女は誰かの面倒をみたがっているようですね。それなら、何か送ってくれれば良かったのです。しかし、これではどうしたらいいかわかりませんよ。
O　もちろん問題はいろいろとあります。それが誰かわからないし。
W　誰だかわからないし、本当にどうしたがっているのかがわかりません。
O　その手紙からは何もわかりませんね。
W　本当にわからないのです。ロシア人とも違うし、移民とも違う……。推測が正しいかどうか、誰もわかりません。もしかしたら、私が本で稼いでいると思ったのでしょうか。
O　わかりませんね。
W　でもありそうですね。
O　だめですよ、そんなすぐに決めつけることはできません。
W　わかりませんよ。しかし、彼女はロシア語で書いてきていますから、本当に関心を持っているように思えるのですが。でもこの人とはどうしようもありませんね。どう思われますか？
O　その人とコンタクトをとって、気に入らなかったらまた距離を置けるのであればうまくいくのですが。でも、

＊　ローマ帝国初代皇帝オクタヴィアヌス（BC六三―AD一四）の尊称。

あなたはそういうことが下手ですから。

W　そういうことは下手なのです。よくご存じです。

O　それにあとになって彼女が病気にでもなったら、どうなるのでしょう、あなたは病人を二人も抱えてしまう。

W　たぶん彼女は病気になって、いい関係ではなくなってしまうでしょう……。

O　その彼女は、結婚しているかどうか書いてきたのですか？

W　いいえ。しかし、この「もしそれが無理だというのでしたら」という文章は、彼女が誰か他の女性のことを考えていることをほのめかしています。それでなければどうして無理なことがあるでしょうか？　彼女はいつでも来られるのですから、妨害になるのは私が結婚しているか女友達がいる場合だけです。その場合には面倒が生じるでしょう。

O　でも、女性はみな同じだから、彼女も男の人を探しているに決めつけていらっしゃるのですね。これまで話してくださったこと全体から考えて、あなたが生涯で知り合ったほとんどすべての女性がそうだった。みんな結局はあなたと関係を結びたがっていると。

W　まあ結婚といっていいかどうかわかりませんが、いずれにしても何とか関係を持ちたいということです。

O　一方、あなたがウィーンを離れたいとお望みでしたら、ドイツへいらっしゃるのも可能ではないでしょうか。

W　そのことは私も考えました。ガーディナーは、私は英語が話せないのでアメリカに来るのは問題外だと言っていましたし。いずれにせよ、この女性が本を読んでいるのなら、ある程度教養のある人に違いありません。無学な女性ならあの本を読んだりしないでしょう。

O　その本について何か書いてありましたか？

W　この本に感銘を受けたことと、ナチス時代の私がとても痛ましいということが書いてありました。なぜこんな話を書き足したのかはわかりませんが、どうやら興奮しやすい人だということは筆跡からもわかります。

O　あら、そうですか？

W　独特の自由なタッチで、とても素晴らしい変わった書体です……。しかし、私がウィーンを離れたいと思っても、それはまた大変なことです。女性に面倒をみてもらわなければならないし、それも裕福な女性でなければなりません。そう、多かれ少なかれ他の人しだいなのです。

O　あなたには御自分の年金があるではないですか。

W　住居を手放さなければならなくなるでしょう。――まったく見知らぬ環境に移るのです。それに、彼女が私を望むかどうかまったくわからないのですよ。彼女は訪ねてきて二、三日ここに泊まるつもりですが、私に自分のところに来てほしいのかどうか、それは書いてありません。ですから直接押しかけなくてはなりません。

O　今すぐ返事をなさるかどうか、あなたの決心は誰にも止められません。

W　この問題に関わりあうのは危険すぎます。彼女とどうしようというのでしょう？　私はとてもいやな状況にあって、どうすることもできないのです。何にも知らない人からもらった素敵な手紙と美しい文章が、何の役に立つのでしょう？　あのロシア人とでしたら、試してみてもいいかもしれません。移住者として、彼女はいくらか義務を感じているかもしれませんから。しかし、ドイツ人、それも北ドイツ出身のまったく見知らぬ女性とでは……。ただ一つ理解できないのは、彼女は私の年齢を知っているのに、まるで私が四十か五十歳であるかのように書いていることです。そんなふうにこの手紙は読めるのです。まあ、彼女はきっと男の人が欲しかったんです。でもこんな歳で、あなただったらどうしたいですか？

O　あなたの歳のことをおっしゃっているのですか？

W　私の歳のことです。しかし、おわかりのように、そんなことで女性は引っ込みませんね。

O　多くの女性は、父と娘の関係を期待しますね。

W　彼女もすでに私を父親と比較しています。

O　その通りです。でもそういう関係が実は正しいというわけではありません。

W　もちろんです。この関係自体は別に正しいものではありません。あなたのおっしゃる通りです。

O　それは対等の関係ではありません。

W　それでは、父親としてはどういう役割をとるべきなのですか？

O　ルイーゼに対して、あなたは一種の父親の役割も演じていますね。

W　確かにそうですね。

O　でもそれがあなたをあまり幸せにはしていないようですね。

W　おわかりのように、ある役割を演じるというのはあまり愉快なものではありません。この経験からも、すでにわかっているはずなんです。でも、女性が年老いるのも楽しいことではありません。

O　どうしてですか？　わかりませんね、それはその女性によるではありませんか。

W　それは未知のXなのです。何かを賭けるわけにはいきません。

O　彼女はあなたと同じ年に生まれたと書いていますから、それで彼女がだいたい六十歳くらいだと計算できますね。

W　ええ、六十か六十近くでしょう。

O　だいたいルイーゼと同じくらいの歳ですね。

W　ええ。もしルイーゼがいなければ、簡単に「いらっしゃい、語り合い、一緒に映画に行きましょう」という手紙を書けるのですが。でも彼女がまとわりついていますから、また文句をつけて騒ぐことでしょう……。「お手紙はありがたく思いますが」という手紙を書く以外にすることは残っていません。

O　ルイーゼと日曜日にだけ会うのでしたら、他の曜日に時間があるのではないですか。

W　いずれにしても、S先生は会うのを思いとどまるように言っています。それに、そのあとこの話がどういう結果になるのかわかりませんから。

O　でも、そういうことは前もってわかるはずがありません。

W　あなたはコーヒーは飲まないのですか？

O　アップルジュースを飲んでいます。この時間にコーヒーを飲むと、夜中に眠れなくなりますから。ところで、あなたはアーネスト・ジョーンズをご存じだったのではないですか？

W　そうだ、補聴器をつけるのを忘れていました。去年はまだ何でも聞こえたんですが、今年はかなりだめになりました。時とともに何もかもがとても面倒になっていって、とても不愉快です。でもあなたはとても大きな声で話してくれますね。

O　私は、あなたがアーネスト・ジョーンズをご存じだったのではないかと言ったのです。

W　誰ですって？

O　アーネスト・ジョーンズです。ご存じではないですか？

W　いいえ。

O　フロイトのところにいたイギリス人です。あなたについても書いていますよ。

W　何という名前ですか？

O　アーネスト・ジョーンズです……。彼はあなたと文通していると書いています。

W　ああ、それはたぶんルービンのことです。ガーディナーが一度、私のところに分析家をよこしたのですが、その彼がルービンです。

O　いいえ、ルービンのことではありません。

W　このルービンが「あなたは精神分析をいわば宗教のように捉えている」と言ったのです。
O　いいえ、その人のことではありません。
W　他の人のことは知らないのですが。どうして彼は本を書いたのですか？
O　アーネスト・ジョーンズはフロイトの伝記を書いたのです。厚い三分冊の本です。それでこの伝記の中に、あなたに関する一章があるのです。あなたのためにそれをコピーしてあります。
W　そうですか、ありがとう。
O　家へ持ってかえって、ゆっくりお読みになってみてください。それを読んでどうお感じになったか教えていただきたいのです。――その名前は一度もお聞きになっていませんか？
W　何ですって？――いや、ありません。
O　ほら、ここに……。
W　まあ、これは家で読むことにしましょう。私と知り合いだと書いてあるのですか？
O　ええ。ここにこうあります。「私は依然として彼と文通している。(1)」
W　ああ、たぶんステルバ先生のことです。彼は私と文通している医者で、クリスマスにはいつもカードを送ってくれています……。
O　いいえ、ジョーンズはもう亡くなっています。一九五八年に死んでいるので、それより前のことに違いありません。
W　その頃は精神分析家とは誰とも連絡をとっていませんでしたが。
O　とにかくこのジョーンズの本には、いろいろなことが書いてあります。例えば、あなたの回想録ではドロスネス先生はD先生となっていますが、ジョーンズはその名前を書いていますし、その名前もまったく正しいものです。
W　確かステルバという先生がいます。ウィーン市民だったのですが、そのあとでアメリカへ移住しています。十年くらい前に一度彼から招待の手紙が来ましたが、そのあとはもう連絡がありません。それぐらいが私の知っている人ですが、ではその人は？　それに彼は書いているのですか、私と……。
O　……文通していると。
W　もう一度その名前を言ってくれませんか？
O　アーネスト・ジョーンズです。
W　アーネスト・ジョーンズ……。
O　イギリス人で、第一次世界大戦の頃ウィーンのフロイトのところで学んでいました。
W　ええ、ちょっと待ってください、フロイトにはイギリス人の患者がいました。何という名前だったかはもう思い出せません。とにかく私は彼と知り合いになったことを今思い出しました。エレガントな男性で、裕福でしゃれた服装をしていました。私は彼の家を二、三度訪ねたのです。その人は何という名前でしたか？　ジョンソン――ジョンソンと言いましたか？
O　ジョーンズです。
W　ジョーンズ――いや、彼はそんな名前ではありませんでした。
O　とにかく、このジョーンズがフロイトに関する分厚い三分冊の本を書いていて、その中に何とか見つけ出した情報をすべてまとめてあるのです。そして彼はあなたとも連絡をとって、あなたにいろいろな質問をして、それらを一章にまとめたと言っているのです。
W　そうですか、これは家で読みますが、もしかしたらそれで思い出すかもしれません。――さっき私が言った、エレガントな着こなしの男性はカーレという名前でした。
O　その人は患者だったのですか？
W　わかりません。患者だったか、それとも分析の勉強をしていたか。とにかく、私は彼の家を訪問したんですが、彼の部屋はとても上品にしつらえてあったので、裕福だったに違いありません。彼とは一、二度会ったと思うのですが、そのあとのことは聞いていません。でもカーレという名前でした。
O　それは一九二〇年代のことでしたか？
W　ええ、二二年か二三年か、あるいはもっと前のことです。
O　ジョーンズのことは、もっとあとのことに違いないのです。彼は一九五〇年から一九五八年の間にあなたに何か質問をしたと思われます。
W　ああ、ちょっと待ってください、たぶん五五年でしょう。
O　ええ、それはありえます。
W　一九五五年にスイスから来た医者がいて……。
O　それで何という名前でしたか？
W　たぶんヴァインかヴァイナーかそういう名前でしたが、ジョーンズではありません。その人は何か絵を描くことを重視していて、私が幼年時代の……。
O　それはたぶんロールシャッハテストです。スイスの精神科医が考案したのです。
W　そうですか、あれは何の鍵にもなりませんね。あのテストをやったことはまったくの無駄でした。――色とかインクとかを使って何かを作ってから、それをひとまとめにして、そこから彼が何か解釈をしたのです。
O　その人はあなたのところに訪ねてきたのですか？
W　いいえ。私は休暇中で、そこへ彼がやってきたんです。そこはザルツブルクのドイツ側の国境で、そこに彼は一日か二日泊まっていました。でも彼がスイスの出身だということはE先生から聞いたんです。彼もそのあとに死んでしまったと思います。
O　ジョーンズもすでに死んでいます。
W　それで、彼は私と話をしたと言っているのですね。
O　いえ、そうは言っていません。彼はあなたと文通したと書いているのです。
W　それなら覚えているはずなんですが。もしかしたら、彼は誰か他の人と間違えているのでは。
O　それはないと思います。
W　私は思い出せません。スイスから来た彼とそのカーレはいましたが、ほかには既婚者のイギリス人女性で、確かストレイチーという人がいました。彼女か夫のほうだったかは、作家だったと思います。
O　ジェイムズ・ストレイチーでしたらフロイトの著作を出版したスタンダード・エディションの編集者です。
W　彼はどういう人だったのですか。精神分析家でしたか？
O　そうだったと思います。
W　彼の奥さんのことは覚えていますが、生粋のイギリス人女性で、たいそうゆったりとして落ち着いた、とてもきれいな人でした。しばらくの間、私は彼女にロシア語を教えていたんです。
O　それはいつのことですか？
W　二〇年代のことですが、あまり長い間ではありませんでした。あのガーディナーには数年間教えていましたが。でも彼女のことは何も記憶に残っていません。当時、彼女の最初の御主人には会ったことがありますが、そのあと離婚して、彼女はイギリス人と結婚したのです。
O　でも、彼女はブッティンガーと結婚したのです。
W　ええ。でもその前は、ずっと歳上のアメリカ人と結婚していました。それは短い間のことだったと思います。それから彼女は、歳下の音楽を勉強していたイギリス人と結婚しました。その後彼がどこへ行ってしまったのかはわかりません。私は彼にも教えていました。ところで彼の名前は何と言いましたか？　そう、あの人がガーディナーでした。ブッティンガーのほうは、あなたと同じように『労働者新聞』にいたのではないかと思いますが。
O　いえ、彼は『労働者新聞』にはいませんでした。

W　彼は社会民主主義者と衝突していて、ヒットラーに対する社会民主主義者の立場を批判していたと思います。その後彼は『オーストリアの場合』という本を執筆したのですが、その本は私も持っています。

O　ナチスがオーストリアを占拠する前は、彼は非合法的な社会主義政党の指導者でした。地下にもぐって生活しなければならなかったので、当時、ガーディナー夫人がだいぶ手助けをしていたはずです。

W　彼はあなたよりも少し若かったと思いますが、とにかく若く見えました。

O　それであなたは、ナチスと何か関係したことがおありですか？

W　フロイトの息子のことで少し。彼のことは知っていました。私は最初アングロ・ダニュービアン・ロイド社で働いていましたが、フロイトの長男のマルティンもそこにいたんです。

O　社員としてですか？

W　いえいえ、彼は弁護士で、信用《クレジット》制度に関係していました。彼が一度、「分割払いの倫理」という題の講演をしたのを覚えています（笑）。

O　へぇ、そうなんですか？

W　そう、フロイトの息子は天才とは言えなかったと思います。彼ももう亡くなったんですか？

O　マルティン・フロイトですか？　ええ、亡くなったと思います。

W　保険を扱った際に税金の問題が生じたのです。ベルクガッセにある出版社があって――フロイトが住んでいた建物ではなくて、さらにヴェーリンガー通りのほうへ二、三区画行ったところにある出版社を、フロイトの息子が管理していたのです。

O　精神分析出版ではありませんでしたか？

W　ええ、その精神分析出版でした。――ナチスがやってきた当時、私は税金関係の書類を彼のところから持ってこようと考えました。私が行ってみると、もうすべてが閑散としていました。しかし、管理人は私がフロイトのところへ来たのを見て、ナチスに電話したのです。

O　そのことは何もご存じなかったのですか？

W　ええ、何も知りませんでした。――彼が書類を渡してくれたので、帰ろうとすると、突然、前庭に武装した男たちが五十人ほどいるのが見えました。彼らはすぐさま私を逮捕すると、またフロイトのところへ連れ戻りました。そこに座らされ、私が逃げ出さないかと一人のナチスがじっと見張っていました。何やら志願兵のような連中でした……。

O　それはいったい何年のことでしたか？
W　そうですね、ヒットラーがやってきた一九三八年のことです。
O　テレーゼが亡くなる前のことですか？
W　ええ、それよりも前のことです。――さて、フロイトは、息子のほうのフロイトですが、彼は非のうちどころのない態度で、不安げなようすはいっさい見せませんでした。ただ、すぐにドクトル某という上司が来るからと言っただけです。どんな役職だったのか私にはわかりません。どうやら彼はその人たちをもう知っていたようでした。その人が来たら、税金の書類をちょっと見せれば良いと。三十分もするとすぐにナチスの役員が来たので、その人に書類を見せました。――「これは税金のことなのです。P博士が私のところへ書類を取りに来たんです」とマルティン・フロイトが言うと、そのあと彼らは私を解放してくれました。
O　その後は何もなかったのですか？
W　ええ。――ですから、私も一度、連中に逮捕されているのです。
O　それでフロイトのところへ来た人は、みんな逮捕されたのですか？
W　ええ、そう思います。私が行った時には誰もいなかったのに、急に五十人もの人たちが出てきて、それも武装していたのですから。
O　それはフロイトのせいなんですか？
W　ええ、フロイトのせいです。連中は精神分析に反対していましたから。連中が何を考えていたのかは私の知ったことではありません。でも、状況は良くなかったのに、息子のフロイトはとても勇敢でした。彼がまったく気にしていないのが不思議に思われました。それに例の役人、つまり連中の上司もまったく誠実な態度でした。私はそのあと家へ帰りました。
O　彼らはあなたが昔の患者だったのを知っていたのですか？
W　いいえ、そのことも質問されませんでした。ただ本当に税金の書類であるかどうか見ただけです。父親のフロイトには関係ないことでした。
O　あなたはマルティン・フロイトと親密に接触なさっていたのですか、それとも単に仕事上の関係だったのですか？
W　クレジット係というのがあって、彼もどういうわけかアングロ・ダニュービアン・ロイド社で働いていたのです。そのほかには彼のことはよく知りません。
O　あなたもナチスに反対していましたね？

W　そうですね、当時の私は無国籍でした。入隊する必要がなかったので好都合でしたが。一度、誰かが私のところへやってきて、喋り散らしていったことがありました。

O　ナチスでしたか？

W　まあ、ある男の人です。私が彼に父の写真を見せると、彼は「率直に言うと、私はあなたがユダヤ人の血統かどうか調べるように頼まれたのです。しかしお父さんは写真ではツァーのように見えますね」と言って、また出ていきました。一度など召喚状が届いて、警察へ行かねばなりませんでした。そこには他の移民たちもいたのですが、一人の警官が、そもそも君たちと話をするのは特別に信用しているからなのだ、という挨拶をしました。それから彼は通訳として志願するべきだと言いました。

O　進んで、ということですか？

W　通訳として尽力することに同意する、という書類に署名しなければならなかったのです。——そこには十人ほどのロシア人がいたでしょうか、彼らはぬらりくらりと言い訳をして、窮地を脱しようとしていました。しかし、署名をしなくても済んだのはたったの一人だけでした。他の人はみんな、私も署名しなければなりませんでした。その一人は、自分が入隊してしまうと今の仕事がだめになってしまい、それはドイツ帝国にとっては大損害であると言っていました。まあ、その人は署名しなくても済んだんですが、あとのみんなは署名したのです。

しばらくは何も起こりませんでしたが、急に通訳として任命するという召喚状が届きました。ロシア人にとって通訳というものがどういうものかおわかりでしょう？裏切り者ではないですか。——それで、その時私は、高齢で病気だとか何とか文句を言いはじめました。係の人は、「まあ、では消しておきましょう。もっと若い人に来てもらいましょう」と言っていました。——私はうまく乗り越えてまた家へ帰ってくることができましたが、それ自体はとても危険なことでした。

O　それではそのあとにロシアに行かされたかもしれなかったんですね？

W　入隊させられ、ロシアに対する裏切り者として銃殺されなければならなかったことでしょう。それはとても危険なことでした。しかし、私の場合はうまくこの件全体を追い払うことができたのです。その後はそのことについて何も耳にしませんでした。彼らは強制することもできたでしょう。しかし、私はちょうどまともな人たちに行き当たったのです。

O　あなたには運がおありでしたね。

W　運があったので、名前を消してもらえたのです。

O　それではあなたは生涯で一度は運が良かったのですね。というのは、あなたはよく自分はいつも運が悪かったと言っていらっしゃいますから。

W　まあ、そうですね、確かに時々は運が良かったのです。私がこれまで経験した最悪のことというのは、ルイーゼに関する話ですが、あの女のせいで私は破滅したのです。これからどうなるのかわかりません。

O　それから、あなたは本来何の職業教育も受けていらっしゃらないのに、保険業に三十年間携わってこられましたね。そこまでおやりになれたことをどう説明なさいますか？

W　まさに頑張ってきたからです。

O　ちょっとこれは月並みな言い方ですが、ロシア人の移民はタクシーの運転手として働くとか、ナイトクラブで働くというほうが多いでしょう。それでもあなたはそういう庶民的な仕事にはおつきにならなかった。保険外交員として頑張ってきたというのは不思議に思えるのですが。

W　まあ、やはり運が良かったのです。私の本に書いたことですが、ある学生を通じて、ここでは保険会社の神と言われたエーレンツヴァイクのところへ行ったんです。その人が訴訟は起こすべきではないと言えば訴訟は起こされないので、彼はいつも最後の審判でした。そして、この人の妹さんを通じて保険会社に行ったのです。本当は私は保険会社には全然行きたくなかったのです。いつもとても性に合わないと思っていました。

それもひょっとしたらつまらないことだったかもしれませんが、むしろ銀行に勤めたいと思っていました。お金を数えるようすを見ていると、自分にはけっしてマスターできないだろうと思います。彼らはそのまま芸術家ではありませんか。それで、どうしても銀行で働きたかったのです。そこなら投機をして、また裕福になれると思っていました。ええ、ですが保険会社というのは銀行とは何の関係もありません。で、その後シュレンジンガー総支配人から一通の手紙を受け取りました。彼はエレメンタル・フェニックスの総代理人ですごい人だったので、私は出かけました……。

まあ銀行なら違っていたでしょうが、私には全然合っていない保険会社だったので失望しました。私には保険は官僚主義的でつまらない仕事に思えたのです。何も経験することがありませんが、銀行なら相場や株があります……。そういうわけで、出かけていったら職が手に入ったのです。出勤しても、私に何をさせたらいいのか、誰も知らないようでした。ひと冬の間、そこに腰掛けながら何もすることがなかったんです。そうですね、もしかしたら私には、銀行のほうがもっとふさわしくなかったかもしれません。

O　なるほど。でも、あなたがそんなにも長い間やりぬいたことが不思議に思えるのですが。毎日、規則的な勤務時間です。これはフロイトの影響だとお思いになりませんか？　家にいてはこういうことはないですから。

W　しかしギムナジウムに行っていましたよ。あそこでも我慢しなければならなかったので、それが残っていたのです。家だけで教育を受けて学校に行かなかったとしたら、もしかしたらうまくいかなかったかもしれません。毎日、学校に行くのは、もちろん特に楽しいことではありませんでしたが……。

O　では、むしろあなたの教育と関係していると思うと？

W　そう思います。私は言葉を学ばねばなりませんでした。最初は家庭教師がいたんですが、それからギムナジウムに行ったのです。これもある種の訓練です。まあ、それで私はどうすれば良かったのでしょう？　テレーゼが生きていた間はそれでも何らかの基盤があったのですが、今では……。

ロシア人たちが私を逮捕した時のことを覚えています……。本当は逮捕されていないのですが……。逮捕ではなくて、拘留だと言われました。それで拘留されていたわけですが、私の父が白ロシアに農場を持っている話をしました。「その土地はとても痩せていて、砂とローム層だけでした」と言うと、すぐに彼らは、「どうしてだ、とても素晴らしい土地ではないか」と言って口論が始まったんです……。

ロシア人にとって特別な問題もありました。私は絵を描いていたのですが、どうやったらロシア人地区に入れたでしょう？　彼ら自身は「われわれに尋ねてくれれば、絵を描く許可を出しただろう。でも、尋ねてこなかったのは失敗だった」と言っていました。――何を尋ねれば良かったのでしょう？　私はその家を描いていたのではなくて、風景を描いていたのです。それにそれは家とは呼べないような、爆弾で壊されたいくつかの壁だったのです。そもそもそこには誰もいなかったのです。それがこの壁のさらに先のほうのどこかに彼らがいたというわけです。でもそんなことは知りませんでした……。ロシア人にとっては、私が逃げてきたのではなく、合法的に移民してきたことが重要でした。当時はオデッサにフランス人がいましたし。

私が逮捕された状況では、誰も私がロシア人とは知りませんでした。しかし、彼らはごくまともだったと言っておかねばなりません。兵士たちは「誰であろうと同じさ、俺たちは誰にだって食べ物を運んでやるさ。なぜそいつが逮捕されたのかはどうでもいいことだ」と言っていました。――彼らにはそんなに政治的な考えはありませんでした。その前に一度だけ危ない状況になったことがありました。まったく軽率にも私はロシア人と話をするようになっていて、私が住んでいる家の戸口で彼らはいつも私の名前を呼ぶのです。一度、家に帰って中へ入っていくと、二人のロシア人に出くわしました。それで私はロシア語で「何か御用ですか?」と言うと、一人が私のことをじっと見て「反革命だ!」と言ったのです。――彼はすぐにも私を撃ち殺すこともできたでしょう。彼にはそんなことは何でもないことです。その瞬間に誰かが外から「来てください、早く! 早く来てください!」と叫んだのです。――すると彼はそちらを見て走り去りました。

O　それはどこだったのですか?　家の門ですか?

W　ええ、家の門のそばです。

O　あなたの家の?　でも、あそこはロシア人地区ではないではありませんか。

W　あれは戦争が終わってすぐの時だったので、まだアメリカ人が来ていなかったのです。

O　ああ、そうですか。ロシア人が最初にいたのですね。

W　その後、彼らが一度来たと母が言っていましたが、彼らは私のことを尋ねていたそうです。家の管理人は私が事務所にいると告げました。そのあとで、アメリカ人はロシア人があらゆる地区でかぎまわっているのに憤慨している、と書いてあるのを読みました。でも、それはほんの最初の時だけで、あとはもうそういうことは起こりませんでした。

O　ロシア人があなたの地区をかぎまわっていることに対して、アメリカ人が憤慨したのですね。

W　最初の頃、連中はあちこちかぎまわっていましたよ。また別の体験を思い出しましたが、家へ帰ってくると一人の士官がいて、しかめっつらをして罵るのです……。ところでドイツ人をフリッツェと言うように、ロシア人はイワンと言われるのですが、彼は「ドイツ野郎《フリッツェ》め、ロシア人の士官には住まいを貸したがらないなんて。周りに人間が大勢いて、羊の群れのように立っていやがるんだぞ」と言って罵ります。そこで私はすぐに「あなたは何が欲しいのですか。家ですか?」と言うと、彼は「ここではなくて隣だ。一緒に来てくれ」と言うので、一緒に行くと、ある家の中に入っていきました。すぐに空き部屋が見つかって、彼は安心したようでした。他のロシア人が二、三人やってきて、その士官は私にワインを一瓶持ってくるように言いました。
私は出ていって、ワインを持ってきました。私が戻ると、下士官が「それは危険だ。毒かもしれないぞ」と言うので、私は「それなら毒ではないことを見せてあげましょう」と言ってワインをつぎ、飲んでみせました。——それで彼は毒でないことがわかったようで、前より落ち着くと、「ちょっとわれわれは食事に行くが、あんたも一緒に行かないか?」と言うので、「ええ、喜んで」と答えました。——それで彼らと一緒に食事をしました。食事のあとに彼はワインをもう二、三本欲しがりましたが、栓が開いているのはだめだと言いました。「どこからそんなワインを持ってこられると思うのですか? まあいいでしょう、そういうワインを手に入れてきましょう」と言うと、彼は「毒でも入っているんじゃないかと心配なのはわかるだろう。明日、来る時に栓の開いていないワインを持ってきてくれ」と釈明しました。——もちろん、私は探しもしませんでした。当時、いったいどこでそんなワイン瓶が見つかったのでしょう? そのあと一度そこへ行ってみましたが、彼らはもう出ていったあとでした。またしても運が良かったのです。でもロシア人と話をして通訳をするなど実に軽率でした。それでも私には何も起こりませんでした。でも、当時は、例えばロシア出身でドイツ人の名前をした医者がしばらくいたんですが、彼が話してくれたところでは、彼の息子がいつもロシア人と話をしていたそうで、みんなが警告していたのですが、結局は連れていかれてしまったそうです。——あの頃は起こりうることは何でも経験したのに、今やあんな馬鹿な女のことで難題に直面していて、どうしたら良いのかわからない始末です。実に……。

O 馬鹿げていますね。

W 馬鹿げています。——それにちょうど彼女には健康保険料として五万シリングもあげたのです。もうこれだけでたいした額です。五万シリングとは……。それで、もう何もかもが悲惨です。でも自殺したらどうなるでしょう?——自殺したらいいのでしょうか?

O それは間尺に合いませんよ。

W 時々、あらゆることを考えてみて、それが唯一の出口だと思えることがあるのです。

O それならアメリカへ行くのも同じでしょう。

W 面倒が少ないのです。

O 私は自殺はとても面倒だと思いますね。どうやって自殺したいのですか？
W　ガスがあるではないですか。
O　ああ、ガスですか。今は一九三八年とは違います。今では実際にはガスで自殺することはできません。つまりガスの毒が抜かれているのです。
W　毒が抜かれている？
O　以前はガス自殺はたいへん流行ったのですが、今ではほとんどありません。
W　話してくださって良かったですよ。——それに青酸カリも手に入りませんしね。私たちは素敵な話をしていますね。
O　ガス自殺なんてまったく無意味ですよ。
W　事態はますますひどくなっているんですが。——もっと楽しい話題に移りましょう。私は自分のお墓の番号をもらってきました。この墓は教会を出て大きな並木道を行くその最初のところにあります……。ところで、ガスのことを教えてくれてありがとう。
O　いったい、ガス自殺を真面目に考えていらっしゃったのですか？
W　ええ、でも今ではそれはまったく問題になりません。誰かがガスで自殺したという記事が新聞に載ることはもうありません。またしても好都合な出口を見つける期待が小さくなりました。
O　どうして自殺なさりたいのですか？　あなたは健康だし、どこも悪いところがないのですよ。本当に理由がわかりません。
W　まあ、そのことについてはまだ話があります。あのルイーゼが……。
O　いったいどうして彼女にお金をあげるのですか？
W　彼女は何も持っていないのです。飢え死にさせるべきだとおっしゃるんですか？
O　ええ。でもそんなに大金を？
W　まあ、私はあの本でいくらか収入があります。失敗して彼女にたくさんお金をあげすぎてしまって、今では彼女もそれに慣れてしまったのです。——ええ、それに結婚のことも……。でも、誰が結婚しても、彼女とは何も話すことができませんよ。彼女はすぐに非難の一覧表を携えて突っかかってくるのです。三十年前はこんな少しかくれなかったとか、私を飢え死にさせる気だとか、私を利用したとか。——それを全部聞いてあげなくてはなりません。E先生は、あなたの精神分析の知識を使ってみてはどうでしょうなどと書いてよこして、また私を非難します。ここでも私は悪者です……。
　さて、何をお話しすべきかわからなくなりました。いろいろな話題がありますが、例えば私の回想録を出版してくれたガーディナーのことがあります。彼女自身もその本の中に「ヴォルフマンとの遭遇」という題でたくさんのことを書いています。でも、実際は彼女がそこで書いていることはほとんどたいしたことはないのです。私がリューマチを患っていると書いていますが、私はリューマチにかかった記憶がないのです。頭痛には悩みました。偏頭痛です。あとになって完全に消えてしまいましたが、以前はとてもひどかったんです。時には会社を休んで、横になっていなければならないこともありました。

——彼女は本当に些細なことばかり書いていると思いませんか？

O　編集者として何か書かなくてはならなかったのです。

W　まあ、彼女はあまりたくさんのことは知りませんでしたし。以前、彼女にロシア語を教えていた頃は、彼女も私の人生においてある役割を果たしていたのですが、もうそういうことはありません。一度、たぶんクリスマスの前だったと思うのですが、彼女がやってきたことがありました。ベルを鳴らして、私にタバコを持ってきてくれました。どういうつもりだったのかはわかりません。とにかく、ベルが鳴って、「あなたの奥さまと知り合いになりたいのですが」と彼女が言いました。——ええ、でもテレーゼもまた変わった人間でした。テレーゼが彼女に嫉妬したかどうかは知りません。いずれにせよテレーゼは「出ていかないから、病気だと言って」と言いました。さて、他にどうすることがあったでしょうか？私はとてもつらかったのですが、彼女には「すみませんが、家内は病気なのでお会いすることはできません」と言わねばなりませんでした。——彼女が個人的にやってきたのはその一度だけでした。

でも、その他にガーディナーは、ある種の役割を果たしてくれて、家内が自殺したあとに街でばったり出会ったことがありました。その時に彼女は私のとても助けになってくれたんです。そのあとでパリとロンドンに旅行した時、私はあの状況を乗り越えることができました。でも、今またそういう状況になってしまいましたがね。あなたがインタビューを申し込んできたとガーディナーに手紙を書いたら、彼女は「そんなことはすべきではない」という電報をよこしました。それであなたにはこういう提案をしたのです。私が死んだら発表してもかまいません。それももうすぐです。でも私が生きている間は発表してはいけません。私はガーディナーと衝突したくないのです。——それから、ガーディナーはあの「遭遇」の中で、彼女は精神分析家の役割を押しつけられたくはなかったと書いています……。

O　助言者です。彼女は「私はあらゆる洞察力を振り絞って、自分が助言者の役割を押しつけられないようにしなければばならなかった」(2)と書いています。

W　ええ、でもそれは難しいことです。一方では私のことを書きたいと思いながら、もう一方では押しつけられたくないと思っているんですから。そのために、彼女は私のことを本当は全然知らないのです。彼女がウィーンに来たのもほんの二、三回ですし、彼女と過ごした数時間の間にいったい何を話せたというのでしょう。それに、家内の死後の私の生活は、あの本には出てこないのです。そこでこういう質問をしたいのですが、あなたは家内の死後がどういうものだったか、もっと詳しく話してほしいと思っていますか?

O　ええ、もちろんです。

W　おわかりでしょうが、家内の死後のことはそれはそれでまた長い話になります。家内は一九三八年に死にました。三八、四八、五八、六八ともう三十年以上たったのです。でもその頃のことは何も書かれていません。

O　少ししか。

W　ガーディナーが書いたこと以外は。でも、ほとんど何も書かれていないようなものです。

O　ええ、ちょっと表面的です。

W　まあおわかりでしょうが、この家内の死によって私の人生は軌道からはずれてしまったのです。その時に愚かなことをして、あの女友達ととても不快な状況に陥ってしまいました。この話はできるだけ短くお話ししたいのですが、あなたがこのことを書きたいと思うかどうかはわかりません。ガーディナーが私に回想録を書くように励ましたことが良いことだったかどうか、そもそもわからないのです。

O　なぜですか?

W　まあ、フロイトはそういうことをしてはいけないと言っていましたから。

O　回想録を綴ることをですか?　それは理解できませんね。

W　あるドイツの新聞に批判が載っていたんですが、フロイトが幼年時代の話ばかり書いているのは、一生の話を書くのは不可能だからだし、社会的にも……。

O　それは言えますね。——結構です。でも今はまったく違う状況ですよね。フロイトは医者の守秘義務があってそういうことはできませんでしたが、あなた自身は守秘義務に縛られているわけではないので、まったく別な話なんです。

W　でも彼は反対でした。
O　でもそれは医者としてです。
W　彼が六十歳になった時だったと思いますが、記念式典があって、私も彼について何か書こうと思ったのです。当時、そのことをマックに言うと、彼女は「先生はあなたが先生について何か書くことに反対です」と言ったんですよ。彼は反対していたのです。
O　でもあなたにとっては同じことでしょう。あなたが何か書きたいとお考えになっても、それは個人的なことではないですか。
W　ガーディナーは、どうやらそのように理解していたようです。
O　精神分析家たちはフロイトの六十歳の誕生日に、好きなことを自由に書いたと思いますが。
W　私の回想録のフロイトについての章は、まだフロイトが生きていた頃に書いたものです。私は発表したかったのですが、マックが「先生は反対している」と言ったのです。
O　フロイトはそもそも、誰かが彼の人柄について書くことにはいつも反対でした。でもそれは彼の問題です。あなたに回想録を書く気があるなら、フロイトにはあなたの邪魔だてなどできないのです。
W　まあ、マックが彼が反対していると言ったので、当時は発表しませんでした。そのあとでそれをガーディナーに渡したのです。すると彼女は、アンナ・フロイトが読んで、私が書いたものの中で一番良かったと言っていた、と手紙に書いてきました。
O　その意見には賛成できませんね。
W　何ですって？
O　私はあなたがお書きになったものでその章が一番良かったとは思えないのです。あなたの幼年時代の回想のほうがずっと気に入っています。
W　私もそちらのほうが重要だと思っています。
O　幼年時代のお話のほうがずっと生き生きとしています。フロイトについての文章は、何だか個性が感じられません。
W　まあ、私は客観的なものを書こうとしていましたから。
O　それが間違いのようですね。
W　(笑)ああ、そうですか？
O　私の考えでは、そういったことを書く時は主観的なほうがいいのです。
W　回想録の他の部分を書いている時には、客観的ではなかったのですが。——でも、それもまた奇妙なことですね。私はこれらの回想をたいそう重要視しています。書くことは気晴らしにもなりました。それが今、何のためにこれを書いたのだ、どうやってあのルイーゼとの関係を終わらせるかを考えたほうがましだ、と思えるのです。

O　でも、それは楽しかったのでしょう。

W　ええ、書いていた当時は。

O　それに一冊の本を発表したこと、それをあなたがお書きになったということは、何かを与えてくれたはずです。

W　まあ、ちょっとした自尊心でしょうか。

O　悪いことではないでしょう。

W　ええ、悪いことではありませんが、良いことでもありません。

O　なぜ良くないのですか？

W　なんとなく消え去ってしまうので。最初は満足していたんですが、時がたつにつれて、あれはみんな何のためだったのかと疑問に思うのです。まあ、いいでしょう。今はあなたには私について書くという課題があるのですから。あなたに写真を少し持ってきました。どうやらあなたはいくらか書いているようですから。

O　そのようです。

W　そうでなかったら写真を持ってきたりしませんでしたよ……。

（1）アーネスト・ジョーンズ『フロイトの生涯』（ドイツ語版、一九六〇年、ハンス・フーバー社刊）第二巻二二五ページ。

（2）『ヴォルフマン自身によるヴォルフマン』四〇五ページ。

「私、この最も有名な症例」

W　私には次々と問題が起こるのですね。例えば、私の歯です。新しい義歯を作ってもらっても全然意味がありません。とても長い歯が二、三本あって、それがむずむずして耐えられないのです。この歯を短くするか、すっかり抜いてしまうかのどちらかしかないでしょう。
O　それは本物の歯なのですか？
W　ええ。下には本物の歯が二、三本ありますが、ものすごく長いのです。知人がある歯科療法士の住所を教えてくれました。歯科療法士のほうが歯科医よりも良い経験をしたことがあります。ある女性の歯科療法士のところへ行っていたんですが、今度は断わられてしまいました。最初は非常にうまくやってくれたのですが、二度目には追加の義歯を作ってくれただけで、これがうまく合わなかったんです。今では、ある時はこの歯、それからまたあの歯と、絶えず義歯を替えているのですが、どれもぴったり合いません。それで、今ちょうどつけているものが何とか我慢できるのですが、これももう十五年たってしまいました。——そうだ、すっかり忘れていましたが、ジョーンズのコピーを返しにきました。
O　あれはお持ちになっていてください、私は要りませんから。
W　私も要りません。コートに突っ込んでありますから取ってください。
O　お読みになりましたか？
W　いやはや、あれはまったくでたらめですね。S先生に見せたのですが、彼はジョーンズはフロイトの伝記を書いた人で、その中にはたくさんの間違いがあると言っていました。私に関するところだけが間違っているのではなくて、他のところもそうなんです。どういう人なのか訳がわかりません。
O　あなたは彼のことはご存じないのですか？
W　ジョーンズですか、いいえ、知りません。
O　でもそれなら、どうして彼はあなたと文通していたなどと書いているのでしょう？　その文章を読みましたか？
W　ええ、そこは読みました。私は一度も彼と文通したことはありません。
O　変ですね。
W　ルービンには手紙を書いたと思うのですが、その他にはE先生以外に精神分析家と文通したことはありません……。ああ、そうだ、確かステルバというウィーンの人がいました。ユダヤ人ではなかったのですが、アメリカに移住した人です。ステルバとなら会ったことがあります。毎年、クリスマスに小さな写真を送ってくれて、それがいつも何か教会に関係した写真なんです。一度ウィーンに来たことがありますが、その後はもう旅行に出ませんでしたね。
O　あなたはジョーンズが書いていることを全然読んでいないのですか？
W　まあ、ざっと目を通したところ、間違っているのがわかったのです。例えば、私の父の死んだ年です。私の父が弁護士だったなんてどうして書けるのでしょう？　私の父は名誉判事だったのです。それに私が何か出版したと書いていますが、当時はまったく出版したことなどありません。まるっきり違っています。
O　あなたは保険の雑誌に論文を発表しましたね。
W　ああ、そうです。
O　もしかしたらそのことを言っているのでしょうか。
W　あなたはあれを読んだのですか？
O　いいえ。あなたが前に話してくださいました。
W　ああ、そうでしたね。でも、彼は私と文通していると書いています。彼とは一度も文通したことがないのに。
O　奇妙ですね。
W　S先生は彼がフロイトについても間違ったことを書いていると言っていました。
O　それはありえるかもしれません。
W　どうしたら伝記を書いていてそんなに想像をたくましくすることができるのでしょうか？　私には理解できません。
O　あれは三分冊の分厚い本です。
W　間違ったことを書く必要があったのでしょうか。
O　もちろん膨大な量の資料を編集しなければならなかったのです。
W　そう、たぶん彼は何か思い違いをしたのですね。
O　もしかしたらガーディナーが、彼にあなたのことを話したのかもしれません。
W　わかりません。彼が誰かから何か聞いていたのか。それからドロスネスですが、ドロスネスという名前はフロイトの本にも出てくると思うのですが。
O　いいえ。――ああ、こういう注釈はとても独特なんですよ。でもあなたが読んでいないのなら、ちょっと難しいでしょう……。

W　ええ、まあ、私には荷が勝ちすぎます。

O　それで、ここに「六歳の時から彼は強迫的に神に対して冒瀆的な言葉を吐くということに悩まされていた。そしてそのような強迫症のもと、彼は最初の診察時間に、フロイトと肛門性交してそのあとで彼の頭の上に排便するのはどうかと申し入れたのである！」[1] とあります。

W　何ですって？　彼の頭に？　わかりません。最後の文章はどういう意味なのですか？

O　ええ、変ですね。「そしてそのような強迫症のもと、彼は最初の診察時間に、フロイトと肛門性交してそのあとで彼の頭の上に排便するのはどうかと申し入れたのである！」

W　理解できません。何を言っているのでしょう？　彼の頭？　頭がどうかしたのですか？

O　ドイツ語ではおおよそこんな意味ですが、彼と後ろから性交し、それから彼の頭の上に糞をするのはどうかと。

W　いえ、たぶんそれはちょっと違うと思います。こういう長椅子の上に横になっている時に、フロイトが何か特に面白いことや奇妙なことを言ったので、ぐるっと振り向いたのです。するとフロイトは「あなたが振り向くのは、自分がきれいな青い目をしていることを見せたいからですね」と言いました。――そうフロイトは私に言ったのです。もちろん私は、彼が私のことをうぬぼれだとか何とか思わないように、もうそういうことはしませんでした。無意識のうちに私がそうしている、と彼は言ったのです。しかし、振り向いたのはその一回だけでした。それにそういう状況についてフロイトは説明してくれました。彼が頭のほうへ座って足のほうへは座らないのは、彼を誘惑しようとした女性の患者さんがいて、スカートのすそを持ち上げたことがあったからだそうです。そのことはまだ覚えています。それから彼は頭のほうへ座るようになったと言っていました……。

O　ジョーンズの単なる創作だと思うのですか？

W　おそらくフロイトが何か書いたのでしょう……。

O　ジョーンズは「フロイトが」フェレンツィ*に宛てた手紙を引用しています。

W　私はフロイトがそれについて何を書いていたか覚えていませんが、振り向くことは些細なことではありませんか？――しかし、ジョーンズが書いていることを読むと、わかりませんけれど、彼はかなり頭がおかしかったように思えます。

O　とにかくあなたは何も知らないと。
W　ええ、何も知りません。彼は何と言っているのですか？　性交がどうしたと？
O　後ろから性交すると……。
W　同性愛ですか？
O　ええ、同性愛のことだと思います。
W　おやまあ、何と馬鹿げたことを！　そういうことを書くのは、わかりませんが、まともな人とは言えませんね。そういう馬鹿げたことを書くとは。そのことは説明してもらいました。彼が反対側に座るのは、ある女の患者さんの足元に座っていた時に、その人が足で何やら体操を始めて彼を誘惑しようとしたからだとかそういうことなのです。そう彼は私に言いました。それなのに、これは？　後ろから性交するとはいったいどういうことでしょう？　まったくのナンセンスです。まあ、彼はまともな頭ではなかったに違いありません。そんな話はどこにもないのに、どうして弁護士だなんて書けるのですか？　どうしたらそういう考えを持てるのでしょうか？
O　それは私も不思議に思います。
W　S先生も、この人はたくさん間違ったことを書いていると言っていました。——まあ、私には説明できませんが。
O　私があなたにこの文章を渡したのは、あなたがこれについて何と言うか関心があったからなのですが、でもあなたは驚いているのですね。
W　妄想ですね……。人は空想するものですが、この人が書いたようなまねは私にはできませんね。
O　マックはどうですか。ジョーンズは他にマックのことも書いています。
W　ええ。話の聞こえが良くなるように。
O　実に面白そうですよ。
W　それだけフロイトの成果が大きかったということです。——ところで、E先生の間違いというのは、老人にも精神分析ができると考えたことです。老人には無論、精神分析は無理です。そのことはフロイト自身が言っているのです。彼はある老女の症例を話してくれたことがあります。よく知りませんが、七十歳かもっと上だったでしょうか。それで彼は「どうしたいのですか？　あまり高齢の方には精神分析はできないのですが」と言いま

＊　ハンガリー生まれの精神分析家（一八七三—一九三三）。フロイトに師事し、ランクやライヒとともにフロイトの「恐るべき子供たち」と呼ばれた。生涯、フロイトと親交を保った。

した。その老女は通りを歩いていて車に轢かれないかと心配なので、通りに出るのを拒否していたんです。まあ、それでフロイトは、彼女を少しばかり安心させてあげたと言っていました。――それに、ある年齢になると転移する能力もなくなって、明らかに精神分析がうまくいかなくなることも認めていました。

O　それでE先生はそうは思わなかったのですか？

W　そうは思っていなかったようです。さまざまなことに対していつも分析的説明をしようとしていましたからね。しかし、私が彼よりも二まわりも年上であったら、どうして転移が起こるのでしょう？

O　彼はいったいいくつなのですか？

W　まあ知りませんけれど、五十代の終わりか、もしかしたらそれより少し上でしょう。そんなに高齢ではないと思います。

O　それでS先生は？

W　あなたも彼のことは知っていますね。いくつだと思いますか？

O　そう、七十歳くらいでは？

W　いえ、私はそうは思いませんが。

O　六十歳くらいでしょうか。

W　ええ、そのくらいです。――一度、フロイトのところで治療を受けると、他の人のところで精神分析を受けるのは、もちろんとても難しくなります。

O　その人たちはあまり良くないのですか？

W　ええ。それに私は……。私がフロイトのところへ行っていたのは何歳の時でしたか？　一九一〇年のことで、私は八七年生まれだから……。

O　二十三歳のことです。

W　ええ、二十三ですね。実にちょうどよい年齢でした。

O　S先生はあなたが自分に転移したと思っているのですか？

W　そのことについてあれから話をしたことはありません。

O　彼とはどのくらい前に知り合ったのですか？

W　ええと、もう何年も前です。

O　ではどうやって彼のところへいらっしゃることになったのですか？

W　まあ、E先生を通じてです。――E先生が私をS先生のところへ連れていった時、最初、S先生は断わったのです。時間がないとか言って、私にヴィンターシュタインという人の住所を教えてくれました。その先生のところには二、三度行って、例の彼女にひどい目に会っている話をしました。彼はいみじくも言ったのですが、

「そういう女性の話は聞いたことがありませんね。いったい誰がそんな女性を知っているでしょう？　知ってるのは、そんな女性の言いなりになっている人だけですね、普通はそういう人たちと知り合いになることはないですよ。」そう彼は言いました。

O　そのヴィンターシュタインがですか？

W　でも、S先生とE先生は、二人とも私が彼女と折り合いをつけることはできると考えています。それが間違いなんです。

O　では、なぜそれ以上このヴィンターシュタインのところへお通いにならなかったのですか？

W　ただ一時的なものだったのです。それから、S先生のところへ行ったほうがいいと言われました。でもこのヴィンターシュタインは自分でも言っていたように、私たちがああいう連中のことを知らないのだということを理解していました。それに、あなたもああいう連中とうまく折り合いをつけることができないことを、わかってくれています。ただ論拠が認められていないだけなんです……。

O　今でもまだ長椅子に横におなりになるのですか？

W　いいえ。

O　でも、E先生が正統派なら、あなたに横になるように要求するに違いないと思うのですが。

W　まあ、横になるかどうかはそんなに本質的なことではありません。

O　でもそのほうが集中できますよ。

W　まあ、そうですね。しかし、結局最後にはE先生も利口になることでしょう……。いやだめだ、彼は頭を使わない、頑固な正統派の分析家です。そういう人たちは、二、三の概念によってすべてを解消できると思っています。しかし物事のつながりはひどく複雑なのです。実際にはすべてが破局のように思えるのです。私はフロイトのところへ行く前と同じような状態だし、フロイトはもうこの世にいないのです。

O　今ならフロイトがあなたのことを助けてくれるとお思いですか？

W　いいえ、そうは思いません。

O　S先生はあなたに夢について話すように言いましたか？

W　彼はあまり時間がないのです。しかし、E先生が来た時に夢のことを話しても、彼はいつもと同じように解釈するでしょう。精神分析家が神だとしたら、精神分析も捨てたものではないでしょう。しかし彼らも単なる人間であって、何かの影響を受けているのです。S先生がなぜいつも「大丈夫、うまくいきますよ」といってルイーゼとのことを応援してきたか、わかりますか。——彼自身、若い奥さんがいて、どうやらこの「高齢の夫と若い妻」の問題は、彼には好感が持てないものだったのです。

O　彼の奥さんをご存じなんですか？

W　前に先生のところへ行った時にある女性に会って、娘さんだと思ったんですが、奥さんだったのです。彼はもうかなり高齢です。だからこれは彼にとっても問題であるわけです。ですから、同じようなことが他人にも見られる時に、いくぶん楽観的な考え方をして、危険を見過ごしてしまいがちなのです。精神分析家といえども囚われているのですね。

それに、そもそも、いつも精神分析家に聞いてみようなどと思っている人間が間違っているのです。こういう見解はフロイトでさえ持っていなかったんですが、そのことでは彼を弁護しなくてはなりません。彼は「精神分析がいったん終了したら、あとは自分で決断しなくてはいけない」と言っていたのです。しかし、そこで彼らは何をしたのか。彼はアメリカから来て、私と話をして、私をS先生のところへ行かせたりしました。こうしたことすべてが間違っています。——一言で言えば、もう精神分析にできることはあまり残っていません。でもE先生は、今でもフロイトが言ったことをすべて信じているのです。

O　では彼はまったく進歩していないのですか？

W　全然、進歩していません。S先生はもっと批判的です。三人の医者にかかっていてみんなが違うことを言っていたら、どんなことになるかおわかりでしょう。

O　どうしてですか、二人にしか診てもらっていないでしょう。

W　E先生とS先生と、それにガーディナーも一部関係しています。私について何も書いていませんけれど。それに、さらにあなたが四人めに現われました。

O　私は精神分析家ではありません。

W　ええ。でもこういう件で話をしているではないですか。

O　あなたの分析をしたいのではありません。

W　まあ、いいでしょう。でもE先生が何か言って、ガーディナーがそれとは違うことを言うというのはもうたくさんです。まったく気が変になってしまいます。

ロシア語にはある諺があって、そのことをS先生に話したらとても気に入ってくれました。ドイツ語にすると、一人の子供に七人の乳母がいたらその子の片目がなくなる、というのです。——これはそんなにたくさんで一人の面倒をみたら、責任の所在がずれていってしまうということです。これはまさにフロイトの死後に私が置かれた立場なのです。いま誰のことを信じていいのかわかりませんから。

O　でもその過ちはあなたのせいではないでしょう？　あなたはいつもあらゆる人たちに助言を求めていらっしゃるのですから。

W　ええ、確かに（笑）。もちろんです。こういう命題があるのですが、「他人を信用《フエアラツセン》すべきか、それともそんなことをしたら見捨てられ《フエアラツセン》てしまうだろうか？」

O　あなたの態度は奇妙だと思うのですが。人に何かを教えてもらったら、私だったら「自分はどうしたいのだろうか？」と考えますが。

W　まあ、それは私の自我がいくぶん傷ついているからだと思います。

O　あなたの？

W　ええ、そう思います。

O　あなたは分析家に慣れすぎていらっしゃいますね。

W　分析家の悪いところは、みんなが彼にしがみついていて、いわば幼年時代に戻されて、転移によってすべてを子どものように感じてしまうということです。子どもにとって大人はみんな権威者です。それでいつも「ねえ、どう思う？　どう思う？」と尋ねるのです。それでは決心がつきません。

O　でも、あなたは全人生を患者として過ごされたわけではないのですよ。そういう立場から一度は抜け出してみなくては。なぜE先生に対して対等の関係になることができないのでしょうか？

W　そうですね、フロイトは「分析が終わったら、もう分析家のところへ行くべきではない」と言っていました。そう、それに精神分析は一種の再教育だとも言っていました。でも、私の年齢では転移はもう父親コンプレックスという形では実現しないと……。

O　どうしてあなたはいつもその段階にいなくてはならないのですか？　E先生と友達におなりになることもできるでしょう。

W　でも、彼はいつも私のことを非難するんですよ。私は彼が単に状況をわかっていないだけだと思いますが。

O　あなたはいつも他の人たちから助言を欲しがるのですね。なぜご自分で何かしてみようとなさらないのですか？　誰かが何か意見を言うと、あなたはそれに影響されてしまう。例えば、E先生がもう来ないと言ったら、あなたは結婚できないでしょう……。

W　結婚といっても、理性的に話もできないような人と結婚するのですよ……。
O　あなたが結婚なさりたくないと言うのなら、確かに話は少し違ってきます。
W　私には危険すぎますよ。
O　でもそんな宙ぶらりんの状態では、幸せにはなれませんよ。
W　ええ。
O　それでは違う言い方をすると、あなたには自分の人生を快適にする力がないのです。
W　それはE先生が言ったことです。私にはきちんとやりくりする力がないと。
O　さきほど、精神分析は一種の再教育だと言われましたが、それならフロイトはあなたを見事に再教育したに違いありませんね。
W　いや、そんなことはないと思います。
O　いずれにしても、フロイト派の教えによれば、分析家は例外的な場合にのみ助言を与えるべきだということですが。
W　でもそれは守られていませんでした。
O　患者は自分で物事を見いだすべきであると。
W　彼はそれには従っていませんでした。もうあなたにも言いましたが、彼は私を引き留めていたのです。それから彼は「お金が足りないとか衣類が少し足りないとか、そういうことは重要ではありません。ずっと重要なのは、あなたがここに残って、残りの治療をすることです」と言っていました。――そうして、それがあまりに長く続いたので、赤軍がまたオデッサにやってきてしまいました……。
O　S先生も助言してくれますか？
W　そうですね、もちろん助言はしてくれますが。
O　E先生もですか？
W　E先生もです。――E先生は「今度は私の助言に従ってくれるといいのですが」と言うのです。――まあ、患者が最後の息を引き取るまで見守り、看護を続けるというのが彼の考えです。死んでしまったらもうどうしようもないが、息をしている間は精神分析を受けるべきだというのです。これも奇妙でしょう？――E先生も、人間は年をとると内的な力が弱くなっていくということがわかっていません。
O　どうしてわかっていないのですか？
W　彼はそのことがわかっていないのです。
O　でも、どんな人間でもそうですね。
W　精神分析の狂信者もいるのです。

O　それであなたがE先生に、自分の歳では分析はもう意味がないとおっしゃった時、彼は何と言ったのですか？

W　いえ、そんなに直接的なことは一度も言ったことはありません。彼を傷つけたくはありませんからね。彼もいいことは言うのです。でも彼の場合はいつも「患者が最後の息を引き取るまで見守らねばならない」という考えなんです。

O　どんな患者もですか？

W　いえ、どんな患者もというわけではありません。でも私のような人間をつかまえた時には。私は最も有名な症例なのです。だからこういう人間は最後の息を引き取るまで見守らねばならないのです。

O　E先生とはガーディナーを通してお知り合いになったのですか？

W　ガーディナーがニューヨークのフロイト・アルヒーフにいる分析家の一人が私を訪ねたいと思っている、と手紙に書いてきたのです。まあ、どうということもないだろうと思ったので、別に反対しませんでした。でも、それからまた別の人が来たのです。確かルービンとかいう人で、私が精神分析を宗教と受け取っているという理論を唱えていた人です……。彼が完全に間違っていたとは言えないかもしれません。転移がとても大きな働きをしていたことは今ではわかります。今ではもう私に何の作用も及ぼしていないとしても、以前は確かに効果がありました。

O　それでE先生とのことはどういうふうに進展したのですか？

W　どういうわけか知りませんが、彼は毎年ここへ来ています。彼はウィーンの人でしたが、ナチスのせいで移住したんです。ここには精神分析協会もあって、ウィーンでフロイトは働いていましたから、もしかしたらそのせいで彼は来るのかもしれませんが、よくわかりません。とにかくその際に彼は私の精神分析をするんですが、私はもう彼にはついていけません。彼は私がこれこれのことを尊重しないと言って、いつも私のことを非難するのです。

O　何を尊重しないのですか？

W　フロイトの教えです。彼の意見では、私はフロイトが言ったことに従っていないというのです。

O　ではE先生は、あなたがどうすればいいと考えているのですか？

W　具体的にはルイーゼとのことです。彼は私が彼女に対してきちんと振舞っていないとか、エネルギッシュではないとか、彼女がいやがることをやりすぎるなどと思っています。S先生はE先生ほど狂信的な精神分析家ではありませんが、E先生はひどい単細胞で、何でも単純化してしまいます。ですから、すべてがとても単純明快です。彼女を放り出せばいいじゃないか、結婚しているわけでもないし、一緒に生活しているわけでもないのだから、彼女は何も要求できないのだから、と。でも、そこにはさまざまな障害や難点があって、そんなに単純ではないのです。

全体的に、以前には愛憎定まらぬ関係と呼ばれていたようなものです。それが今では、分析家はそれをアンビヴァレントな態度と呼んで、済ませています。まあ、そのことをアンビヴァレンツ（両価性）と呼んでも、私には何の役にも立ちませんが。反対に、アンビヴァレンツという言葉のために、何か無害な、実際よりもずっと無害なものになってしまいました。でも愛憎というのは何かつじつまの合わない、矛盾するものであって、非論理的なものです……。まあ、それでE先生は、実際はすべてがうまくいっているのに、私が物事を悲劇的にとるのが悪いというようなことを書いています。さあ、あなたならこの状況をどう考えますか？

O　私が思うに、あなたはもうかなりそのことに慣れていらっしゃるのではないでしょうか。結局、三十年間も今の生活をなさってきたのですから。多くの人が結婚していますが、それは他にしようがなかったからでしょう。

W　ええ、もちろんそうですね。不幸な結婚はたくさんあります。

O　それでいったいあなたは事態を少しは変えたいと思っていらっしゃるのですか？

W　S先生は「解決法を見つけると言うが、人生には解決などないのです。それに耐えなければならないのです」といつも言っていました。――そうですね、精神分析では多くのことが無理やりこじつけられています。例えば、去勢不安の話もこじつけです。でも、E先生の手紙によると、彼はこうしたことをすべて信じていて、それから象徴と解釈が実像を抑圧していると考えています。彼は「あなたの精神分析の知識を使いなさい」と書いていますが、それからまた私が悪いといって非難しています。

彼が彼女のためのお金を私に送りはじめた頃、私は休暇中で、絵を描きたいと思って高台に登った時に、灌木をつかんで手に怪我をしてしまいました。すると彼は、私が自分のことを彼に助けてもらうという幸運に耐えられなかったのだと言いました。そのために怪我をしたのだと。これはこじつけもいいところです。戦争のあと、ガーディナーがお菓子を一箱送ってくれたのですが、冬で、それを家に持って帰りました。その時似たような怪我をして、講師のマイアー先生に照射してもらいました。その時彼は、手に板を当てるので、手作業をしない今の人間にはとても痛いだろうと言っていました。彼の弟子は、怪我の原因がよくわからないと言いました。でもE先生はそのことをよく知っていて、怪我したのは快感であり、彼に助けてもらうのに耐えられなかったからで、マゾヒスティックな行動の結果だと言いました。

O　ガーディナーも本当はE先生と同じくらい正統派なのですか?

W　まあ、E先生は実に正統派です。前に読んだことがあるのですが、レーニンの成功は常に状況に適応していたためであって、彼はある特定の観点から出発していつも同じようなことを言うことはなかったそうです。そうではなくて、二か月前に告げたことを取り消して、今ではもうそれは通用しないとか、今は違うことをしなくてはだめだと言ったそうです。いわば時代とともに進んでいたのです。時代がもたらす変化を彼は考慮していました。そして、これこそまさにE先生にはあてはまらない点なのです。去勢不安とかその他ありとあらゆる精神分析学的象徴に固執していて、いつもそれを持ちだしてきます。人間は歳をとると物事を違って捉えるので、老人の精神分析はうまくいかないとフロイト自身が言っていますが、それを彼はおろそかにしています。彼にとっては、常に繰り返し応用できるということがドグマになっているのです……。

O　それでガーディナーもまさにそうだとおっしゃるのですか?

W　私について彼女が書いていることを読んだでしょう。彼女は自分は精神分析家の役割を押しつけられたくないと言っていますが……。

O　助言者の……。

W　私がもし誰かについて書くとすれば、いっさいのことを知らなければなりません。

O　あるいは可能な限り多くのことを。すべてを聞き知ることはありませんから。私もすべてのことを知っているわけではありません。

W　でも、あなたには十分たくさんのことをお話ししたではありませんか。秘密にしていることなどありません。私が「ある女と関係を持ってしまい、その女と別れられず、歳をとるにつれて状況がますます困難になっていく」という不幸な考えに染まっているのがおわかりでしょうが、でもそれは私の問題です。これからどうなっていくのかはわかりません。アメリカに移住しようとも考えましたが、英語が話せないのだからドイツだけを考えなさいとガーディナーは言いました。ドイツと言っても、誰のところへ行けばよいのでしょう？　あのブレ夫人でしょうか……。
O　本当にその人に返事を書いたのですか？
W　ええ。まだ惜しい気もするんですが、お断わりしました。もう一人が嫉妬深いというのに、彼女と何を始めようというのでしょう？
O　何とお書きになったのですか？
W　手紙は書きました……。S先生の住所を彼女に教えてあげるべきかどうか、S先生とも話をしました。でも、なぜ教えるのだ、そうすると彼女がまた返事を書いてきて、私は何を書いたらいいのかまた頭を悩ませねばならないぞ、と思ったのです。するとS先生は、教えるのは構わないと言いましたが、でも気持ちとしては反対したいとかそういう表現でした。私が絶対そうしたいと思うなら、彼の住所を教えても構わないということですが、私がそうしないほうが彼にはずっと良いでしょう。まあ、それで彼女にはちゃんと丁寧な断わりの手紙を出しました――優しい言葉をとても嬉しく思いますが、面倒なことにもなりかねません。それがどういうことかはあなたもおわかりかと思います、というような。ところで、ひとことで言えば――こういう諺がドイツ語にあるかどうかわかりませんが、「山が鼠を生み出す」……。
O　ホラティウスですね。「大山鳴動して鼠一匹。」
W　……派手に大騒ぎしたのに何にも隠れていませんでした。山全体が動いたのに、山からは鼠が一匹出てきただけでした。――まあ、ガーディナーはこの件をきちんと扱いませんでした。彼女は自分に押しつけられたくないなどと言うべきではありません。私の運命にもっと関与してもいいはずです。
O　彼女にはルイーゼのことを何も話していらっしゃらないのですか？
W　二、三度、話してはみました。
O　それで彼女は何と言いました？
W　「お金で片がつけられるかもしれませんね」と言っていました。――まあ、いったいどうやったらお金で片がつけられるでしょう？　だから、私が死ぬしか、うまくやる方法はないのです、いつでもこれが問題なんです。E先生はフロイト・アルヒーフがいくらか送ってくれるようなことを言っていましたが、この間ここに来た時には、そのことは何も聞いていないと言っていました。そのあとはどうなっているのかわかりません。まあ、アメリカでも大変なようで、精神分析家の稼ぎも今では減っていますから。
O　インフレのせいでしょうか、それとも患者が少なくなっているのですか？
W　患者も少なくなっていると思います。ガーディナーの手紙に「精神分析家も今では前ほど稼ぎがないのです」という文章がありました。――おそらく精神分析はもう流行していないのでしょう。
O　他にそんなにお金のかからない治療方法がありますし。いったい誰がそんなに長期間かかる治療を受けられるでしょう？
W　ええ、その通りです。私も前は受けられたでしょうが、今ではもう不可能です。
O　みんなもっと実際的な方法を見つけようとしています。
W　ええ、まあ、薬物療法とか……。
O　それがいいかどうかは問題ですが。
W　確かにそれも役には立ちません。こういう薬には慣れてしまいますから。それに私の経験から言えば、S先生がいつも何か薬をくれるのですが、薬を飲んでも飲まなくてもそんなに違いはないのです。
O　彼はいったい何をくれるのですか？
W　いろいろなものです。一つはヌートリーレン*というのですが、本当は何なのか知りません。ほかにもいろいろありました。
O　それでどういうことに使うのですか？
W　しばらくの間、あの憂うつ症の状態にあった時に――常時そうだったのではなくてただ一時的にでしたが――S先生がトロファニール**をくれましたが、これも効きました。でも、今では慢性的な状態なので、もう薬は効きません。薬を飲むと口の中が乾くのですが、それにももう慣れてしまいました。
O　ではなぜ飲んでいるのですか？
W　まあ、そうですね、S先生が抑うつ症だと言うので。私が自分で抑うつ症の状態にあるのを知ったのはティニーが……。S先生にいったいいつから私の状態はそんなに悪いのか尋ねたところ、彼はまあ実際のところはティニーが死んでからだと言いました。――あなたも時々は抑うつ症にかかると言っていましたね。どうするのです

＊　栄養剤の類だと思われる。
＊＊　トフラニール（抗うつ薬イミプラミンの製品名）のことだと思われる。

か？

O　実際には何もしません。私は無造作に薬を飲むことはしないのです。慣れてしまったら意味がありませんから。

W　それから寝るためにモンタドン*を飲みます。この薬は知っていますか？

O　バルビツレート剤ですか？

W　それはわかりません。それで、S先生にこれは良くないのではないか、訊ねました。それで思い出したのですが、ウィーンに来てから新聞で読んだのですが、誰かがあるホテルで自殺して、机の上に「少量のヴェロナール**によってこの涙の谷に別れを告げる」と書いた紙切れが置いてあったそうです。――まあ、みんなヴェロナールを飲んでいますし、私の父もヴェロナールを飲んでいました。父も四十九歳で亡くなりましたが。

O　以前からずっと不眠なのですか、それとも最近になってからなのですか？

W　ひどくなったのは最近で、今ではこの薬にも慣れてしまいました。

O　睡眠薬なしでもおやすみになれるのですか？

W　そうですね、試してみないと。

O　もうどのくらいの期間、その薬を飲んでいらっしゃるのですか？

W　ええと、もう何年もの間です。

O　十年とか、五年とか？

W　十年です。

O　毎日ですか？

W　ええ、毎日です。

O　ずいぶんと続いているのですね。

W　他の人だったらもう生きていられないかもしれませんね……。最後に休暇に行ったのがトラゲース［シュタイアマルク州の避暑地］なのですが、テーブルに御婦人が二人座っていて、よくわかりませんが一人はもう今にも死にそうで、もう一人は七十歳だったでしょうか。それから私は七十歳くらいの女性と散歩に出かけたのですが、彼女は足に何かができているので一人では歩き回る勇気がないと言っていました。足には何もできていませんでしたが。仲間が欲しかったのでしょう。それで、彼女と散歩に出かけたりして、親しくなりました。彼女は詩を書いたり、言葉遊びをしたりしました。まだ覚えているのでは、「愛した人は誰を愛したかは忘れることがないが、どのように愛したかは忘れてしまう。」――とても上手ですね。実に素敵です。別の詩は、君が去ると花はもう咲かないといった意味でした。どうやら彼女は、そう言ったことをたくさんの男性に宛てて書いていたようです。

　彼女とはとてもよく話が合いました。私は自分のことを話し、それから、「あなたはソルジェニーツィンをご存じですね」と言いました。これがこれから話す地獄の第一圏***なんです、まだルイーゼのことは何も話していませんでしたから。私たちがウィーンに戻ってきた時、私はこの女性がとても感じが良かったので、住所を聞いて友人関係を続けなくてはと思いました。聞いてみると、彼女はルイーゼとあまり離れていないところに住んでいるのがわかりました。
O　本当ですか？
W　よりによって。まあ、彼女を訪ねてみて考えたのですが、彼女が家を持っていたら、ルイーゼのところから彼女のところへ逃げることができたかもしれません。でも、部屋が一つでは。住まいが部屋一つに台所で全部なんです。部屋はとても感じがいいしつらえでした。そこで、私はルイーゼのことについて話しはじめたのです。彼女は「その人なら顔だけは知っています」と言いました。――彼女たちが入浴に出かけると、そこにルイーゼも来ていたそうです。ルイーゼはブレスレットをつけていて、彼女の話では、たいそう挑発的な振舞いをしていたそうです。ルイーゼの行為があんまりだったので、女性たちは彼女が下品なことを言い出すか乱暴でもするのではないかと、心配して彼女のことを見ていたそうです。あの女はまったく見知らぬ人々にこんな印象を与えたのですよ。さて、そのあとで私は間違った行動をしてしまいました。でも、どうすることができたでしょう？家政婦のティニーも彼女のことが気に入らなかったのですから。ひとことで言って、私はもうそれからは動き回りませんでした。彼女のところへ出かけてルイーゼに会うのではないかと心配でしたから。私は出かけていってルイーゼについて文句を言い、その人もやはりルイーゼの文句を言いましたが、もうそれからは話が進展することもありませんでした。あなたの場合は少し違います。私たちは精神分析について話をしますし、共通の関心もあります。それに結局のところ、あの人がどうしたいの

* モトロンあるいはメタドーム（いずれも催眠薬メタカロンの製品名）のことだと思われる。
** バルビタールの商品名。長時間作用型の催眠薬。バルビツレート（バルビツール酸）系催眠薬の元祖とも言うべき薬物で、常用性がある。
*** ソルジェニーツィンの小説名『第一圏にて』を指している。この言葉はダンテの『神曲』の中の地獄編に出てくる「第一圏」のことであり、地獄の一番上層部を指す。

かがよくわかりませんでしたし。何だか少し全体的にうさんくさかったのです。
O　どうして、うさんくさかったのですか？
W　（忍び笑いをする）彼女は変なことを言うのです。女性が男性を好きになったらとか、長いこと知り合いでいたら、女性は男性の特別な願いもきいてあげることができるなどと言っていました。あなたならどう解釈しますか？　私にはちょっとうさんくさく思われました。男性の特別な願いは何だと思っているのか……。
O　つまり、言い換えれば、彼女もあなたに恋していたということでしょうか。
W　まあ、好感は……。それがまさに私の場合、悲劇的なのです。そんな機会が持てたなら！　もっと良い機会があったなら！　私にはそんな機会は持てなかったし、あんなのろまがまとわりついているのです。ルイーゼはのろまなのです。
O　では、ルイーゼから逃げなくてはならなくなったら、いつでも私のところへ来てくださって結構ですよ。
W　その申し出をありがたく思います。――まあ、あけすけな話をすると、当時、ルイーゼの前から逃げなくてはならなくなっても、彼女の住まいは台所と部屋が一つなので逃げ込むわけにはいかないと思っていました。それから彼女は自分に親切にしてくれた人たちの話をもう少ししてくれたのですが、その人たちが彼女に封筒をくれたそうで、中には千シリングが認知料として入っていたと……。
O　ではまた同じことを！
W　まあ、彼女はそんなに危なくありません。きちんとした人でしたから。
O　彼女の職業は何だったのですか？
W　ある会社に勤めていましたが、もう年金生活に入っていました。でも、彼女がルイーゼに抱いていた印象はどうでしょう。E先生はいつも無害な精神病質者と書いてきますが、無害な精神病質者が、路上で喧嘩して第三者が介入したり警察を呼ぶような始末になるとはどういうことなのでしょう。それどころか、一度、パトカーが来たことがありました。幸いにも通り過ぎていきましたが。あの女は、全然、無害な人間などではありません。どうして無害だなんて？――まあ、それに今ではルイーゼの傍には犬もいるのです。そんなことまでするとは。以前は二言目には犬畜生と言っていたんです。「犬畜生は傍に寄せたくないわ。だって、女性はみんな犬と性的な関係を持つんですもの。下劣だわ」と言うのです。今では彼女は犬を、小さな犬を手に入れて餌をやっているのです。それもまたお金がかかります。
O　どうして彼女は犬を飼ったのですか？
W　まあ、もちろん、彼女は私との関係が嫌なのですよ。日曜日だけ会うというのはどういうものでしょう？　日曜日だけで、ふだんは会わないのです。おわかりですね。彼女の立場からすると、すべてが不満なんです。それは認めなくてはなりませんが、しかし私にどうしろというのでしょう？　結婚は無理です。それどころか、彼女には健康保険料を払ってあげました。彼女は感謝の二文字を知りません。ただ要求するだけ、いつもただ要求するだけです。そうしてまた要求して文句を言う。ですから彼女は共産主義者でもあるのです。党員ではありませんが、主義はそうなのです。
O　彼女には宗教心はないのですか？
W　十字架も悪魔も嫌いです。そんな宗教の敵を想像できないでしょう。牧師が少年を誘惑するのです。ごめんなさい、あなたがどのくらい敬虔なのかわかりませんが。
O　私には宗教心はありません。
W　あなたは敬虔ではないのですか。彼女もそうです。よろしい、宗教心がない人でも、牧師の姿を見てかんしゃくを起こすなどということはないでしょう。でも、彼女は即座に中傷しはじめるのです……。
O　彼女は誰に対しても中傷するようですね。
W　彼女にとって生活は戦闘なのです。戦える機会は、決して逃しません。ですから私は平和が欲しいのですよ。そもそもそれが最大のコントラストです。ところで、あなたの部屋を私が自由に使ってもいいのですか？
O　全部ではありませんが。
W　でも部分的には。
O　ええ、部分的には。
W　どうすべきでしょうね？　どうしたらいいか、助言をしてくださったら良いのですが。まあ、このことはもうしばらく放っておきましょう。S先生は彼女が重篤な精神病質者だと言っていますし。
O　どうやらあなたはその女性と別れたくないようですね。
W　それは私自身が答えられない問題です。
O　フロイトはあなたには強いマゾヒスティックな傾向があると書いていますが。
W　いつもマゾヒズムの話が出てくるのですが、私は一度も女性たちにぶってもらったことはありません。本当のマゾヒストは、女性たちにぶってもらうものでしょう。
O　精神的マゾヒズムもあります。
W　現在に目を向け替えて、この女が病気であるということを考えてみると、事態は本当に複雑です。彼女は心臓病であり、糖尿病であり、腎臓病でもあります。だから興奮してはいけないのです。彼女の考えによれば、人は何に対してもただ「はい」と「アーメン」だけを言っていればよいというのですが、そうでなければ彼女を刺激して、発作を起こしてしまいます。私は両手を縛られているも同然です。
O　あなたはとても病気を恐がっていらっしゃるのですね。
W　健康保険を持っていないなんて、彼女は馬鹿ですよ。
O　でもあなたは、彼女に健康保険料を渡したとおっしゃっていたではないですか。
W　彼女は保険には制約があるというのですが、S先生はそんなものはないと言っています。彼女が言うには、一般開業医には行けるが、専門医はだめなのだそうです。そういう制約があると私に信じさせようとしているのです。
O　反面、あなたは結婚したがっている女性を三十年も引き留めているのですから、彼女ももしかしたらまだ希望を持っているのでは……。
W　あの人とは結婚できません。話もできないような女性と、狂った考えの持ち主と結婚することができますか？
O　それなら彼女と別れたほうがずっといいと思うのですが。
W　彼女がそうさせてくれないでしょう。これは戦いなんですよ。精神分析家は裕福な人々しか診てくれません。どうやって生活したらいいか、健康保険はあるのか、年金はあるのかといった生活上の問題は、すべて分析家には興味がないことです。というのは治療の中にそういう問題は現われてこないからです。今や彼らは――ルイーゼの日常的な表現を使わせてもらうならば、汚物の前に子どものようにたたずんでいるのです。
O　精神分析家がですか？
W　一人がこう言うと、別な一人がまた別なことを言います。本当は彼らは何一つきちんと認識していないのです。私が裕福だった間は少し違っていましたが……。あなたにこのことについてもお話ししたいのですが、あなたなら、もしかしたら女性として精神分析家よりもうまく説明できるでしょう。彼らは男性の観点を代表しているのですから。例えばS先生は、あなたは女性に対して何も悪いことはしていない、結婚していないし同棲関係でもない、彼女にお金をあげているが、そもそも何もあげる必要はないのだ――だいたいこういうことを言います。それに対して私は、でも私はこの女性ととても長いこと一緒にいましたし、彼女は病気で年金もないので、そのことがもちろん私の心をしめつけるのです、と答えるでしょう。

O　私は実はあなたがこの女性に対して何も悪いことはなさっていないという意見なのです。

W　今ではいつも「あんたが死んだら私はどうなるの？」という問題になってしまいます。――逃げ道のない状況です。

O　でも年金はそんなにすぐにはもらえませんよね。

W　ええ。十年は結婚していないといけないのです。私は十年も生きていないでしょう。

O　わかりませんよ。ではすぐにも結婚なさらなくては。もちろんあなたがこれからどのくらい生きられるかは問題ですが。

W　もう、そう長くは生きられませんよ。

O　あるいは気力がなくなってしまうかもしれませんね。

W　今でももう気力はないのです。――結局そうなのです。私はいわば進歩的な人間だと思っていました。不幸な結婚とか無学な女性とかは、すべて先入観だ、すべての人間はみな同じなのだと。しかし、実際には、ある程度の教養がない人とはやっていけないものです。何について話せばいいのかわかりませんが、いつも同じことが起こります。借家人との諍い――ボヘミア人の老婆が廊下の窓を開けないのでにおいがこもって、空気が良くないとか……。彼女の関心は、領域がとても狭いのです。いつもただ要求するだけで……。

O　彼女は日曜日ごとに結婚したいと言うのですか？

W　先週の日曜日はその話をしませんでしたが、でもこれまでの日曜日はいつも結婚の話ばかりです。

O　それであなたは何とおっしゃるのですか？

W　何も。

O　それで彼女は何と？

W　何か別なことを話し出します。私は逃げ道としてアメリカに移住することを考えてみました。

O　逃げても、問題は解決できません。

W　確かにそうです。S先生は彼女について考えるようにと言います。

O　心にやましいところがあるのでしょうね。

W　私は良心がありすぎるくらいです。他の人だったら違うことをしたでしょう。彼女の父親は彼女の母親のもとをあっさり去っていって、扶養料は払いませんでした。

O　彼女の両親は結婚していたのですか？

W　ええ、結婚していたんですが、父親のほうは下の子を連れて、扶養料も払わずに実にあっさりと出て行ってしまいました。そういうわけですから、男性はひどい目にあわされるべきなんですよ。
O　まあそうですね、それであなたはどうなさりたいのですか？
W　もう人生は終わりです。
O　でも自殺することもできませんからね。
W　そんなに簡単ではありません。――ふだんは彼女はたいそう革命的なのですが、男性は女性の面倒をみるべきだという意見なんです。女性はそもそも何もする必要がない、どうしてこういう心臓なのに……？――というわけです。でも、彼女は映画館や劇場に行くのですから、そんなに心臓が悪いわけではないのです。そんなに悪いわけがないのに、どうして職につかなかったのでしょう？　こういう女性の場合は、仕事がいやなのです……。
O　あそこの病院に入るのはどうでしょう？　あそこで暮らす？　S先生があなたにそういう提案をしたのですか？
W　ええ、何週間か何か月か。彼がどういう考えかは知りませんが。
O　それはやめてください。それなら老人ホームに行ったほうがいいです。シュタインホーフのことは知っていますから……。
W　何ですか？　シュタインホーフ？
O　ええ。ウィーンの市立精神病院です。なぜS先生はあなたにあそこを勧めたのでしょう？
W　ルイーゼと会わないで、面会も許されなければ、元気が回復するというのです。でも、それは間違った考え方だと思います。
O　あれは本当の精神病院です。
W　彼に「精神病院なんですか？」と尋ねたのですが、彼は「いや、いろいろな部門があって、完全な精神病というわけではない人たちもいます」と言っていました。――そのことはよく知りません。いずれにしても、あなたに注意してもらって良かった。
O　もし、あなたが冒険心旺盛で、どうしても体験したいというのであれば別ですが……。
W　もうあそこに行ってみたことがあるんですか？
O　私はルポルタージュを書いたことがありますから……。
W　まあ、目下の状態では、その必要はありません。彼は、具合が悪くなったら自分のところへ来てもいいと言ってくれています。すぐにもそういう状態になるかと尋ねたのですが、そんなことはないと言われました。
O　彼はいつこの話を持ち出したのでしょう？
W　可能性として話してくれたのです。今、行かなくてはならないとは言っていませんでした。ただ状態が悪化したなら、そういうこともできると言ったのです。
O　このシュタインホーフと比べれば、老人ホームは素晴らしいですよ。おわかりかと思いますが。
W　私は回想録を書いたわけですが、私の症例は、実際は精神分析の宣伝材料になってしまいました。あなたが今書いておられるのは、それとは少し違うものになるのでしょうね。
O　私にとっては真実が問題なのです。
W　だからあの時、私の家であの絵を見せてあげたのです。真実とは何か？　覚えていますか？　E先生は、家内の死後に何があったのか書いたほうがいいと言いましたが、でも距離を置かなければなりませんから、私には書けません。私は、それではまたガーディナーにとって都合が悪くなる、彼女は私が健康になったと書いたのだから、と言いました。するとE先生が、重要なのはガーディナーではなくて真実なのだと言いました。S先生にそのことを言うとS先生は、みんなが真実を言い出したら、全世界がもはや存在しなくなってしまうだろうと言いました。こんなに意見が違うのですね。
O　ガーディナーはかなり無批判的で一方的な書き方をします……。
W　フロイトが考え出したことを見て……。あのロシア人女性からの手紙を送ってくれなかったのですから。ロシア語で書いていたのなら、彼女が何を書いてきたのかわかったはずです。ガーディナーはそんな人なんです。でも、こういう女性たちがどんな人なのか、まったくわかりません。ロシア人女性についてもわかりません。もしかしたら、「そちらがそんなに大変でしたら、私のところへ来てください」とでも書いてあったかもしれません。――しかし、それにはまずフランスに住まなくてはならないのだし、彼女が何を考えているのかわかりません。もしかしたら彼女は、私がまだまだ元気で何でもできるとでも思っているのかもしれません。それもまた大変なことです……。
　ところで、お金に関して――というのも、いつもルイーゼとお金のことで口論になるので――彼女に「お金をどう使うかは君が決めてくれ、私はもうお金の心配はしないから」と言ったらどうかと考えたのですが。――家内の場合もそうしていたのですが、彼女にお金を渡して自由に使わせ、私はそのことには何も関知しないでいたのです。でもテレーゼはきちんとしていましたが、あの女の場合は何が起こるかわかりません。
O　では、場合によっては彼女がお金を全部使ってしまい、あなたが飢え死になさるかもしれませんね。
W　食べ物がいっさいなくなるというのも運命なのでしょう。彼女に大金を渡したのは軽率でした。ガスでひと思いに死ぬこともできないのに。
O　いったいS先生は、あなたの自殺念慮について何と言っているのですか？
W　彼女のために自殺するような価値は彼女にはないと。
O　それに、かの有名な症例が自殺したとなれば、精神分析家にとっては恥ですね。そんなことをなさるつもりはないでしょう。
W　確かに精神分析家のことは考えなくてはなりませんね。
O　そんなことをなさったら、良くはありませんでしょう。
W　模範生ですから。――さて、次回は祝日のあとに来ることにします。一月八日が一番いいと思います。お祭騒ぎも終わっていますし。
O　祝日には何をなさるのですか？
W　その間はあのルイーゼに縛られていますから。彼女は祝日を抜かすようなことはしないのです。
O　では、日曜よりも頻繁に彼女にお会いになるのですか？
W　まあ、最初がクリスマスの祝日で、次が大晦日でしょうか。知人のところにも出かけなければなりませんし……。

(1)　アーネスト・ジョーンズ『フロイトの生涯』第一巻三二六ページ。

愛憎……

W　私がどんなに馬鹿げたことをしてしまったか、考えてもみてください。ワインを八分の一飲んで、彼女に五万シリングもやる約束をしてしまったのです。父が酒飲みでしたから、母はいつも私が酒飲みになるのではないかと心配していたんですよ。でも私には遺伝しませんでした。実のところ、私はアルコールに対しては中立の立場をとっています。飲むのが嫌いなわけではありませんが、どうでもいいのです。この八分の一の赤ワインで、私は軽率になってしまいました。それに彼女にお金を渡せば安らぎを取り戻せると思ったんです……。その結果はどうでしょう？——次にやってきた時、彼女はぐるりと毛皮のついた真新しい冬のコートを着て、新しい毛皮の帽子をかぶっているのです。そのうえ、黒い毛皮の帽子を持っているのに、コートに合わせるために明るい色の帽子を買ったのです。コートを着ている時の彼女のようすは、まるで自分が王女様であるかのようです。それでご想像できるでしょう。私がどんなに自分を責めて、「彼女が少しでも感謝のようすを見せてくれるなんて、なぜそんな馬鹿なことを考えたのだ」と後悔したか。彼女は以前にもまして耐え難く、いっそう我慢なりません！

映画館にいた時のこと、彼女はさっと席を移ると、急にいなくなってしまいました。家へ帰ったと思ったんですが、私には彼女がどこへ行ったのかわかりませんでした。やがて一人の女性がやってきて、「隣の通りで女性があなたをお待ちですが」と言いました。——そんなことでもなければ、彼女を見つけることはできなかったでしょう。まるでドストエフスキーの小説の中にいるような気持ちですよ。

O　彼女にもう、お金はお渡しになったのですか？

W　残念ながら。残念ですが渡してしまいました。もちろん、そのあと私はほとんど気違いのようになりました。お前は何をしたのだ？　もうお金はないではないか。お前は最後のお金をやってしまったんだぞ。——そう、これがこの女が私にやらかしたことなのです。私はこれでやっと分別がつくでしょう。それにまた、彼女にあのお金をやるとは、お前は懲りていないんだな、という思いがします。ええ、もちろん、「あんたが死んだらどうなるの?」と言っていつも悩まされているのも思い浮かびます――それから結婚のことも。でもこういう女性とは結婚できはしません。不可能です。不可能なのに! 彼女は何にもわかっていません。それから彼女は、二十五年前にほんの少ししかくれなかったと言いはじめます。当時、彼女は離婚していたのに、彼女が言うには私がそそのかしたのだそうです。「どうしてこんな老人が、こんなに若い女性と何かしようなんて思えるのかしら? 下劣だわ」と、そんなことを言ってくるのです。こっちだって「私と関係しているのだから、お前だって下劣ではないか」と言いたいところです。――しかし、女性の場合には論理が存在しないのです。それでE先生にこのことを話したら、彼にはそれがわからなくて、健康で分別のある人間として振舞うようにという助言をしてくれたんですが、そんな助言は何の役にも立ちません。

O そのようですね。

W 窓から飛び降りたら一番いいのでは、と思ったこともあります。私は五階に住んでいますから。しかしまた、彼女に三万シリングだけ渡していれば結構残っていたのに、とも思います。そうすると、二万シリングのために自殺するのも、甲斐のないことだと思うのです。――お金には実際何の価値もありません。そしてこのお金には価値がないという考えから、彼女は出発するわけです。だから彼女は有り金をはたくのです。彼女が毛皮を着て現われた時に、私はもちろん何も言いませんでした。口論になって非難されるだけだったでしょう。あんたは何にも買ってくれたことがないとか、装身具を買ってくれたことがないとか、毛皮を買ってくれたことがないとか。まあ、想像できるでしょう。ただ口論になるだけで、何の役にも立たないのです。それで何にも言いませんでした。それにしても、運命によってこの女が私の元へ送られてきたとは、むごいことです。そのうえ、彼女はロシア人とも関係があったのですから。

O それはどういう意味ですか?

W まあ、彼女はあるロシア人と関係していたことがあるのです。それで今でも、つい最近でも「あんたのことが好きなのは、あんたがロシア人だからよ」と口癖のように言うのです。――いつも繰り返しそういう台詞が出てくるのです。彼女は一度、私が女性に関しては運が良いと言いましたが、私の場合は運が良いというよりも女性運が悪いと言えそうです。なぜ運が良いと言えるのか、私にはわかりません。私は女性たちに気に入られるタイプではまったくありません。そういうタイプはむしろ筋骨たくましい大胆な男性です。

O　それも一つのタイプかもしれませんが、でもそれとはまったく逆のタイプもあります。

W　まあ、ともかくこうやってあなたに話をして、少しばかり心の内を明かしているわけです。

O　ところで素敵な休日をお過ごしだったのでしょう。

W　とんでもない。言っておきますが、とんでもないものでした。最初の休日に彼女に会って、二度目は大晦日と元旦に会って、そのうえまだ昨日は、主の公現の祝日［一月六日］にも会いたいと言っていました。それでだめだと言ったんです。主の公現の祝日は実は私の誕生日なのです。しかし、彼女に私の誕生日を祝ってもらうと、次には彼女自身の誕生日を祝うことになります。いずれにしても、私はワインに弱いので、また約束をしてしまいます。ワインを飲んだらあれこれ話をしないこと——これを覚えておかねばなりません。

O　一番良いのは、全然飲まないことです。

W　まあ、いくらか飲めば少しは気が軽くなりますから。しかし、その場合は何も決定してはならないのですが。彼女は生活の保証が必要だ、歯と肝臓検査とレントゲンのためにお金が必要だと言っていました。ありとあらゆる病気の可能性があるのに、そういう病気をしていて毛皮を買うんですから。自称、重病人なのです。でも、重病人はそんなものを買ったりはしませんよ。それに日に二度も劇場に行きたがるのです。一度は私と一緒に行って、それからまた私にお金をもらって、自分一人で行きたいと。まあ、これは全部悪夢だと言ってよいでしょう。これではドストエフスキーそっくりです。それもまたひどく愚かしいことではないですか？　そのために自殺をする甲斐もないくらいです。

O　あなたご自身がまた病気になって、お金が要るかもしれませんね。

W　まあそうですね、でももう一文無しです。それなのに彼女は熱を出しても外出して、そのお金を私に要求してきます。私に熱があってもやはり出てこいと言われるでしょう。——これ以上ひどいことがあるでしょうか？前は警察の手を煩わせることもなかったのに。もちろん歴史については知識はいっさいありませんし、読書もまったくしません。確かに読むことは読みますが、でも生活が違っているのがわかると読むのをやめてしまうのです。まったく教養のない人です。白紙《タブラ・ラサ》と言ってもいいでしょう。彼女には政治的立場などありません。今、彼女はテレビで映画を見ています。ロシアの農奴制の時代のことをやっているのですが、農奴制は一八六一年に廃止されて、それ以降はもう農奴制はありません。でも戦後にすごい飢饉があって、もしかしたら人肉も食べたのではないかと言われていますがわかりません。しかし、彼女は私の時代のロシアでは、農場主が贅沢三昧をしていて人肉を食べていたなどと言うのです。まあ、どうやってそれは違うということを彼女に説明してやればいいのでしょうか？　私の言うことなど信用していないのです。今では彼女は、自分にはいわば道徳的権利があると考えています。というのは、私は移民であり、民衆を搾取してきたのだから、これからは私のことを搾取すればいいと思っているんです。共産主義者と言えるでしょう。党には与していませんが。それなのに王女様を演じたいのです。

　さあ、これはどういう共産主義なのでしょう？　これでは、単に自分では何も持っていないことの妬みにすぎないではないですか。実際、共産主義の理論や学説について、それが何を問題としているか彼女はまったく何も知りません。しかし、いつも誰かを責めたり、厚かましく権利を主張したりするのに利用するのです。私は全財産を失ってしまいました。保険会社で三十年も勤めたあげくにです。それから、私は大地主などではありません。滑稽なことです。しかし、彼女はまるで私が大地主であるかのように私を扱います。ウィーンには共産主義者がほんの少ししかいないのに、これは運命の恐ろしい訪れです。まあ、この二日間はまったくひどいものでしたよ。私が彼女と結婚したら、見出しに「裁きの前の人々」と出ますね。

O　どうして？

W　我慢できないからです。私は彼女を殺してしまうでしょう。

O　そんなことができるとお考えですか？

W　簡単です。どうしたらこの両価感情《アンビヴァレンツ》から抜け出せるか、そのことをフロイトは示していません。しかし、それに対して、ドストエフスキーはこの問題に取り組んでいました。そうですね、忘れてならないのは、これが人種の問題でもあることです。西ヨーロッパ人はこういう件に関しては、むしろロシア人よりもうまくやりとげることができます。

O　そうお考えですか？

W　というのは、ロシア人の場合は、まだ何となく野性的な本能が血の中を流れているので、こういう件に対して普通に事を済ませることがないのです。おそらくロシア人は、もうかなり長いこと理性に従って生きてきた西ヨーロッパ人よりも、感情的なものが強いと言えるかもしれません。あなたは離婚した時、御主人と意見の相違があったでしょうが、それをまた何とか調整しましたね。ガーディナーはアメリカ人ですから、特にこういうことは全然わかっていません。まったく見当がつかないのです。もしかしたらマックのほうが私のことをよく理解しているかもしれませんが、彼女もアメリカ人ですから。——まあ、前に一度、この話がどうやって始まったのか、お話ししたことがあるように思います。まだ実際はあなたは何も知らないのですが、今日はもうこの話はやめておきます。もう遅いので。

O　でもまだ七時半になったばかりですよ。

W　そうですか、たぶん話をすれば、懺悔か何かのように気持ちが軽くなるでしょう。私のためにはなると思いますよ。

O　そうでしょうね。

W　そう、S先生とはそれができないのです。彼とは三十分間の診察時間があるのですが、それでも長すぎて、それ以上は延ばせません。あなたと話す時のように何時間もあれば、じっくりと話し合えるのですが。さて、話を始めましょうか？

O　ええ。

W　それで、あなたは私が女性と知り合いになるのがうまいと言いましたが、いったいどうしてそう言ったんですか？　それについては私は何も書いていませんが。

O　まあ、それは……。

W　私が女性とすぐ知り合いになるというのは本当です。しかし、私は抑制が強いので、その成果を利用しませんでした。私はお金をくれてやるような人間ですからね。でも、どうしてあなたはそう気がついたんですか？

O　あなたのお話からの推測と、ちょっとしたインスピレーションからです。それで、一度あなたをお訪ねしてみようと思ったのですが、お留守でした。すると、一階下に住んでいると思われる女のかたが、用は何かとか伝言してあげることはないかとか、いろいろと尋ねかけてきたのです。彼女はたいそう好奇心が強くて、あなたにどうしても何かを伝えてあげたいと思っているようでした。あなたと接触するための口実を探していたようです。それでちょっと、ここにも彼に興味を持っている女性がいるわ、と思ったのです。

W　では正しい推測をしたわけですね。私の知り合いの女性がシェーンブルンの近くに住んでいて、きれいな女友達がいるのですが、その女性が言うには、女友達が私のことをあれこれ尋ねていたそうです。彼女は銀行員でしたが、私はその気になれば彼女と付き合えたと思いますよ。きっとたくさんの女性と付き合えたと思います。それからもう一人、繰り返し私を訪ねてきて、結婚の申し込みをした女性がいました。私の好みではありませんでしたが、きれいな人で、ポーランド人でした。その人と関係を持つこともできたでしょうが、私は「いや、私たちは年齢の差が大きすぎるので、あなたが年金をもらえなくなりますよ」と言いました。——すると、実際、彼女は結構上流の出身なのに、「あら、同棲したっていいんですよ」と言いました。他の人だったらこの話に応じていたかもしれません。それで彼女を傷つけてしまいました。でもそれからも親しく付き合っています。それから、シェーンブルンの近くに住んでいる彼女に言い寄られたのですが、その時私はもう若くはありませんでした。そう、それで眠り込んでいました。眠っていて、もう生きていないも同然でした……。私は彼女の結婚を壊したくなかったので、非常に苦労しました。彼女には子どももいましたし、私ときたらすべてを利用しないままにしておいて、値うちのない女たちに執着していたのです。値うちが少ないほど、その女は私にとって価値が出てくるのです。わかりますか？

O　いいえ。

W　私にもわかりません。そこには何か姉に関することが、近親相姦に対する何か不安のようなものがあったのだと思います。まだ時間はありますか？

O　ええ。

W　では、つまりこういう次第でした。私はその女性と仕立屋で会ったのですが、きれいな人でしたし、今でもまだきれいです。私はそこで女性に声をかけてはいけないなどと、考えたことはありませんでした。私がふだん女性に声をかける時は、いつも危険はありませんでした。何も問題が起こったことはありません。オデッサで一度、ある女性とホテルへ行ったら、その人が突然うちへ電話をかけてきて、これこれのものですがと名乗ったことがありました。——私がどんなに驚いたかおわかりでしょう。でも私は番号を間違えていますと言って、切ってしまいました。その一度だけで、ほかに問題などありませんでした。その時はどんな結果になるかなどと思ってもみなかったのです。仕立屋に私の住所を聞くことができるなどと、考えたこともなかったのです。それから数回、彼女と会いましたが、もう会うのはやめようと思っていました。

突然、事務所の電話が鳴って、彼女がここの電話番号を仕立屋で教えてもらったと言うのです。「ここでは私用電話は禁じられています」と言って、電話を切ればよかったんですが。――しかし私は、まあ私には誰もいないし、彼女はとても気に入っているからいいだろう、と思ったのです。それでまあ、彼女に会いました。それがすでに最初の間違いでした。私たちは二週間おきに会って、ホテルへ行きましたが、たくさんのお金を彼女が要求したわけではありませんでした。そのことを今になって「あの時は全然払ってくれなかった」と言って責めるのです。

O　最初からホテルに行くためにだけ会おうと決めていらっしゃったのですね……。

W　ええ。でもどうしてですか、たいしたことではないのに。

O　それで彼女は、お金のためにあなたと寝たのですね。

W　女性の場合は、男性からお金をもらうのが普通です。たいした額ではなかったので、重要ではありませんでした。そういう状態が何年も続きました。そして私もそれに慣れてしまいました。するとそこへロシア人がやってきたのです。

O　それは戦争の時でしたか？

W　ナチスの時代です。

O　では彼女のことは、もう三十年以上もご存じなのですね。

W　二十五年間です。そんなに長く続けるのは難しいのですが。

O　戦争は一九四五年に終わったんですよ。

W　ではもっと長かったのですね。ロシア人が来る前、ナチスの時代でしたから。でも、それは表面的な関係だったので、お金はそんなにかかりませんでした。それを今では、少ししか払ってくれなかったといって非難するのです。それからロシア人が来ると、もう食べるものがありませんでした。そして彼女とは全然会わなかったので、もうこの件は終わったのだと思っていました。おそらく一年間はまったく会わなかったでしょう。一度、出会った時に、「また会おうよ」と言ったんですが、彼女は来ませんでした。一度、パンを買う行列に並んでいる時に彼女を見かけましたが、彼女に見つからないようにしました。この件は終わったものと考えていたのです。

それから当時は手の一件がありました。ガーディナーがお菓子を一箱送ってきたので、それを郵便局まで取りにいって家に持って帰ってきたら、冬でしたが、手が痛み出したのです。私はマイアー先生のところへ行って、手に電気を当ててもらいました。その間しばらく女性とは何の関わりも持たなかったのですが、それは心気症的な固定観念があったためで、右手が傷ついては絵が描けないし、それに鼻の時のようにとてもつらかったのです。それで、手のことで頭がいっぱいだったので、女性のことはまったく考えませんでした。結局はその先生のところに行ったんですが、彼は「もう来なくてもいいです。良くなりますから」と言いました。——それで家へ帰るとほっとしました。良くなります、もう来なくていいと言われたので……。

それからまた女性と近づきになろうと思ったのでしょう。祝日に劇場へ行ってみると、ロシアの作品を上演していました。何という題だったかな？　スターリングラードです。最初はカフェに行って、女性たちを眺めていたんですが、ぴったり合うような人はいませんでした。それから劇場へ行きました。家へ帰ろうとした時に、市電の通りの反対側に一人の女性がいるのが見えました。その人の姿がとても気に入ったので、そちらへ行ってみると、そこに立っていたのは誰でしょう？　あのルイーゼだったのです。考えてもごらんなさい、その確率は百五十万分の一だったのですよ？　私たちは挨拶をしました。「どう、また来ない？」それでまた関係が始まってしまったのです。

さて、彼女はまた「いつ結婚してくれるの？」と言いはじめました。——それに対して私は何も答えません。私たちはもう以前のようにホテルには行かずに、日曜日ごとに一緒に過ごし、アルテ・ドナウへ出かけて、かなり楽しくやっていました。五四年まではそうやって過ごしたと思います。映画館へ出かけて、彼女の家へ行くのです。ルイーゼは、私が彼女のところへ行くのを認めてくれました。彼女はとてもおとなしくて、本当に何も変わったところはありませんでした。それが、五五年のクリスマスの前に会うと、いきなり路上でひどい騒ぎを始めたのです。自分と結婚してほしい、もうこのままでいるのはいやだと言うのです。彼女は他の人と知り合いになったので、私との関係をやめたいようでした。私はひどい侮辱を感じました。どうして急に？——と思いました。あんなにも優しかったのに、急にわめき出すなんて。彼女は三週間後に関係をやめると言いました。私はもう呆然としてしまって、彼女がどうしたのかわかりませんでした。彼女はもう荒れていて……。どうしたら良かったのでしょう？　彼女が前にある建築家と知り合いになったと言っていましたから、当然、「じゃあ、建築家と付き合いなさい」と言うべきでした。そうして終わりにすれば良かったのです。それで思い出しましたが、当時、テレーゼと離れてベルリンにいたのですが、後になってからそのことを後悔しました。――それで、罵詈雑言を浴びせられて、本当にどうしたらいいのかわかりませんでした。そうやって私たちは別れたのです。

さて、私は虚脱状態に陥ってしまいました。突然、神経症と絶望感がそっくり現われて、どうしていいのかわかりません。それから急に、彼女を失うのではという不安も。とにかく、それからまた私たちは会ったのですが、そこで彼女は「今度は三週間あけて、その間に結婚するのか、終わりにするのか決めてちょうだい」と言いました。――それから私は、以前に同棲を申し出たポーランド人の知り合いに会ったのですが、彼女とは互いに親しく交際していました。彼女も画家なのです。彼女と話をして、私が夜通し眠れないと言うと、こういうことをしたらどうかと言いました。ルイーゼを形式的にお手伝いとして雇えば、それで彼女は健康保険と年金が手に入る。六週間も登録すれば十分だ、それからなら抜けられるが、毎月少しずつ払わなくてはならない。

そこで私はやったと思いました。うまい言い逃れが見つかったのです。私はルイーゼのところへ行くと、君を私のところで登録するつもりだが、と言いました。――でも最初は、また登録を取り消すつもりであることは言いませんでした。君を登録するつもりだと言うと、彼女は「いいわ、面倒みてもらえるなら」と言いました。でも彼女は年金もなく、どこかで働いたこともなく、ずっと母親の世話で忙しくしていて、私的な生活しか知りません。それで、彼女が承諾してから家へ帰ったのですが、彼女をずっとお手伝いとして雇うようなことはできない、私には家政婦のティニーがいるのだからと思いました。それでまた彼女に、君のことは登録するが、その後できるだけ早くにまた登録を取り消して、毎月のお金は払うようにすると言いました。――すると、どんなことがあってもそれはいやだ！　そんなことをすると労働局の役人がやってきて煩わしいから、と言うのです。労働局はそれにはちっとも関係ないのですが、彼女はそう思い込んでいたんです。「だめよ。三週間後に決めて……」と彼女は言いました。最後通牒です。そこで私は最大の誤りを犯したのです。急に私には世界が崩壊していくように思え、自分に何が起こっているのかわかりませんでした。「じゃあ、君が望まないのなら、これで終わりにしよう」と言っておけば良かったのです。――とにかくナンセンスでした。労働局は煩わされなくて、喜んだことでしょうよ。

それで、何が起こってるのかわからなくなった私は「じゃあ、では結婚しよう」と言ってしまったんです。

彼女はベッドの上で跳ね上がり、世界中が回っていました。当時はまだ私は男爵でしたが、この称号はそのあと失ってしまいました。降格です！「ママ、ママ、男爵が私と結婚するって。ああ世界が回ってるわ」などと言っていました。

O　彼女と結婚するとおっしゃったのですね。

W　ええ。どういうもののはずみだったのかわかりません。どうして五分間のうちに急に結婚するなどと言えたんでしょう？　狂ったのでしょうか？　それで、もちろん次の瞬間には呆然として、しまった、自分は何をしたんだ、何を約束したんだ、気が違ったのではないかと思いました。そして彼女はもう無上の喜びようで……。あんなに幸福だったのだから、当時はどうやら彼女は私のことが好きだったようです。でも彼女が大喜びするほどの玉の輿ではなかったのです。

その後で奥さんがやはり自殺したあのツェルマークに会いました。彼は私に「彼女と結婚したら、誓ってもいいが、君は明日ガス栓を開くことになるよ」と言いました。すると私は、彼女と結婚できない、誰かが今私を殺してくれたら彼女とは結婚しないで済む、と感じたのです。そんなことは無理です。それはある土曜日のことで、私は土曜日にツェルマークと会ったんですが、家に帰ると彼女が突然市電から飛び降りてきました。まるで小説のようだと彼女に言うと、彼女はちょうどマリアヒルファー街に行って、私のマフラーを探してきたところだ、と言いました。――私はまだ考えていて、どうしても彼女と結婚できないのならば、すぐにも言わなければならないと思いました。私たちはあるカフェに行きました。彼女は「あなたどうしたの？　何なの？」と言い、私は「君とは結婚できない」と言わねばなりませんでした。

すると罵詈雑言の爆発です。彼女はさっと立ち上がると走り出ていきました。そこで彼女が気の毒になって、後を追いました。彼女は立ち止まって「それじゃあ、別のお付き合いをしましょう……」と言いました。まだ彼女は立ち止まったままでしたが、少しは落ち着いたようでした。私は「でも、氷上レビューに行けるよ」と言って、彼女と氷上レビューに行くことにしました。もちろん私はひどく後悔していました。私が結婚の約束をしたので、彼女は私のマフラーを探しにいったのだ。彼女はたいそう幸せだったのに、突然私が結婚できないなんて言ったのだ。ひどい罪悪感で、どうしたらいいのか迷いました。

ひどい絶望感とともに帰宅すると、こんな馬鹿げた考えが浮かんできました。彼女に結婚を約束したあとで、今度は結婚したくないと思う、彼女にうちで働いてもらう話は彼女がいやだと言う、それなら彼女に私の収入の一部を渡そう——それは当時で二百五十から三百シリングでしたが、それを彼女に渡そうと思ったのです。E先生がウィーンの精神分析家の女医を一人勧めてくれたので、彼女が何と言うか聞いてみようと思いました。それでその分析家のところへ行ったわけですが——精神分析の転移の持つ最も悪い点は、いつも質問するようになることです——この間抜けな女医は「そんなことをしてはいけません、そんなことを約束してはいけません」とは言いませんでした。私の家の机の上に民法の本があるのですが、そこには結婚の約束は法律上は無効であると書いてあります。彼女は「それは効力がありません。それであなたは、彼女に何をあげたいのですか？」と言えばよかったのです。——私は賠償金のようなものを払えないか、と言いました。するとこの間抜けな女精神分析家は「ああ、なるほど、それは税金を払うようなもので、実に道理に適った考えですね」と言ったのです……。

O　彼女はまだ生きているのですか？

W　間抜け女ですか、まだ生きていると思います。——この結びつきが生涯続くということを、彼女は考えなかったのです。これは一番愚かなことです。終わりにするのなら、きっちりと終わりにしなくてはならないのであって、相手の女に義務を負うことはないのです。

それから私は、ルイーゼと一緒に弁護士のところへ出かけて、彼女に毎月これだけ払うということを書面で約束しました。もちろん、私の精神的状態はひどいものでした。それからメニンガーという医者のところへ出かけたのですが、彼は精神分析家ではなくて精神科医でした。私が何か精神分析的なことを言うと、彼は「いったい誰がそんなことを信じているのかね？」と言いました。——彼は講師でしたが、親切な人で、そう言えばもう亡くなっています。彼は「今の状態では、その女性に会ってはいけません。彼女に、しばらく会えないと手紙を書きなさい。とりあえずは取り決めただけのお金を払いなさい。疑われでもしたら、あなたの状態では最悪です。一度取り決めた以上、そのまま放っておきなさい。でも、彼女に会ってはなりません」と言いました。

そこで、私は彼女に手紙を書きました。その頃は彼女もまだおとなしかったのですが、私は精神的に病気で、神経科医に君と会うことを禁じられたという手紙を書いて、お金を送りました。

それから数か月が過ぎて、クリスマスになり、四月から五月になると、私の状態はひどくなりました。一日中べッドに寝ていて、夕方の六時頃に起きると、家政婦が何か食べるものを持ってきてくれて、それから少し散歩してから帰宅します。私がこれまで経験した中でも最もひどい状態が何か月も続きました。三か月がたつといきなりノックの音がして、お金は払っていましたが、彼女がいきり立って入ってきました。「ひどいじゃない。私のお金を頂戴よ。毎日お金を待っているのに。誰も面倒をみてくれないんだもの、ひどい気管支炎なのに……。」とにかく、まったくひどい振舞いで、私も憤慨して彼女を罵りました。彼女を脅したりはしなかったのですが、ほとんど脅しに近かったかもしれませんね。「出ていけ！　失せろ！」と言ったんです。――つまり一言で言えば喧嘩です。

私は「何のために彼女にお金を送っているのだろう？」と思いました。あのツェルマークも「何て馬鹿なことをしたんだ、なぜそんなことをしたんだ？」と言っていました。私も何のためにこんなことをするのだろうと考えました。――ツェルマークに弁護士のことを聞いて、その人のところに行ってきました。するとその弁護士は「あなたがなさった約束は効力がありません。礼儀には反することですが。その女性はあなたにとって何でもないのですから、それは取り消すことができます」と言いました。――「お金の総額を返済してもらえますか？」と尋ねると、「二千シリングもあげれば十分です」と彼は言いました。

私の貯金は全部なくなり、お金は持っていませんでしたが、財産は全部集めると一万シリングありました。「二千シリングでは少なすぎます。彼女には五千シリングあげます」と私は言いました。――その瞬間、心が軽くなったような感じがしましたが、たぶんこの苦境から抜け出せると思ったのです。弁護士に依頼して、以前の取り決めを無効とするので彼女が補償金を受け取るか、私が支払いを中止するかのいずれかである旨を彼女に宛てて書いてもらいました。彼女は私の家へやってきましたが、いつもうまくティニーの家に隠れることができました。それから弁護士のところで落ち合ったんですが、弁護士は「変わった女性だ」と言いました。――彼女が弁護士のところに行った時に、彼が少し質問をしたのです。つまり、私たちが弁護士のところへ行った時に、その家の前で彼女は急に、家に上がらないと言い出しました。それではどうしようもないので、私は一人で弁護士のところへ上がっていって、彼女が来たがらないと言いました。彼は「では待ってなさい、私が下りていきますから」と言いました。――彼は下りていきましたが、彼女は「あなたとはこの件で話をしません。私は彼としか話をしません」と言いました。――彼はどうすることもできなくて、また階上に上がっていきました。

それから私たちはカフェに行って、「一万」「いや、五千だ」「一万」「だめだ、五千だ」というやりとりを始めました。すると彼女は「私には男の人が必要なの。私は男の人が欲しいのよ」と言い出しました。――私はこの件を何とかまとめたかったので、「まあ、男の人が必要な時には、助言でも何でも私がいるじゃないか」と言いました。――負い目があったんですね。私がいるなどと言うべきではなかったのに。またしても過ちを犯しました。私たちはそれから外へ出ましたが、彼女は向こうへ行ったかと思うとまた戻ってきて、また行って……。やっぱりそれでいいことにするわ、だめ、やっぱり私はもっと考えてみるわ、とか何とか言っていました。

それから私たちは別れましたが、二日後に弁護士に電話をかけると、彼女が署名をしたと弁護士が言いました。その紙切れは今でも持っていますが、私には何の役にも立たないものです。こんなふうにしてその件は片づいたのです。

二日もするともう彼女から、「相談相手になってくれるということだったけど、お金をどうしたらいいか相談したいので、これこれのカフェに来て」という手紙が届きました。――私は出かけていきました。一度は迷ったのだけれどまた始めましょうと彼女が言い、愛の告白もあって、すべてを忘れるからなどと彼女が言い出しました。私は、その時「いいでしょう」と言ったら、それですべてが終わりになるような気がしました。それで、どんなことがあってもだめだと拒否しました。そして、私はシェーンブルンのそばに住んでいる知人のところへ行きました。親切な人たちで、私を家族に迎えてくれると言ってくれましたが、急にそこの人生がとても退屈に思えました。あなたならどう思いますか？　何もかもが非常にうまくいっているのを喜ぶかわりに、いきなりすべてをだめにしてしまうなんて。彼女と再会したい、彼女に会いたいと思いました。これでは人生が空っぽだと思えたので、彼女が手紙をくれるのを待ちました。さあ、どう思いますか？

そこへちょうどE先生が来たので、先生のところへ行って、「その女を殺したいと思うほど憤慨していたのに、急にその怒りもなくなって、また彼女に会って仲直りしたいのです」と言いました。――他の人だったら……もし、家の管理人とかお手伝いさんとか、普通の人たちとこの話をしていたら、ちょっとでも脳味噌のある人だったら誰でもこう答えたことでしょうね。今のところすべてうまくいったんだから、喜ばなくては。街で気に入った女性を拾って付き合えばいいじゃないの。いつだって気に入った女性をうまくホテルに連れ込めたじゃないですか、と。――誰でもそう言ったことでしょう。

それで先生は何と言ったでしょう？　彼が何と言ったと思いますか？「あなたは彼女のことをとてもひどい人のように言っていますが、そんなことは全然ないのですよ」――というのは、私がテレーゼのことをひどい人のように言っていて、それをフロイトに非難されたと、私が手紙に書いたことがあるからです――「私はあなたに何かをしてはいけないと言うことはできません。そうすると、私が責められるかもしれませんから。あなたに任せます。彼女と仲直りしないほうがいいとは思っていますが」――ところで、「しないほうがいいとは思っていますが……」というのはどういう意味なのでしょう？　そうして翌日、街を歩いていると、いきなり彼女が私の前を歩いているのが目に入りました。立ち止まるかわりに……一度は彼女を見て、立ち止まったんですが……また彼女の傍に駈け寄って、「こんにちは」と言いました。――すると彼女は「同じことは繰り返さないって言ったでしょ。あんたの顔なんか見たくもないわ」と言うのです。――それからもう少し先へ行くと、ホテル・レジーナの前の公園に出ました。そこへ座ると、突然彼女は「また私を可愛がってちょうだい、すべて忘れてあげるから」と言って抱きついてきたのです。――さあ、どう思いますか？

そうやって拒絶したあとに「可愛がって」と言ったので、それがとても対照的で、もちろんすべてをまた強める結果となってしまったのです。私にひどいことをされたと言っていた女性が、今やまた仲直りしたいと思っていて、私もまたそう思っている……。その後でE先生にこのことを話したのですが、彼は私に責められるから、何も禁じることはできないというのです。――まあ、いったい誰が責めるというのでしょう？　それに彼女はたいそうずる賢くて、二日もしたら私が戻ってこなくなるとわかっていたので、「明後日、母と一緒に遠くへ出かけるので、明日決めてね」と言いました。――何てずる賢い女でしょう！　それからE先生に会って、私はもう怒っていないと言ったら、彼がいわば白紙委任状を渡してくれたわけです。私はちょっとカフェに寄ってから、彼女のところへ出かけてノックをしたんですが、誰も家にはいませんでした。だからその時は、運命が私に味方してくれたのです。それからまたカフェに行きましたが、これからどうしよう、彼女は遠くへ行ってしまうのだから、後でもう一度訪ねてみようと思いました。それでまた彼女のところへ行くと、今度は彼女がいました。それですべてがまた始まってしまいました。つまり、「次号へ続く」です。

O　その当時はもう、E先生はウィーンへ来ていたのですか？

W　ええ、ロシア人の話のあとです。その時は「ロシア人たちは、あなたには全然関心を持っていませんよ」と言われましたから、とても助かりました。――でも、今度はまったく間違った助言をしてくれたのです。――それで、ちょっと待ってください、どこまで話したでしょう？　彼女と仲直りをしたところですね。それで、今でもそのまま続いているのです。

O　それがだいたい二十年前なのですね。

W　まだ時間はありますか？

O　ええ。

W　記憶を整理しないと……。次回にしましょうか、それともこの話を今日終わらせてしまったほうがいいですか？

O　一度にすべて話していただけると一番良いのですが。

W　今日は遅くなってもかまわないでしょう。私もそのほうがいいですし。――どこから話を進めましょうか？　私はグロースグマインに行ったんですが、そこにはポーランド女性が住んでいました。彼女は「どうなさったの？　またあの人と仲直りしたんでしょう？　気違い沙汰だわ。もうできることといったら、たくさんのお金をあげて、けっして譲らないことね。彼女がそれで嫌だといったら別れることだわ」と言いました。――そうですね、当時彼女には二百シリング渡していたと思います。

やがてすぐに喧嘩になり、彼女は三百シリング欲しいと言い、私は二百シリングと言いました。つまり、お金のことであの頃もう争いが始まっていたのです。当時は私もまだ意志が強かったので出ていこうとすると、彼女が上着のすそをつかんで家の中へ引き入れ、彼女のほうが折れました。当時はまだ私にはそうする力があったのです。私は自分が悪いとは思っていませんでしたし、決めたことはきちんと守っていました。お金は全部であまりかかりませんでしたし、関係もとてもうまくいっていました。私はあまりたくさん払うつもりはなかったので、彼女は少なすぎるといつも文句を言っていました。このことは簡単に話します。

いずれにしても、私はいつも境界線は守っていたので、彼女が私から去ろうかどうしようかと揺れているのがわかりました。それから二年がたって、私は休暇でハルデッグ［チェコとの国境に近い避暑地］に行きましたが、その頃にはこの話が終わったような感じがしていました。渡す金額が少なすぎるから、彼女は離れていくのだと思っていました。私はいい気がしませんでした。それに彼女がもう来ないのではないかと心配もしました。しかし、彼女はやってきて、「噂になるからあんたにもううちに来てはいけないと母が言うの。だからあなたのうちで会うか、やめにするかしかないのよ」と言いました。――そのあとで例のポーランド人女性にこの話をすると、「誰か別のいい人ができたのよ」と言いました。――私にはその考えが気に入りませんでした。そして、彼女がうちに来てもちっとも構わないではないかと考えました。それで彼女には「それならいいよ。うちへおいで」と言いました。――実は彼女はまた再婚して、私には何も言わないでいたのです。彼女が結婚したことを話してくれていたら、もちろんそれで終わりになっていたことでしょう。しかし、私はそんなこととは知らなかったのです……。

彼女はその当時、月に二度、うちへ来ました。その頃はまだ日曜日ごとに会ってはいなかったので、私は実際にはほとんど自由と言っても良かったのです。その頃「映画館へ行こうか」と誘ったことがありました。――彼女とはよく映画に行っていたのですが、彼女は嫌だと言って、私とはどこにも出かけなくなりました。やってきて、性行為を終えると、すぐまた帰っていきます。彼女が結婚していたからだったんです。私はなんて馬鹿なことをしていたのでしょうね。「映画に行こう」と言うと、彼女は「いいえ、そんな時間はないし、母が病気で、母が……」などと言っていたんですから。――それで私は「日曜日に来なさい」と言って、彼女は日曜日に来るようになったのです。こうして私はすべてをだめにしてしまいました。日曜日は繰り返しめぐってくるのですから。自分で築いたものをすべて壊してしまいました。自分の愚かさのせいで。あなたはどう考えますか？

それから彼女は離婚したんですが、その結婚も数か月しか続かなかったと思います。彼女は別れ、日曜日はめぐってきます。今や私は窮地に陥ったのです。

O　彼女と知り合った一番最初の頃、彼女は結婚していたのですか？

W　離婚していました。最初の御主人はドイツ人でしたが、彼女が書類を渡してくれたので、彼女にオーストリア国籍を取ってやりました。離婚した女性は自動的にオーストリア国籍に戻るのです。さて、それではいよいよエジプトの捕囚の最終章というか何というか……。
O　あなたがたが最初にすぐに結婚なさっていたら一番良かったのでしょうけれど。
W　たぶんそのほうが良かったでしょうね。
O　それで後になってもう一度結婚したいとお考えになったのですか？
W　そうですね、それから日曜日ごとに一緒に過ごすようになったのですが、時折、彼女は「とうの昔に結婚できたのにね」と言うようになりました。――ティニーにその話をしましたら、ティニーは「まあ、あの人は自分がどの家の人間かも知らないんですからね」と言っていました。――そのティニーも、私に賛成してくれました。E先生とS先生は、もちろん反対でした。私は先生方の助言に逆らって、ルイーゼに「よくわかった、では結婚しよう」と言ったんですが、そのことは二人に全然話しませんでした。――彼女は「私は結婚に向いていないのよ。恋人ならいいでしょうけど、奥さんには向いていないわ。これまでと同じようにしましょうよ」と言いました。――まあ、それで私はだいぶ傷ついたのですが。
O　それで彼女はいつからまた結婚したいと言い出したのですか？
W　三年前に言い出しました。――その頃はまだ長いこと平和で、この件もうまくいっていました。主な問題は、彼女が結婚したがらないことだとわかっていました。最初は私も傷ついたのですが、しかしそのあとで「助かった」と思いました。彼女が病気になるまでは、そんなふうな状態だったのです。十一年前に彼女は心臓の病気になって、それからもう私のうちへ来なくなりました。私たちは日曜日ごとにどこかで落ち合っていたのですが、そうこうするうちに彼女のお母さんが亡くなりました。以前は、一部お母さんの年金で暮らしていたこともあったので、彼女は誰か見つけなくてはならなくなり、結婚するべきか考えてみたのです。私は、もう彼女とは性行為もなかったし、彼女は病気なので、彼女が誰かと一緒になるのはいいことだと思うと言いました。
　しばらくは、彼女も私とは結婚したくないと言っていました。私が彼女のことをあまりに低く考えているから、と言うのです。それで誰か他の人と結婚するつもりでした。ある時彼女はやってくると、「もう好きでもない人だけど、結婚するほかないわ」と言いました。――それが三年前です。相手の男は離れていき、彼女は病気になり、三年前に悲劇がまた始まってしまったのです。これで全部お話ししました。彼女はますます耐え難くなっています……。さて、あなたに言っておきたいのですが、なぜって、あのE先生とS先生は、彼女に対して何の義務感も持つことはない、すべては思い込みとマゾヒズムのせいなのだから、と言っているんですよ。――そこで、あなたは女性としてどう思いますか？

O　ええ、ひどいお話ですね。あなたが義務感を感じていらっしゃることは前からわかっています。あなたのお話は、何だか私の胸にこたえました。あなたが結婚するとおっしゃり、彼女がとても喜んで「男爵が私と結婚してくれるって」と言って、マフラーを買って上機嫌だったというところ……。彼女が耐えられないような人だったらよかったのですが……。でも、彼女は感じが良さそうで、とても喜んでいましたね……。

W　たくさんのことが裏に隠されているんですよ。あなたはそれらの要因を評価してくれますが、しかしE先生やS先生は評価してくれないのです。

O　もうこの話を彼らにもなさったのですか？

W　彼らは認めてくれません。あなたは女性だから良くわかってくれます。あなたなら、私にとってこの話がいかに苦痛であるか想像できるでしょう。それにあなたは、テレーゼの話や葛藤のこと、それがとても長く続いて、傷口の下にまた別の傷口があるのだということを知っていますから。

O　どうしてあなたは結婚のことを口になさったのですか？

W　まあ、私もどうしてそんなことを言ったのか、不思議に思います。そんなことを言う必要はなかったし、仕事につく提案を受け入れないのなら別れようと言うべきでした。何もかも間違ったことをしてしまいました。

O　私が正しく理解しているならば、どうやらあなたは、彼女と寝るとそのあとでは幸せな気分におなりになっていたようですが。

W　そうですね、三週間も彼女に会わないでいると、突然、世界が崩壊するように思えてくるのです。それが今や、生活はまさに崩壊したも同然です。

O　もう完全な行き詰まりですね。そういう事情を考慮するならば、フロイトが「これは女性に関する問題を解決する突破口です。あなたは結婚できますよ」と言った時、彼はあなたの後年の精神分析家よりも分別があったと言わねばなりません。――彼がそう言わなかったら、あの時もおそらく同じように生活が崩壊したことでしょう。

W　もちろん、彼は分別がありました――。

O　でも、二、三十年もためらっていたあとでは……それを忘れるわけにもいきません。ただ昔のままにしておくか、それとも終わりにしてしまうか、二つに一つです……。

W　でもおわかりの通り、私が今彼女と結婚しても何も変わらないし、憎しみが続いて……。

O　あなたは彼女にされたことを忘れることはできませんし、もちろん彼女も、あなたにされたことを忘れはしないでしょう。

W　私たちはお互いにずいぶんといろんなことをしてきました……。

O　二十年間の喧嘩や口論は完全に消し去ることはできません。――それにルイーゼは、おそらく自分が人生を無駄にしたと思っているでしょう。彼女の態度は何となくわかります。

W　彼女が私を憎んでいるのもわかります。

O　それはおおげさではないでしょうか。――でも、他の人がルイーゼの立場に立ったら、ずいぶん前に、この男性とはやっていけない、別な人を探そうと思ったことでしょう。最初の結婚の約束のあとでもすぐに。でも、彼女もどうやらあなたと似た人格の持ち主で、「もう終わりにします。あなたのことはもう耳にしたくない」ときっぱりと言えないようですね。

W　彼女がそう言ってくれたら、私は喜んだことでしょう。――結婚のことは考えもなしに言ったことですが、日曜日に来なさいなどと言わなければ、まだすべてがうまくいっていたでしょうに。ひと月に二度ほど来るだけだったでしょうから……。それに今では私がすべてをだめにしてしまったのだという気がして、それが辛いのです。すべての行いが間違っていたのだと。もう仲直りすることはないだろうとあなたも言いましたね。

O　難しいでしょうね。

W　それに彼女にとっては、自分が正常でないと言われるのは最大の侮辱なんです。それで彼女はべらぼうに怒るのです。彼女にとってはすべては白か黒かであって、正常か気違いかなのです。精神的に傷つきやすい人間にとっては、こういう女性は考えうる限り最悪の女性です。いつも利益、利益で、うちにいる時にはおしゃべり、それもくだらぬ噂話ばかり、隣のテーブルのほうが量が多いと言ってみたり……彼女の話題といえばそれしかないんです。

O　いずれにしても、あなたは誰かに恋すると、すっかり平静さを失うようですね。

W　まあ、テレーゼとは何とかうまくいきましたが。ただあの時はフロイトがいろいろ介入してくれました。その前にも大騒動があったんですが、何とか逃げ道を見つけることができました。面倒なことになった時も、何とか我慢できたのです。しかし、この女には我慢できません。

O　でも、彼女は最初からそんなに耐え難い人ではなかったのでしょう。

W　最初は違います。――でも今では「自殺のことはどうしたら良いの？」とグレートヒェンの問いかけ*をするのです。

O　彼女は自殺をすべきだと私が言ったほうがいいのでしょうか？

W　いずれにしてもとても危機的な状況です。

O　それから、窓から飛び降りると言っていましたがあれは……。

W　ええ、それがどうかしましたか？

O　つまり……。

W　解決にはならないと？

O　本当にその通りです。不安感はお持ちにならないのですか？

W　もちろん、不安感はあります。もしかしたらそのあとでまだ生きていて、びっこになっていたらどうしようという不安はあります。そうしたら、さらにひどいことになってしまいます。ありがたい、まだ歩くことも手を動かすこともできるなんて、何と幸運なのだろうと考えるでしょう。関節が全部だめになったら、もっとひどいことになります。それに青酸カリは手に入りません。ヒットラーに関する映画の中で、ナチスの最後の日々が描かれていましたが、ヒットラーは同志みんなに青酸カリを渡して、もっと良い贈り物をできないことを詫びます。とにかく、あの女は私からすべてを奪い取ることだけに注意を向けているので、耐えられません。もう憎しみと怒りしか残っていません。

O　あなたが今、結婚すると言ったとしても……。

W　いいえ、今ではもう何もかもだめです。私の年齢のことを責めて、考えられないような振舞いをするのです。もうこういう憎しみは消えることはありません。彼女と十回結婚しても何も変わらないでしょう。あんなに大金をあげたのに、あの女ときたらただの一度もありがとうと言ったことがありません。一年前には「あなたが好きよ、だってロシア人なんだもの」などと言っていたのに。――その頃はまだいくらかはお金がありました。しかし、今ではもうまったく何もないのです。いつもおしゃればかりして、お金を使い果たして。いずれにしても、E先生が考えていたように、すべてが単純でマゾヒズムにすぎないというのであればよかったのですが、そうではないのです。すべての状況がこれほどひどく大変になっているのは、本当に事実なんです。私はもろに憎しみを感じています……。

O　彼女と会っている時もですか？

W　ええ。

O　ではなぜ彼女に会うのですか？

W　彼女がお金のために来るからです。

O　最初からお金のためなのですね……。

W　今ではとにかく全面的に憎しみしかないのです。

O　双方ともですか？

W　彼女が私をどう扱っているかご存じでしょう。

O　それであなたは？　あなたも彼女を憎んでいるのですか？

W　そうですね、あんなに耐え難くなる時には確かに。

O　ではふだんは？

W　ふだんはそんなことはありません。

O　でも、お互いに愛し合ってもいらっしゃるのではありませんか？

W　私にはよくわからないのです。

＊　ゲーテの戯曲『ファウスト』の中で、グレートヒェンが「宗教のことはどうお考えになるの」と問いかけたことから転じて、答えに窮するような根本的で微妙な問いのこと。

九十歳の若者

W　ええ、彼女はお金を欲しがります。そのうえよく病気になって、それでまた洋服を買い込みます。洋服を一着しか持っておらず、二着めを買うと、三着めも欲しくなります……。それから腎臓に疝痛があって、洗浄をしなくてはならないのですが、その洗浄には五百シリングもかかります。「五百シリングちょうだい。」そんなお金、いったいどこから手に入れたらいいのでしょうか？

O　でも、あなたはついこのクリスマスに彼女にお金をお渡しになったばかりですよ。

W　たくさんのお金をね。あの本でもらったお金は、全部彼女に渡してしまったのです。

O　それなのにもうお金のことを言ってくるのですか？

W　ひっきりなしです。結石と腎臓の洗浄は、たいそうお金がかかります。いつもこうなんです。でも、お金が要るのなら、二着めの洋服を買うべきではないのに。ひどい人です。以前は慎ましかったのに。もう、彼女をどうすればいいのでしょう？　思うに、彼女は以前は控え目だったのに、自分にお金を貢いでくれる人と知り合いになってしまったのでしょうね。彼女はその人と関係を持っていたのでしょうか、それともそんな関係はなかったのでしょうか？　私にはわかりませんが、彼女がこんなに病気だったら、その人も彼女に無駄にお金を与えたりはしなかったろうと思います。彼女に誰か男がいたらもっと良いのにと思ったこともあります。でもその人がどうやら彼女を甘やかしてしまったようです。彼女はぜいたくをするのに慣れてしまいました。それから、彼女はいつも何か結婚の話ばかりしていたのですが、突然やってきて、「私が好きでもない人と結婚したほうが良いの？」と言ったんです。さあ、彼女に何と言えばいいのでしょう？　結婚しなさい、と言っても無駄です。でも、最悪なのは、彼女が無駄遣いに慣れてしまったことでしょう。その後すべてのことが、私にとても不利な形になっていきました。可能な限り不利になっていくのです。病気、母の死、百もの病気、糖尿、心臓、腎臓……。ほかに何が望めるでしょう？

いずれにしても、これが現実でした。彼女は病気で、糖尿持ちで、心臓と腎臓の具合が悪く、健康保険に入っていない……。
O　でも、今は健康保険に入っているでしょう。
W　ええ。でも、彼女はちょうど六十歳なんですが、お金を本当に払い込んだのかどうか、知りません。誰が知っているのでしょう？　そのことは彼女から聞き出せないのです。
O　彼女にお尋ねになったのですか？
W　ええ。今、毎月三百シリングを彼女に払っていますし、そのうえまだいくらか余分に払っています……。彼女は、自分なら二十五歳の若者とだって付き合えるし、彼のところで寝られるんだから、あんたとなんか寝たくない、と自惚れたことを言っていました。たいした愛情の証拠ではないですか！　当時は私もまだ彼女を避けるほど強かったのですが、後には親しくしている人々のところへ行っていると、急に彼女がいなくてひどく寂しくなってくるのです。馬鹿げたことです。いろいろなことに耐えてきたのに、それがとてもつらかったのです……。彼女がやってきてノックをすると、私はティニーのところへ隠れました。それがうまくいったのに、今度は急に彼女がいないと寂しくなったのです。ねえ、わかりますか？
O　あなたには誰もいなかったからですね。
W　すぐにも誰か他の女性のところへ行くべきでした。そのほうが気もまぎれたことでしょう。しかし、私にはお金がないからどこにも行けませんでした。そのあとでE先生が来たので、私を訪ねた時に首を絞められて、その跡がついてしまったという手紙を彼女が書いてきたことを話しました。
——私は彼女に触れてもいないのに、彼女は首すじに絞められた跡がついたと主張するのです。E先生には「触れてもいないのに私が絞め殺そうとしたと言い張っているんですよ」と言いました。——それで彼もルイーゼがどんな人物かわかったのでしょう、「彼女とは仲直りしないほうがいいと思いますね。しかし、チャンスを失ったといってあなたに非難されるのはごめんです」と言いました。——これは最悪のせりふです。チャンスとは！　彼は「この人のことであなたが失うものなど何もありません。あなたにはいつだってチャンスがあるのだから」と言うべきだったのです。

それで、白紙委任状を突きつけられたので、当然のことながら彼女のところへ行ったのですが、彼女はうちにいませんでした。運命が味方してくれたんですね。それからもう一度試してみようと思って出かけたら、今度は彼女がうちにいて、私たちは仲直りしたのです。取り返しのつかない馬鹿なことをしたものです。彼女と仲直りしてしまいましたが、うまく別れられたかもしれない機会がもう一度ありました……。

O　それは休暇でお出かけになった時ですか？

W　ええ、こういうことでした。私は彼女に少額のお金をあげて、そのまま変更なしで続けようと考えたのです。私が二百シリングと言うと、彼女は三百シリングなどと言いました。でも私は決心を変えずに、二百シリングだと言い張って、出口に向かいました。すると彼女は、私をまた家の中へ引き入れて、申し出に応じたのです。とにかく当時は援助も少なくて、年金も少なかったので、私はとても倹約をしていました。私たちは日曜日に外出して、グリンツィングに出かけました。今では彼女は劇場にも行きますが、当時は劇場には行きませんでした。どのくらい長いことこうして続いていたのかはわかりません。確認しようとしてみたのですが、何年のことだったかわかりません。そのあと二、三年はそうやって続いたに違いありません。

休暇の時にはハルデッグに行きましたが、すでに彼女がちょっとためらっているのが――お金が少なすぎて不満なのがわかりました。ハルデッグに行ったものの、終始、彼女がやめるかどうかが気になっていました。まあ、彼女がやめたいと言ったら、その時はどうしようもないと思っていました。でも、それはいやだったのです。それからまたウィーンに戻って、二日後だったでしょうか、彼女がノックをして「他の男の人たちはどうでもいいの。あんたのところにいるわ」と言ったので、ひと月に二度、彼女がうちに来るようにしました。その時、彼女は結婚していたのに、私に何も言わなかったんですよ。

それと、ひと月に二度会うというままにしておけば、彼女に煩わされず、お金もあまりかからなかったことでしょう。でも私にはひと月に二度だけではちょっと少なすぎたのです。どうしてもっと頻繁に来ないのかと彼女に言いました。以前でしたら彼女は毎週日曜日に来ていたんですが、私が映画館に行こうと言っても、彼女は「だめ、母が待っているから行けないわ」と言って、いつもさっさと帰ってしまうのです。

私の欠点がどこにあるかというと、それは何かを思いついたらそうしなくては気がすまないことです。全力で無理を通そうとすることです。どうして彼女は映画館に行かないのでしょう？　彼女が映画館に行きたがらないのは結婚していたからでした。

私には知人がいたのですが……そう、つまり、そのことも話さねばなりませんね。一週間が過ぎて日曜日が来ると、日曜日だけは何をしていいのかわかりません。日曜日をどう過ごしたらいいのでしょう？　事務所で知り合いになったハウプトマンを訪ねてみると、日曜日は予定がいっぱいということでした。その後は、みんなが日曜日には来てほしくないらしいことに気づいたので、訪ねるのをやめました。それに他の曜日には、私が行きたくありませんでした。日曜日に何をすればいいのかわかりませんでした。この呪われた日曜日は、私の家内が死んでからというもの、一番いやな曜日でした。事務所に行けば気もまぎれますが、日曜日はいやでした。日曜日には何をしたらいいというのでしょう？

　それで、私にはポーランド人の知人がいたのですが、一緒に裸体画を描いたりして、彼女とはとても仲良くやっていました。日曜日は彼女のところに行っていたのです。毎週日曜日です。ティニーがシュニッツェル「ウィーン名物の子牛のカツレツ」を作ってくれましたから、彼女は料理を作る必要がありませんでした。彼女とは非常によく理解し合えました。ポーランド人女性は――ご存じでしょうが、オペレッタでは一番の美人はポーランド人女性です。ポーランド人女性がみんな最高の美人というわけではありませんが、ポーランド人女性には男性に合わせる特殊な才能があって、彼女にもそれがありました。それで彼女とはとてもうまく理解し合えたんです。でも女性にとって、日曜日にしか来られないような男友達が必要でしょうか？　で、終わりになりました。

O　ひどいことですね。

W　そうでしょう？――今では日曜日に何をしていいのかわかりません。それでどんな結果が、どんなひどい結果になるのかよく考えもせずに、ルイーゼに「日曜日に来られないかい？」と言ってしまいました。――自分からそのまま厄介な状況にはまっていったのです。すると彼女は感激して「ええ」と言って、その間に離婚を済ませ、今では日曜日に来られるようになりました。もう二、三週間早かったら、彼女は「だめだ」と言ったかもしれません。それなのに、実に都合の悪い時に言ったので、こうしていやな日曜日を迎えることになったのです。彼女が絶えずお金を要求するので、今や日曜日は略奪の日です。

O　日曜日ごとにですか？

W　まだ要るわ、あと二、三百ちょうだい、もっと、もっと。自分でお金を払うことはありませんから、私がすべて払わねばなりません。まだ私の手もとに残っている分も、すぐに取り立てられてしまうでしょう。

O　それでさっきのポーランド人ですが、あなたにとっては女友達というだけなのですか？
W　彼女は私と結婚したいと言ったので、私は彼女が若すぎて年金をもらえなくなるからと言ったのです。すると彼女は同棲してもいいと言ったんですが、私はそれに何も言いませんでした。というのは、すでにルイーゼとの関係が始まっていたからです。彼女はそれから結婚しました。私はそれまで、年金をもらうためにはある一定期間、結婚していなくてはならないことを知りませんでした。
O　でも年金のことですが、あなたがその女性を気に入ろうと、女性があなたを気に入ろうと同じことではないですか。
W　まあ、そうですが、でもどんな見込みがあったかというと……。
O　でもあなたは彼女とよく理解し合っていたとおっしゃっていましたが。
W　彼女とはとてもよく理解し合っていました。
O　あなたがなぜ彼女と親密におなりにならなかったのか、本当にわかりません。そのあとで彼女は別の男友達を探したのでしょう？
W　いや、彼女は結婚したのです。
O　でも彼女とは仲がよかったのでしょう。
W　彼女とは関係はありませんでした。性的な関係は。
O　どうしてなかったのですか？
W　むしろ友情のようなものだったのです。
O　では、どうして彼女があなたに結婚しようなどと言い出したのでしょうか？
W　彼女はまさにそう言ったのです。
O　不思議ですね。そういうことはその人をよく知ってから考えつくものですが。彼女の職業はいったい何だったのですか？
W　仕事はなかったのですが、お金はありました。彼女のお母さんがとても助けてくれていました。
O　お金もあったのですね？
W　お金も持っていました。――私がルイーゼと別れた当時は、大騒動があって、それからすべてが円滑に進み、彼女は署名をしました。そのあとで、すぐにまた始まってしまったのです。当時の私は、彼女にあまりお金をあげなくてもうまくいくだろうと思っていました。その頃はまだずっと若かったのです。もう今では八十八回目の誕生日を祝ったというか、いやむしろ嘆いたのを忘れないでください。当時は二十歳は若かったので、それほどお金を渡さないでもいられました。それから一度喧嘩をして、「だめだ、そんなにたくさんはやれないよ」と言ってドアから出ようとすると、彼女がすぐに私を引き留めたことがありました。その頃は私にはまだ持ちこたえる力がありましたから、日曜日ごとに会うことにさえしなければ、そんなにひどい事態になっていなかったかもしれません。

それから彼女は、お金が少なすぎる、切り詰めなくてはならない、ひと月に二度しか来ないなどと言い出したので、私も頭にきてしまいました。なぜ彼女は映画館に行きたがらないのか？　その訳は結婚していたからでしたが、そのことを私には何も言わなかったのです。彼女が結婚したことを知ったなら、私はすぐに終わりにしたでしょうに。あのポーランド人女性がその頃私のうちへ来て……。いや、ルイーゼの言うには、母親が彼女のところへ私が行くのを喜ばないということなので、私はそれならうちへ来れば良いと答えたのです。で、ポーランド女性は「彼女にはたぶん男友達がいるのよ」と言いましたが、私はこの考えが気にくわなかったので、たぶん本当に母親が私の来訪を望んでいないのだと思いました。それで彼女との関係は断ちませんでした。いずれにせよ、当時の状況は彼女とひと月に二度だけ会って、日曜日にはポーランド人女性と過ごすというものでした。それからこの女性に男友達ができたので、急に日曜日が一人になってしまったのです。当時、ガーディナーがあの緑の薬を送ってくれていたら……。

O　どんな緑の薬ですか？

W　気分が高揚する薬です。それを彼女があの頃送ってくれていたら、うまい逃げ道ができたでしょうに。日曜日には薬を飲んで、絵を描いていたことでしょう。ところがガーディナーがその薬を送ってくれた時には、もう「毎週日曜日に会おうよ」と言ってしまったあとでした。それが間違いだったのです……。

O　それはどんな薬でしたか？　名前は何でした？

W　いや、錠剤としか言えません。あとで見ておきます。マリファナではありませんが、意識がはっきりして元気になる薬です。

O　おそらくアンフェタミン〔覚醒剤〕でしょう。

W　S先生は一週間に一度薬を飲むように言いました。今はもう何週間も飲んでいません。絵を描く時には飲むんです。でももう絵を描いていませんから。

O　その薬は店で買えるのですか？

W　このあたりでは買えませんが、アメリカでは買えます。でもS先生が言うには、一週間に一度か二度飲む分には危なくないそうです。もう何週間も飲んでいませんが、効き目はもちろんどんどん悪くなっています。——いずれにしても、それ以前は彼女が来るのはひと月に二度に限られていたのですが、彼女にはお金が少なすぎたので、それから彼女は日曜日ごとに来るようになりました。しかし、気をつけろ、これまでは彼女がひと月に二度しか来ないから自分の好きなことができたのだぞ、という考えは浮かびませんでした。ひと月に二度会う程度では破滅とは言えません。以前は私と一緒に映画館に行ったのに、なぜ行こうとしないのだ？　何のために彼女と映画館に行かなければならないのか？　そんなことを考えるのは愚かしいことでした。それに「毎週日曜日に来なさい」なんて馬鹿なことを言って……。こうして私は、なしとげたすべてのものをまた失ってしまいました。

それでもまだ彼女が健康な間は何とかやっていけました。しかし、そのあとで彼女は母親をなくし、病気になり、高齢になり、正気を失うようになりました。今ではもう完全に気違いです。彼女には、例えば私が年金会社から年金をもらい、市の保険局に補助してもらっていることを説明できません。文書を彼女に見せたのですが、彼女の頭には入らないのです。補助金がありますが、そのうえに市から二つ目の年金をもらわねばなりません。この補助金は市からすれば贈り物のようなもので、市としては払う義務はないのだということを彼女に納得させることができません。国民年金の補助金なのです。彼女はそれを二つ目の年金と解釈して、もっと補助金をもらえと言うのです。あなたならどうしますか？　彼女を殴ることもできますが、何をやっても無駄です。

彼女は、あんたのような年寄りが若い女性と関係を持った以上、責任があると言い張ります。そうでなければ、普通、男の人が若い女性を囲う時には家を借りてあげたりするものだと。あんたのほうが離れられないのだから、あんたに責任があると。手紙をお見せすることもできますが、それを見れば離れられないのは彼女のほうだとわかります。彼女はまるで、私が彼女を誘惑したかのような言い方をします。あなたは女性として、私が彼女に対して責任があると思いますか？　もし責任があるのなら、彼女と結婚しなくてはならないのでしょうか？　彼女は、私が長いこと彼女と一緒にいたのだし、関係を持ちはじめたのは彼女がまだかなり若い頃だったから、私は今すぐにも彼女と結婚すべきだと主張しています。百万長者と結婚できたに違いないのにと言うのですが、どうですかね。でも、E先生は私が彼女と結婚したら、もう二度と訪ねてこないと言っています。一銭も払う義務はないというのがS先生の意見です。あなたは女性としてこの件をどう考えますか？
O　私は女性として、やはり彼女に対してあなたには何の責任もないという意見です。私も他の人の意見と同じだと言わねばなりません。
W　彼女自身が思案せねばならなかったのだと……。
O　ええ、確かに。人間関係では、誰もが「もう私はしたくない」と言う権利をいつでも持っていなくてはなりません。夫婦の間でも、別居したり離婚したりすることができるんです。
W　彼女はいつも「あんたが死んだらどうなるの？」と同じことを言います。終始、私の死について話すのです。とても気持ちがいい話題どころではありません。
O　あなたにとって不愉快だと？
W　ええ、もちろん不愉快です。彼女に何と言っていいのか、わからないのですから。E先生は前に一度、フロイト・アルヒーフが彼女に援助してくれると言いましたが、別の時には彼女を援助するのはアルヒーフの仕事ではないと言いました。私はその後の話を知らないのですが、彼女は自分がどうなるのか知りたがっています。
O　でも彼女は福祉年金がもらえるはずですが。
W　それは確かだと思います。財産がなくて六十歳以上の人は、誰でもその種の年金がもらえるはずです。でもそれがどのくらいの額なのか私は知りません。一度、問い合わせてみます。いずれにしても、彼女はその話はいっさい聞きたがらないでしょう。福祉年金をそんなに何年もあとでもらうなんて、ぞっとする話ですから。あのクルト・ユルゲンスはシモーネ夫人に何百万もの大金を渡しているのに。
O　いずれにせよ、福祉年金があれば生活していくことはできます。もちろん額は多くはありませんが。彼女があまり愉快な状況にないことは認めねばなりません。もし、あなたが六十歳で、どうやって生計を立てていいのかわからなかったらどうでしょう。
W　S先生もE先生も、ルイーゼの身になって状況を考えることができないのが決定的な違いです。毎月しかじかの額のお金を手に入れることができたのに、一月一日からもう何ももらえないことがわかれば、それはとても不愉快な状況と言わねばならないでしょう。そのことも考慮しなければなりません。しかし、先生方はそのことをまったく無視しています。あなたは彼女に対して何の責任もないのだし、彼女はそもそもいくらかもらえるだけでもありがたいと思わねばならない、彼女が言っていることは正しくない、と。この女性がとても不愉快な状況にあることは認めなければなりません。まあ、それで私はどうすればいいのでしょう？　アメリカに行きますか？　ガーディナーは「あなたは英語は話せないから、アメリカに来ることなど問題外です」と言いますが、しかし言葉など最終的には学べるものです。この歳では確かに簡単なことではありません。しかし、その国にいれば、ずっと簡単に学べるはずです。ガーディナーは、あなたにはドイツしか考えられないと言いますが、ドイツでいったい誰のところへ行けばいいのでしょう？　今では少なくとも例の女性がいるでしょうが、以前はドイツには誰一人いませんでした。

O　でも、おそらくドイツにもアメリカにも行く決心はおできにならないでしょうね。

W　おそらく決心したくないのだと思います。なぜなら、あちらで受け入れてくれる人たちに完全に依存してしまうでしょうから。アメリカにはもう十年来知っている女性がいますが、それはまったく別の関係です。しかし、見ず知らずの人たちに完全に依存して生活するのは……。いずれにしても、あの素敵な手紙を書いてきてくれた女性のところへ逃げようかという考えが頭に浮かんできます。

O　逃げてから、毎月ルイーゼにお金を送ることもできますが。

W　E先生は、あなたは素晴らしい状態にあり、彼女は無害な精神病質者であり、この状況を正しく理解して行動しないのは、実はあなたがすべて悪いのだと言って、いつも私を説得しようとします。ガーディナーは、一番良いのはドイツへ行くことだと考えています。今では少なくとも例の女性がいますが、あの手紙が来るまではそもそも誰もいなかったのです。しかし、あの手紙が来てもどうしようもありませんが。S先生は、どんな事情があろうと、いかなる訪問にも応ずるべきではないと言います。

O　それで、ルイーゼに対して良心の呵責をお感じになるのは、結婚の約束のことがあるからなのですか？

W　結婚の約束があるからではありません。当時、彼女はそれ以上の要求は断念するという書類に署名したのですから。しかし、時々、私が結婚していたら、もしかしたら私との関係ももっと良くなっていたかもしれないという思いがします。結婚したら、彼女はそれ以上にいったい何を望むでしょう？　しかし、E先生とS先生は、私が結婚しようがしまいが彼女は変わらないだろうと言います。確かに彼女は重い精神病質で、善悪に関する正しい考えもありません。とても自己中心的で、自分に都合のいいことはすべて正しく、自分に都合の悪いことはすべて間違っていると言います。そうやって考えると、結婚は何の役にも立たないことがわかります。私も彼女が変わるとは思っていません。

O　ええ、私にもそうは思えません。

W　私は彼女に、私と結婚するためには、彼女がもっと違った付き合いかたをしなくてはならないと言ったことがあります。すると彼女は、それなら自分の違った面を見せてあげると言ったんです。これをどう思いますか？

O　それは面白いですね。すると彼女は、あなたに対して一番良い面は見せていないと感じていたことになりますね。

W　彼女にはそういう意識があるようです。

O　それで彼女は自分の違う面を見せてあげると言ったのですね。そうですね、おそらく二週間はもつかもしれませんが、しかしそのあとは……。

W　時々、そうですねえ、この人と結婚したら、こうやって果てしなく責め立てられることもなくなるのではないかと思ったりするのですが、しかしそれは誤った期待です。そんなに性格は変わるものではありません。みんなとうまくやっていけないような人間なら、その人と結婚しようがしまいが、性格は変わらないでしょう。

O　あなたが結婚してくれたら彼女はどうしようと考えているのか、二人でお話しになったのですか？

W　私はこの話題には近づかないようにしているのです。そんなことをしたら、当然、彼女はそれに固執しますから。

O　でも、もう彼女もあなたが結婚してくれないことをそろそろわかっているのではないでしょうか。

W　まだわかっていないようです。

O　まだ希望を持っていると？

W　そのようです。そうでなかったら、いつもいつも結婚のことを話したりはしないでしょう。――ガスから毒性が除かれているというのは本当ですか？

O　ええ。

W　それははっきりしているのですか？

O　ええ、そのことははっきりしています。

W　では、ガス栓をひねっても意味がないのですね？

O　そうですよ。

W　お金のことですが、あの五万シリングの件では実に間違ったことをしてしまって、非常識でした。

O　でも、それだけたくさんのお金を持っていて、「ほら五万シリングあげよう」と言うのは、痛快でしょうね。

W　しかし、そうは言っても非常識です。

O　痛快なことがすべて筋が通っているわけではありま

せん。
W 「ほら、これをあげよう」とか、そういったことを言う時の快感を抑えることは私にはできないと言っていいでしょう。――それはとても大事な点です。彼女が自分は病気だとか、これこれのものが必要だとか、これこれのお金がかかると言って訴えはじめたら、また彼女に生活の保証をしてあげなくてはなりません。そうなるとこの女は私を愛しているのだ、だから生活の基盤を与えてやらなくてはならないと思ってしまいます。いろいろ訴える言葉に私は弱いのです。以前は裕福だったので余裕があったんですが、今ではもう何かしてやる余裕はありません。移民してから数十年になるのに、まだそういう贈り物をするのが当然のことのように感じるのです。実にそこにキーポイントがあります。
O それはまた、とても奇妙なことだと思うのですが。
W 無一文なのに、大物の紳士を演じたがるんですからね。
O この件は、幼年時代や青年時代とはもう何の関係もないようですね。
W かつては裕福だったのに、すべてを失ってしまったのです。それも不当なやり方で失ったわけで、ただもうあっさりと取り上げられてしまったのです。無意識ではおそらくこう思っているでしょう。実際はまだすべてが自分のもののままで、全部失ってしまったなどというのは、別の世界の話なのだと。しかし、どうしようもありませんでした。取り上げられてしまったことに対しては、どうすることもできません。ただ空想の中ではすべてがまだ自分のものであって、相変わらず自分は裕福でありつづけているのです。

ほら、この土地にいる移民たちは、みんなそうでしょう。精神分析家は、私にはマゾヒスティックな傾向があるから、多額の財産を失っても後悔しないのだと言いました。でも、それは違います。移民たちはみんな、本当にそんなことをまったく気にかけていないのです。彼らが全然気にしていないので、私も不思議に思っていました。彼らはやがてこんなことは過ぎてしまうと思っていたのか、あるいは私がそうだったように、みんな利口だからまた裕福になれると思っていたのか、どちらかでした。以前、お金がたくさんある頃は、お金はたいした問題ではなかったのですが、無一文になってしまったあとでも、やはりお金はたいしたことではなかったのです。

S先生が以前「男は馬鹿なんです」と言ったことがあります。ええ、本当に男は馬鹿なのです。女性は男性によって抑圧されているというのが私の見解ですが、それは当たっています。そのため女性には、ユダヤ人と同じようなある特性が発達してきます。ユダヤ人は弾圧されたので、当然のことながら逃げ道を探しました。女性はもっと早くに逃げ道を見つけ出しています。

以前、男子学生が私を訪ねてきたことがあります。もう今では便りを寄こさなくなっていますが、よく知りませんが、彼は非常に苦労して、保険雑誌にあたるとか、いろいろなことをして私を探したんです。それなのに、あなたはとても簡単に私を見つけましたね。

O　でも、論理性が女性に特に発達した特性とは言えませんね。

W　そこに気づきましたね。女性の心はかなり敏速に働くんですよ。これはルイーゼの場合にも言えることです。彼女は狡猾で、本当にあっけにとられてしまいます。窓口に行って「切符を予約してあるのだけど、誰の名前だったか忘れたわ」と言います……。私にはそんなことはできませんが、彼女には平気でやれるんですよ。女性の場合は――何というか、女性の心は曲がりくねっていて、男性より素速く働くのだと思います。つまり敏速な思考とゆっくりとした思考とがあって、それもまた重要なのです。あなたはとても聡明なかたですが、ゆっくりと考えていると好機を逃してしまって役に立たなくなりますよ。聡明さは懐ろに隠しておけますからね。とにかく、このルイーゼでびっくりしたのは、自分に得だとわかったときの素早さです。――まあ、ルイーゼのことであなたが私の立場に立ったら、どうなさるでしょうね。

O　あなたの立場に立つのは難しいと思います。

W　あなたが女性だから。

O　そればかりではありません。私はまったく違うタイプの人間ですから、誰に対してもそんなには我慢できないでしょう。

W　それは確かにそうです。私は彼女にはずいぶんと我慢してきました。今では、自分を尊敬してくれない生徒を持った教師のような状況です。教師はやりたいことをするのですが、もうまったく役に立ちません。私たちの学校には吃りの数学の教師がいましたが、彼の風貌や教え方には皆が敬意を表していました。他の教師のことはどういうわけか笑ったりあだ名をつけて酷評したりしていたのですが、その教師だけはあだ名もつけずに尊敬していたのです。彼は尊敬の気持ちを起こさせるすべを知っていたんですね。そういうことは動物や子どもでもあります。それが私の場合は、尊敬がなくなっているのです。そうですね、実際、ここで思いきって終わらせてしまうことはできるでしょう。私がしていることはすべてもうまったく役に立たないのだし、私が言っていることもすべて無駄なのですから。

S先生には「たぶん彼女と結婚して、それで彼女が保険をもらえるようになったら、そのあとで自殺します」と言いました。――すると彼に「彼女のために自殺するとは、あなたはまだ彼女に報いたいのですね」と言われました。

O　報いるとはどういうことですか？　だってあなたは毎週日曜日に彼女に会って、そのつど実際にお金をあげていらっしゃるではないですか。――それに結婚してから自殺するなんてまったく無意味なことです。彼女はもう健康保険を持っていると思いますよ。そのためのお金をお渡しになったのですから。

W　でも彼女がそのために使ったかどうか、私にはわかりません。彼女はたえず物を買いこむのです。本当に健康保険にお金を使ったのかどうかはわかりません。そういう証拠もありませんし。彼女とは根本的に違った付き合い方をしなくてはならなかったのです。しかしそのための力はもうありませんし、彼女から逃げるには歳をとりすぎました。結論には達していません。彼女に会わないためには、誰かにアメリカで受け入れてもらわなくてはなりません。もしかしたらあのブレ夫人が何とかしてくれるかもしれません。しかし、もしかすると彼女の同情はそれほど深いものではないかもしれません。

O　でも、彼女とは一度もお会いになったことがありませんね。まったく見ず知らずの女性に、世話してほしいなどと頼むわけにはいきませんが。

W　まあ、いいでしょう。彼女はこう書いてくれたのです、まるで……。

O　彼女もひと部屋しかない住まいに住んでいるかもしれませんよ。

W　おや、私はそうは思いませんが。

O　それにまた、ルイーゼと同じようなことになるでしょう。

W　ではあなたはS先生やE先生と同じ意見で、私にはいわば彼女と別れる道徳的権利があって、彼女に何も与えず、落ちぶれるままにしておいてもかまわないと言うのですね。

O　法律上は、あなたにはその権利があると思います。

W　それには私が結婚しているか、少なくとも彼女が人生の伴侶でなければならないと思うのですが。

O　法律上のことをあれこれと考えるのが無駄なことは、あなたご自身だってよくおわかりではないですか。法律的立場については、いっさい関係ないのです。

W　それには「法のきわみは不法のきわみ《スンムム・イウス・スンマ・イニウリア》」というローマの諺があります。

O　三十年間も付き合っていたあとでは、一緒に住んでいなかったと言っても実際には夫婦のようなものですね。それに夫婦の仲でも、お互いにもうわかり合えないことがありえますものね。

W　ええ。法律を度外視すれば、私たちはやはり夫婦のようなものです。

O　結婚なさらなかったのですから、そんなことを話し合っても始まりません。結婚してたら、とっくの昔にお別れになっていたでしょう。

W　ええ、まあ、最後には私もお金がなくなって、住宅費を払えないので、いつかはどうにもならなくなるに違いありません。私は自殺しなければならないでしょう。どこかで誰かが、歳をとるといっさいが平穏になると書いていましたが、私の場合は全然平穏になりません。

よくドストエフスキーと彼の小説『カラマーゾフの兄弟』のことを思い出すのですが、私は実はあの三人の兄弟を演じているのだなと思います。私はアリョーシャであり、議論好きなイヴァンであり、大変情熱的なドミトリイであるのです。もちろんこれはとても大変なことです。ドストエフスキーの物語では、各人が自分の特性に満足しています。ドミトリイは情熱的な人間であり、何よりも自分の感情に支配されています。もう一人は考えに耽ることが多く、三人目は真実を追求しています。

しかし私の場合は、この三人の性格が一人の中に一体となっているのです。私は常に真実を追求していますが、こんな歳になってもまだ明らかではありません。それから情熱ですが、それもあります。もちろんリビドー的なものではなくて、憎悪や愛情、嫌悪といったものが実はすべて若者と同じようにあるのです。「私の歳ならば」もっと違った形をとっているはずなのですが。奇妙ではないですか？　これはどうやって説明できるのかもわかりません。国民性では説明できません。ドストエフスキーの小説では、この三つの性格が互いに分かれていますね。しかし、高齢になるまでこの三つの性格がすべて一人の人間にあるというのは、少しばかり奇妙なことです。

O　忘れてはならないのは、小説ではそれぞれの人物に異なった性格を与える必要があるということです。そうでなければ小説を書けません。あまり難しくなってしまいますから。

W　普通は私のように、少しは混じりあっているものでしょう？

O　歳をとると賢くなって円熟するというのは、明らかに幻想だと思います。
W　でも一般に、老人たちは落ち着いて寝ているではありませんか、単なる幻想ではありませんよ。
O　そうお思いですか？　私はそれほど多くの老人を知らないので、わかりませんが。もしかしたら世間一般がそう考えているだけで、実際は違うのかもしれません。
W　そう、私の母は八十九歳になっていましたが、たいへん落ち着いていました。いずれにしても、私の場合はすべてが混じり合っていて、言ってみれば混乱状態に陥っています。あのポーランド女性は、私がフロイトのところへ行ったのは弱いせいだと言っていました。まあ、もっといろいろなことを試してみるほかはありません。それがアメリカであろうと、ブレ夫人であろうと、窓から飛び降りることであろうと。
O　窓から飛び降りたらもう他のことは試せないではありませんか。それで最後です。
W　あなたには、この毎週日曜日の責め苦がどんなものかわかっていません。そのことはポーランド女性がいみじくも言っていたのですが、毎週日曜日にモンブランへ登るようなものです。彼女と一緒にいる時には、大変な力を費やさなければなりません。例えば、私は耳が遠いので、彼女はもっと大きな声で話してくれていいはずなんですが、大きな声で話すのは疲れるからといって、小さな声で話すのです。それに彼女が話すことはいつも同じで、ボヘミア人の老婆が窓を開けてくれないとか、その娘のところに男たちがやって来るとか、つまらないことばかりです。この人がこう言ったとか、あの人がこう言ったとか、わかりませんがひどい陰口なのです。あなたともっと早くに、私がまだずっと若い頃に知り合うべきでしたね。
O　誰にですって？
W　あなたにですよ！　あなたは私にとってふさわしい女性だったでしょう。――あの老いぼれオウムが鎖につながれているのを見ると、気の毒になります。そこにとまっていて、人間が監禁されているのと同じです。籠に入ったオウムを見て楽しんでいるなんて、まったく理解できません。
O　彼女は部屋にオウムを飼っているのですか？
W　ええ、部屋に。それから犬も。グレートデンとか何とかいう種類の犬です。とても大きい犬で、人が来るといつも十分間は吠えつづけます。それで他の部屋へ連れていかねばなりません。以前は三つの籠にオウムを飼っていました。まあ、犬を飼ったり、おしゃれをしたりしていて、健康保険を持っていないというのは、まったく馬鹿げています。私は自分の軽率さから馬鹿げた状況にはまってしまいましたが、前にも言ったとおり、すべて自分の愚かさのせいです。ゴーリキーの『どん底』には、どうしてそういう仲間と付き合うようになったのかわからない男爵が出てきます。——そういうふうに私も思うのです。そもそもどうしてルイーゼのところに通うのだろう？　どうしてこんな女のところに通うのだろう？

何時間も彼女とぼんやり座っていなければなりません。以前は彼女は劇場へは行かなかったのですが、今ではまったく馬鹿げていますが、私と一緒に劇場へ行って、そのあとで彼女は夕方また一人で行くんです。ライムント劇場へ。彼女は『ルーナ夫人』をもう四度も見ています。

O　驚いた。——あなたは日曜日はいつも劇場へいらっしゃるのですか？

W　ええ、午後に。彼女は夕方にも一緒に行きたいと言ったのですが、私は断わりました。——彼女はそんなに高齢ではないのだから、誰か探せるはずですがね。なぜ誰も探さないのでしょう？

O　でも、六十歳ではそれほど簡単ではないでしょう。

W　しかしウィーンには男性はたくさんいますよ。

O　この年齢層では、たぶんとても難しいと思います。男の人たちはみな戦争に行っていますから。この年齢層には男性が少ないと私は思うのですけど。

W　まあ、そうですね、それは確かに悲劇です。彼女も男の人がいないと言っていますし。

O　確かに男の人たちはみな戦争に行きましたし、まだ残っていた人たちには決まった相手がいますから。

W　あなたにも男性が一人いましたよね。

O　男性が一人とはどういうことですか？　私はまだ六十歳ではありませんし、私の年齢でしたら男性はたくさんいるんですよ。世代が違いますから。

W　ああ、そうですか。あなたが言うのは、ルイーゼの世代に特別なことだと……。

O　私は一九四三年生まれです。

W　おやおや！　もう戦争は終わっていたんですね。

O　いいえ。まだ戦争中でした。

W　まだ戦争中だった……。

O　仕立屋との関係は、現在はどうなっているのですか？

W　彼はとても親切です。この洋服も彼のところで仕立ててもらいました。彼は「御用があったらうちへおいでください、ボタンつけとか、何でも」と言ってくれています……。

O　あなたはボタンをおつけになれないのですか？　い

ったい何のために仕立屋はそんなことを言ったのでしょう？

W　いくら借りがあるのか尋ねたんですが、彼は三シリングかそのくらいでたいしたことはないと言っていました。

O　それは本当にとてもわずかですね。

W　それどころか、彼は上着を贈ってくれようとしたのですが、その上着は合いませんでした。――本当に、すべてがガーディナーの書いた通りだったら、私はまったく違う状況に置かれていたはずですね。まったく不思議なのですが、どうして彼女は自分の書いていることがすべて実際と違っているのに、それがわからないのでしょう？　どうして全然気にならないのでしょう。いえ、気になっているはずです。私がどんなにひどい精神的状態にあるか、知っているに違いありません。そのことはきっとE先生から聞いて知っているはずです。彼は彼女に話すと言っていましたから。

O　でもあなたは、彼女にルイーゼのことはあまり話していないとおっしゃっていたではありませんか。

W　ええ、あまり話していません。彼女が「もしかしたらお金で片がつくかもしれませんね」と言ったのを聞いていたので。それに対して私は「大金を払わなければならないでしょうね」と言いました。――その金で彼女は生活しなければならないでしょうから。ガーディナーは、誰かが私の身元を照会してきているので、私の絵が欲しいと書いてきました。しかし、お金のことになると急に無言になるのです。まあ、いいでしょう、どうせフロイト・アルヒーフでしょうから。この間あなたに手紙を読んで聞かせましたが、あれはS先生がE先生に対して出した返信なのです。その中で彼は、いわゆるアメリカの友人たちが、私を受け入れる用意ができているかどうかについて尋ねていました。

O　あなたは何の手紙も読んでくださいませんでしたけれど。

W　E先生は、ここで私の面倒をみる資金がないと書いてきたのです。それをあなたに読んであげませんでしたか？

O　ええ。

W　そうですか、それならお話ししましょう。彼には私の面倒をみる資金がなくて、唯一彼にできることは、ニューヨークで私の宿を探して私の治療をすることだというのです。しかし、本当のところは彼は、私が……ええと何と書いてあったかな？……そう、私が非常に達者だから、スイスかドイツへ行ったらどうかと思っているようです。まあ、どこがそんなに達者だというのかわかりませんが。非常に達者だとはどういうことですか？　まあ、いいでしょう。ロシア語ならわかるのですが。前にロシアを離れてルーマニアに行った時には、フランスの外国為替が認められていなかった頃ですが、いろんなことがとてもうまくいきました。しかしこの歳では、どこがそんなに達者だと言えるでしょう？　とにかく、彼は私が非常に達者であることを考えれば、新しい友人も見つかると思っているのです。まあ、それも幻想です。この歳では新しい友人は見つかりませんよ。

O　おっしゃるとおり、それは難しいでしょうね。

W　しかし、腹が立ったのは、ガーディナーにこの間ほど多くの絵を送らなかったので、よりによって今回はお金が手に入らないことです。ところで、だいぶ昔に、うちのロシアの池の絵を描いて、知り合いの画家に仲介してもらってその絵を役所に買ってもらったことがあります。それで七千シリング手に入ったのですが、それは当時としては大金でした。

O　ここのウィーンで？

W　ええ。ウィーンのどこかの役所の中にあります。私の知り合いの画家は、絵は音楽的に描かなければならないと考えていましたが、それで私もちょっと音符を描き込んだりしたんです。すると役所の役人が「これはいったい何という絵なんですか？　私だったら簡単に音符を描きつけたりできませんが」と言いました。——それで私は「この絵は『ロシア的風景』という題です」と言いました。——あれは一種の助成購入でした。今ではもう戸外で描くことはありません。私にはたいへんつらいのです。それにパステル画は正しい絵画とは言えません。粉末だけですから、長持ちしないのです。

それはともかく、ガーディナーは裕福な女性なのですから、私にお金を送ったり、銀行とまた話をつけてくれたりできたと思うのですが。そうは思いませんか？　結局のところ、自分でも言っているように、彼女は私のおかげで有名になったんですから。

O　彼女がそう言ったのですか？

W　ええ、今では有名になったと。

O　その前は有名ではなかったのでしょうか？

W　その前は、精神分析家として彼女はまだ有名ではありませんでした。彼女は教育学の勉強をしていたのです。その後ありとあらゆる人たちが私のことで彼女に手紙を書き、フィッシャー出版社はブレ夫人からの手紙を送りました。実際、彼女は私に少しぐらいお金を送ってくれてもいいでしょうに。

O　お金のことは尋ねてごらんになったのでしょうね？

W　ええ。彼女は今度の手紙の中で、お金が届いたかどうかまた訊ねてきました。でも、それでどうなるというのでしょう？　わずかなお金しか送ってくれないのです。彼女は百万長者で、大金持ちなのに。身動きがとれません。いつも郵便箱をのぞくと空なので、もう今では絵を描く気もなくなってしまいました。絵を描く気力がなくなってしまうほど、腹立たしいのです。もう誰も信用できません。

W　さて、私は銀行の金庫に、その頃一万シリングと評価された郵便切手をまだ持っていました。ルイーゼに会ったら、彼女は私のあとを追ってきて、私がどうして銀行に行くのかを聞き知ったのです。それで今ではもう何も金庫に入っていないことを彼女に見せてやろうと思いました。もう何も金庫には入っていないと言いましたが、あそこにまだ切手帳があるのをまったく忘れていました。切手帳を見ると、彼女はあの切手を査定してもらおうと言いはじめました。私は切手のことはよく知りませんが、切手がたいした金にならないことは、みんな知っているに違いありません。それからヒットラー切手もあるのですが、実際にいくらかでも値打ちがあるのは、そのうち一ページ分だけにすぎないといつか誰かが教えてくれました。

彼女は一緒に査定してもらいにいこうと言いましたが、その結果はどうだったでしょう？　そんなことは私一人でやれたのですが、彼女と一緒に査定に行ったら、切手は一万七千シリングと査定されました。すると彼女はその切手を欲しがり、あなたが死んだら家賃が払えなくて立ち退かされるだろうから、その切手が欲しいと言うのです。ええ、それでまたご存じのように、あれこれやり合って、彼女はいつもと同じことをやらかすのです。私からお金を巻き上げ、帰宅の際には上の階に行ってお金を持ってこいと要求するのです。それで私も「よろしい、だがE先生が送ってくれる額で終わりにするのが条件だよ」と言いました。彼女は約束しました。いつも乞食のように座っているのは、彼女にとっても屈辱的なことなんです。とにかく同意したので、さしあたり私たちはうまくやっていますが、これからどうなるのかはわかりません。S先生と話したら、彼は「まあ、他にやりようもあったでしょうが、もう起こってしまったことですし、あなたにはある種の罪の意識があるから……」と言っていました。いつも新しい洋服を欲しがっていた彼女ですが、今度はまたリューマチにかかってしまいました。切手のことでは、頭金として五千シリングくれるそうですが、競売にかけたらどのくらいになるのかわからないそうです。彼女は切手に詳しい人たちを知っていると言っていました。きっと彼女は私よりもうまく売買してくれるでしょう。まあ、それも今ではもう起こってしまったことですが。どう思いますか？

O　それで、このままうまくいくとお考えですか？

W　いいえ、そうは思いません。

O　私もそうは思いません。――今日も緑の薬をお飲みになりましたか？

W　いいえ、もう何か月も飲んでいません。

O　あなたは少し興奮していらっしゃるようですが。

W　いいえ、それは早く来すぎたので、近くの小さな酒場でワインを一杯飲んだからです。

O　ルイーゼに、クリスマスの時のような馬鹿なことをなさらなければいいのですが。

W　あの本のことを、彼女に話すべきだったのかもしれないと思うことがあります。いつも彼女は「どこからお金を手に入れるの？」とうるさく質問します。――これも私がたくさんお金をあげすぎたためです。

O　彼女はあなたのお金の出所を知りたがっているのですか？

W　どう言ったらいいのかわかりません。あの本で得たお金を彼女に渡しているのですが。

O　貯金したお金だとおっしゃればいいではないですか。

W　そう言ったんですが、彼女は信じないのです。

O　どうしてですか？

W　それならどうして以前、お金を少ししかくれなかったのか？　前からお金があったなら、おかしいと言うのです。

O　その頃はまだ貯金していなかったとしたらどうでしょう。

W　ええ、まあ、それは言えますね。

O　いずれにしても、彼女はお金の出所を知りたがっているのですね？

W　直接そのことを言うわけではないのですが、似たようなものです。怪しい仕事、あんたの怪しい仕事と言うのです。――まあ、あのポーランド人女性は「毎週日曜日はあなたにとってモンブランに登るようなものね」と言いました。ポーランド人はスラヴ人ですから、確かによく似たところがあります。それで、彼女が言うには、ロシア人が憎むようには他の国民は憎むことができないし、ロシア人には恐ろしいほど憎む能力があるのだそうです。時々あなたのことが心配になります、と彼女は言いました。――前にもそんなことを言っていたんです。今では毎週日曜日がモンブランへ登るようなものだと言っています。うっぷんがたまりにたまって、一度にどっと吐き出されるだろう、と言うのです。私はそうは思いません。いったいどうしたらいいのでしょう？　吐き出されるとはどういうことですか？　時にはそういう関係が実際に悲劇となって終わることもありますが、私が自分を掌握している限りは、気違いじみたことはしないと思います。わかりませんがね。

O　時々はとても惨めな気分におなりになるでしょうね。

W　その反対です。二百歳までこのルイーゼと一緒に酒場や劇場や――劇場はもう興味ないのですが――映画館に行けるわけではありません。どうにか決着はつくに違いないのです。でも、どんな決着が？　それはさし当たっては決められませんが。ああ、あのポーランド人女性は私に感謝しなくてはいけませんね、彼女は裕福な男性と結婚したんですから。彼らはインドやヴェトナムや、あとどこかわからないところに、確か中国にも行っていました。だから、彼女は少しばかり頭がどうにかしているのです。今では輪廻を信じていて、以前、自分はとても惨めな状態にあり、死んだら犬の身体に魂が入るのだと言っていました。とてもひどい将来の見通しですね。それから日本にはどうやって花を組み合わせるかという学問がありますが、それを今、彼女は研究しています。

O　生け花ですね。

W　ええ。――それから、死んだ母親が、死後に二度ほど彼女を訪ねてきたと言っていました。彼女はそれを百パーセント本当のことだと思っています。こういう人たちはどうしようもありませんね。でも彼女は危ない人ではありません。それに彼女は手際のよい人で、できるだけの財産をポーランドから持ち出す方法も知っていました。どうやったのかは知りません。彼女とでしたら私もよくわかり合えます。他の女性よりもきれいだというだけでなく、ポーランド人女性には男性とうまく合わせる特別な才能があります。それに彼女も移民です。父親は裕福な工場主で、成金だったと思います。それから彼女のもう一ついいところは、他のポーランド人のように王様の血統だなどと言わないところです。つまり、他の連中はみんな王家の血統だと言っているのです。いずれにしても、私はすべてをだめにしてしまいました。彼女とは日曜日に会っていたのですが、やがてどこかの男が現われて彼女のところに日曜日にだけ来られるようになったので、私は今では日曜日が暇になってしまいました。

こういう日曜日に、耐えられなかったのです。この日曜日のために、私はすべてをだめにしてしまいました。――私は自分では神経症ではなくて、分裂病だと思います。分裂病という診断が合っています。あの頃は本当に狂った精神状態だったに違いありません。彼女は三週間会わずにいて、そのあとでまた会いましょうと言いました。この無邪気な言葉が私にはたいそう印象的でした。そこで、「いいよ、承知した」と言って先のことをよく考えればよかったのですが、そのかわりに「そうだね。こうなっては君と結婚するしかないだろう」と言ってしまったのです。――まるで別の人間がそう言っているかのようでした。これは［人格の］分裂ではないでしょうか？　そう、まさに分裂です。結婚のことなど全然考えていなかったのに、急に結婚しようと言ったのですから。私の中に誰か他の人間がいてそう言ったような感じです。すると彼女は、世の中が止まるほどの幸せだ、などと言って跳ねまわりました。そこへ母親がやってきたんですが、母親はそれほど感動せずに、「どうなるか、まあ見てみましょう」と言いました。次の瞬間に私は、自分が恐ろしいほど馬鹿なことをしてしまったことを理解したのです。そうですね、このことはすべてもうお話ししたと思うのですが、違いますか？――ロシア文学は私にはとても有害でした。

O　どうしてですか？

W　まあ、ほら、女性に関することです。『復活』ではいつも、庶民階級出身の女性は教養ある階層の人たちとまったく同じであり、これと異なる考え方は偏見だと説いています。また無教養な女性も結局のところは女性なのだと。この思想ははっきりと表明されているわけではありませんが、ロシア文学全体を流れる主題のようなものです。下層の人々を常に持ち上げるのですが、他の国ではまったくそういうことはありません。農民が賛美されるのです。トルストイを見てごらんなさい、彼は農民のシャツを買っていたのです……。以前に彼女から私宛てに書いた手紙を、いくつか持ってきてみました。この愛情に対して、それはたくさんのお金を払わねばならないのです。これらの手紙を読んで、どう思うか聞かせてもらえますか？　確かに、子どもじみた手紙ですが。声に出して読んだほうがいいですか？――いや、そんなことをする価値はないですよね。

O　どうしてですか？　読んでくださいな。

W　「親愛なるあなたへ。あまりたくさん吸いすぎないでね。タバコで片足を失った老人たちがここにはいますから。イギリス貴族みたいに粋なあなた、あなたはそんなふうになるのはいやでしょう。日曜の晩までの日数を、もう数えています……。」まあとにかく、彼女は何も期待するものがないとか、夫がいないから片隅に座っているとか、私が行くまでの時間を数えているとか、そういうことを書いてくるんです。どう思いますか？

O　ええ、そうですね、どう言ったらいいでしょうか、表現方法がかなり稚拙ですね。

W　稚拙ですか、そうですね。でも、人間が稚拙だから、稚拙な恋愛になってしまうのです。それで気を悪くするわけにはいきません。しかし彼女は……。自分の中に潜んでいるものを、一度「私はあなたの分まで面倒みきれない」と表現していたことがあります。——男性がお金を持っていない場合には、彼女には愛なんて必要ないのです。彼女には年金も健康保険もないのですから。そもそも私と関係を持つべきではなかったのです。それは当たっています。しかし、それに対して私はどうすることもできません。今では、私が彼女の人生を全部だめにしてしまったと言って、私に責任を押しつけてきています。いったい誰が彼女に強要したのでしょう？　それとも、あの女が私のことを愛していたということが、何かの形で認められるとでもいうのでしょうか？　私には何の義務もないのではないですか？　こういうことは道徳的な問題ですから、誰にもよくわかりません。それで各人が私に違うことを言うのです。S先生は、彼女に一銭も与える義務はない、彼女はただ私を利用しているだけだ、彼女がそんなに卑しいのならすぐにやめて、もう彼女にびた一文やることはないと言っています。そんなことをしたら、どんな問題が起こるかおわかりでしょう。

それからE先生ですが……。そう言えばE先生から手紙が来ました。あとであなたに読んであげましょう。このことはもうあなたに話したかどうか忘れましたが、彼女はたいそう厚かましい女です。まあ、彼女がとても卑しくて厚かましい態度に出てきたら、当然、私のほうも大声で話すようになるでしょう。すると彼女は、あんたがどなりつけるから、あんたの名前と住所を某氏に渡してある、もしあんたの怒鳴り声で私が心臓発作を起こして死んだら、あんたは殺人者になるのよ、そのことは関係者が知ってるのよ、と言いました。私のところへ来てはそんなことを言うのです。これは気違いではないですか？　まったく気違いです。それでE先生の手紙の件ですが、こう書いてあります。「尊敬する博士。小切手が届いたとのこと、嬉しく思います。あなたが毎回どうして心配なさるのか、私にはよくわかりません。あなたの現在の経済状態では、小切手が一週間ほど早く届こうが、遅く届こうが、何の違いもないではないですか。おそらく私の手紙は、いくぶん遅くに発送されたことと思いますが、いつもきっかりと期限を守ることは私には無理です。」――ほら、ここに入っています。彼はルイーゼのためのお金を私宛てに送ってくるのですが、それはだいたい五千シリングほどになります。

O　ひと月で？

W　ひと月で五千シリングです。でも、ドルは下落しています。私は彼に相場を書いて送っていますが、どんどんお金が減ってきています。それでも、だいたい五千シリングです。ところで、この手紙からわかりますが、私が例の本でガーディナーから受け取ったお金が、まだあると彼は思っているようですね。もうすっかりないのに。これまでに全部彼女にあげてしまいました。しかし、私が「お金は彼女に全部あげてしまった」と彼に言っても、「何を考えているんですか？　そんな貪欲な女性にお金をあげてしまうために、あなたにお金を送るべきなのでしょうか？　それならもう送りません」と言われるでしょう。もう一つの考え方として、彼は誤った情報を教えられており、私がお金を十分持っていると思っているのかもしれません。S先生は私にお金をくれるようなことはないので、S先生にはそのことを話しました。しかし、これはE先生の失敗でした。E先生はそんなことをすべきではなかったのです。彼が何も送ってこなければ、うまくいっていたかもしれません。彼女はあてがはずれて、別の人を探していたことでしょう。この五千シリングというお金を、私は自分ではとても彼女にあげられないでしょうから。

O　そのお金をもらいはじめてからどのくらい経つのですか？

W　十年か、いえ、もっと長いです。十四年かそのぐらいでしょう。その頃はまだ彼女も健康でした。

O　毎月ですか？

W　ええ。そうしてそれによって彼はすべてをだめにしてしまったのです。それに今では、ガーディナーが例の本によって私をだめにしてしまいました。私はお金を手に入れ、それをまた彼女にあげてしまうのです。わかりますか？　ガーディナーには、こんなに老いた人間があんな女の手の内にあることがどんなものか、考えられたはずなのです。この件で得られたものは、ただ損害だけです。私は破滅に向かっています。この状況全体が実際にどんなに悲劇的か、おわかりではないですか？

さて、先を読みましょう。「先週の日曜の午後に起こったことに関して、あなたは印象的に描写してくださっていますが、それについては、勝手ながら次のように考えます。L［ルイーゼのこと］がいくぶん理解力が乏しいことはあなたもご存じでしょう。ですから、あなたが説明したいと思った事柄を彼女が理解しようとしないことは、もう前からわかっていても良かったのではないですか。」――私はあの補助金のことを書いておいたのですがね――「Lはいったんある考えにとらわれると、それを変えることのない人なのでしょう。」――これこそ中心的な命題です。彼女が何かを思い込んだら、あなたでも説得することはできません。彼女を説得できる論理などないのです。――「これはもう前からあったことですから、彼女に補助金の件が理解できないと聞いても驚きません。あなたがやっと自分の怒りの感情を、それも実際に最高の時に表現なさったことを嬉しく思います。」――またしてもまったく間違っています。私が感情のおもむくままに罵ったりしたら、事態はいっそう悪くなるでしょう。

O　本当ですか？

W　ええ、もちろんです。そうなると彼女はまた私を非難するんです。そして私は何もできなくなってしまいます。敵対しあったまま別れるわけにはいかないので、埋め合わせをしようとして、彼女にお金を渡すことになります。ですから、この状況をあの人たちは理解していないのです。少なくともE先生が、すべてをいかに誤解しているかおわかりでしょう。

「彼女が法廷に行くために証人を探しているということを公表した場合には、彼女と関係を断つ正当な理由ができたことになります。」――つまり、彼女はこんなことをしたのです。私が少しばかり大声で話していた時に、彼女は……そこに一組の夫婦がいたのですが、彼女はこの夫婦のところへ行って、「ねえ、二人で証人になってくれますよね。あなたがたのお名前と住所を教えてくださいな。私の夫がどんなふうに私を扱っているのか、聞いていましたよね」と言ったのです。――彼女は当然「私の夫」と言ったのです。「あの人はウィーン生まれではなくて、ロシア人なんです。あの人が騒ぎを起こしたと証言してくださいな。」

O　とても信じられませんね。彼らは何と答えたのですか？

W　「お二人のもめごとは御自分で解決してください。私たちは法廷に出る気などありませんよ」と。

O　それを彼女は酒場でやらかしたのですか？

W　いいえ、市電の傍で。

O　最近のことですか？

W　二週間前です。これに比べたら、あのドストエフスキーもまるで子どもです。私がこの女のことで苦しんでいるようなことは、『悪霊』にも『カラマーゾフの兄弟』

にもありません。信じられないことです。まさにウィーンで、この快適といわれる街でこんなことに出くわさねばならないとは。――「面と向かって法廷に連れていくなどと言うような女性と、関係を続けようとする人などいったいいるものでしょうか?!」――疑問符と感嘆符です――「彼女がさらに告訴するといって脅迫するようなことがあったら、一度テーブルをこぶしで叩いて、そんなことを言うならもう二度と訪問するつもりはないが、それで良いのかと彼女に言うべきだと思います。」――また間違っています。彼女は、日曜日にしかまともに食べられないと言っているのです。

　まあ、他のことはもうあまり重要ではありません。「あなたがありそうもないようなことをすべてこじつけて、緊張状態に落ち込んでいらっしゃるのは非常に残念です。この女性との関係を終わらせるには、今がその時です。もう何度も言ってきたことなのでよくわかっていますが、今度もまたあなたのほうからは何もなさらないでしょう。それから、老人ホームの主任との話し合いはまだ始めていらっしゃらないものと思っています。すぐに返事をいただけますように、よろしくお願い申し上げます。敬具。E」

　さて、この手紙をどう思いますか？　彼は終わらせるのはたいそう簡単なことだと思っています。でも三十年間も一人の女性と一緒にいろいろやってきた場合には、そんなに簡単なものではありません。おまけに相手の女性が病気でもあるのです。私の本に関して発表された評論では、よく私のことをドストエフスキーと比較していました。例えば、この回想録はドストエフスキーの登場人物の周辺から派生したロシア文学のように読めると書いたものがあります。それから別の評論では、フロイトと感受性の強い彼の患者の中に、二人の言葉の名人が見出せると言っています。ですから評論はとても好意的なんです。しかし、それで私は何を得たのでしょう？　ねえ、私は何を手に入れたのでしょうか？――まったく何もありません。お金ですか。それもそんなに多くはありませんでした。それはすべてルイーゼの懐ろに移ってしまいました。ですから、成功は実際にはみんなが思っているほどたいしたことではないのです。まあ、私個人の人生も、それによって何も変わりませんでした。あの本が出版されなかったとしたら、もっと良くなっていたのではないでしょうか？　そうすればこの人との付き合いも、もっと落ち着いていたことでしょう。それとも、見合うだけの成果が得られたでしょうか？　あなたならどう判断しますか？

O　私はこの成果は重要だと思っていますが。
W　最初は私にも、すごいことのように思えました。アメリカで読まれるのですからね。でもそれから、すべてのことがしゃぼん玉のようにはじけてしまいました。今ではもう、そのことは少しも嬉しくはありません。
O　それはよくわからないですね。
W　それが実はナルシスト的なことなのだ、という結論に達しているのです。
O　そんなことはありませんよ。
W　精神的で文学的な仕事を過大評価しているのです。人々がこれを読むのがどうしてそんなに大切なんでしょうか？　それから私が死んだら、この本を読んでくれた人たちの脳裏に私が生きつづけるのでしょうか？　いったい名声とは何ですか？　どんな価値があるというのですか？　まったく価値などありません。
O　みんながそう考えているかどうか、私にはわかりません。
W　ええ、まあ、またしても判断が難しい問題でしたね。
O　あの本を出版することがなかったら、やはり満足なさらなかったのではないかと思うのですが。
W　おそらくそうでしょう。そして、いったいお前は何のために生きてきたんだ、誰もお前のことを知らず、お前が死んでも誰も関心を示したりはしないんだぞ、と思うでしょうね。例えばあのティニーです。彼女はもういませんが、彼女の住まいは一階下だったのですが、彼女がいくら働いても、人々は誰がそこに住んでいるのか知りませんでした。私の隣人は、万事私よりもうまくやっています。奥さんが死んだ後で、彼は歳のいった女性と一緒になりました。美人ではないのですが、彼女は彼にたいそう尽くしています。私はあまりに見かけにだまされやすかったのです。見かけに目がくらんでしまったのです。名誉欲から何かを書くというのも、見かけを重んじることです。そう思いませんか？
O　私には、本を書くなんてすごいことだと思えますが。
W　まあ、確かに私にもそう思えます。
O　こうしたことすべてを評価なさらないというのは、少し恩知らずではないでしょうか？
W　そういう考え方もあります。私がこの成果を評価しないのは恩知らずだと。不遜と言えるかもしれません。
O　あなたが知的で芸術的な仕事に従事なさるように教育されたためでもあるのです。あなたの隣人はきっとまったく違った教育を受けていて、そんな考え方はしないでしょう。
W　私の父は精神的なものをたいそう評価していました

し、姉にはそういう才能がありました。
O　違った環境では、そういう考えは変な考えだと言って済まされるのがおちでしょう。
W　それはルイーゼの場合もそうです。彼女はそうしたことが全然理解できません。ただ実際的なこと、お金、どれだけ出世するか、そういうことだけです。私はそういったことにはあまり興味がありません。私は絵を描いたり、文章を書いたり……。もちろん、そういうふうに教育されたからですが、ストーブのつけかたなどはまったくどうでもいいことです。
O　それから、あなたには子どももがいませんが……。
W　私の描いた絵が自分の子どもだと思っていたことがあります。
O　あの本についてはガーディナーが好意的に考えてしたことですから、彼女は非難できないのではないでしょうか。
W　まあ、確かにそうですね。私が喜ぶだろうと考えたのです。
O　あなたも嬉しかったでしょう。
W　嬉しかったですね。それが長続きしないのは、あの女の好ましからざる影響です。彼女はすべての精神的なものを踏みにじるのです。彼女にわかるのは、お金もうけだけです。あの本のことを言っておいたほうが良かったのではないかと、もう何度か思いました。彼女にいつも役立たずといって非難されるものですから。年金生活に入ったら、私は彼女にもっとお金をあげられる立場になるはずだと思っていました。――そんなわけで、無教養な女と一緒にいることほど腹立たしいことはありません。これが私の認識です。それは偏見にすぎないと思っていたのですが、実際にそうなのです。それから私の無学な女性たちに対する見解は、根本的に間違っていました。ロシアでは農民が賛美されましたが、それは反動的な皇帝専制政治に対する反動でした。そこから行き過ぎた考えが生まれてきて、私もその考えに染まってしまったのです。
O　あなた御自身にはある種の大ブルジョア的な振舞いも見られますが、ルイーゼもいくらかその影響を受けているように思います。もちろんあなたの見えないところでですが。
W　いくらか影響を受けているでしょうが、どういうわけか間違って解釈しているのです。私が彼女につきまとっているのか、それともつきまとっていないのか？――これは問題です。
O　そうですね。

W　あれほど彼女がひどい性格なのに？　いったい、そんなことがあるのでしょうか？
O　ええ、そういうことはありますよ。
W　おそらくそれは、彼女をまだ変えることができるという希望、妄想です。しかし、そんなことはできるものではないとわかっていても、無意識的にそうしようと努力しつづけてしまうのですよ。女性としてのあなたに質問しますが、女性にとって結婚はそんなに重要なものなんでしょうか？
O　彼女くらいの歳の女性にとっては、もちろん結婚は大きな意味を持っています。威信に関わる問題ですから。あの世代では、女性は夫を持ってはじめて敬意を払われるのです。それは間違いありません。
W　彼女もそう言っています。——時々、もしかしたら狂った考え方かもしれませんが、こんなことを考えます。医者はみんな私がテレーゼとは結婚すべきではないと言いましたが、その後どうにかうまくやってきました。それで私は、彼らの願いを聞き入れないほうがうまくいくのではないか、そうしたらすべてが良い方向へ向かうのではないかと思うのです。S先生はそれは絶対間違った考え方だ、何も変わりはしないだろうと言います。
O　いずれにしてもすべてがこれまでのように進むのなら、あなたが結婚していてもいなくても同じではないですか。
W　彼女の厚かましさも同じでしょうね。
O　でも、お金はかかりませんよ。そんなもの五分我慢すれば済みます。
W　あなたは同じだと思うのですね。
O　ええ。
W　まあ、いいでしょう。でも、何も変わらないだろうというS先生と同意見なんですね。
O　何も変わらないでしょうね。
W　E先生が考えるには……。わかりませんが、そこにはユダヤ人的な特徴があるのかもしれません……。
O　彼はユダヤ人なのですか？
W　E先生ですか？　ええ。彼は文字にこだわるのです。結局のところ、フロイトが書いているのは想像ということです。人間の病気は想像ばかりではなく、力にも依存しています。もっと若い時には、歳をとってからとは違う量の力やエネルギーがあります。そこへいろいろな事柄や経験が加わるのであって、いつもただフロイト的な考え方をしていては先へ進むことができません。しかし、E先生のやり方がそうで、彼はいつも精神分析に話を持っていくのです。しかし、精神分析は、それですべてを説明できるような基本的な認識とは言えません。

まあね、きっとアメリカではこれが進歩的なことなんでしょう。新しい印象が有利に働いたのではないかと思います。当時マルセイユ行きのフランス船に乗ってオデッサから出航した時には、このひどいロシアを離れることができてとても嬉しいと感じたものでした。オデッサでの生活は、明日がどうなるかわからず、とても重苦しいものでした。一度はオーストリア軍に占拠され、それからまたボルシェヴィキに占拠され、そのあとこんどはウクライナ人が権力を握るという具合でした。でもその時、私はそこで経験したことはすべて心の中に閉じ込めてしまいました、そしてすべてがその瞬間に切り離されたように感じられました。それは素敵な気分でした。
O　その頃もう二度と帰らないということがわかっていらっしゃったのですか？
W　いいえ、それはわかっていませんでした。しかし、それでも「ありがたい、これでやっとこの時期が終わって、いやなことばかりが起こったこのひどい国を離れられるのだ」と感じました。そして今、同じような気持ちでいます。よくわかりませんが、空想にすぎないかもしれません。でも、同じ気持ちがするのです。このウィーンでは、家内の自殺を体験し、いろいろといやなことを体験し、ロシア人に逮捕されたりもして、それも気持ちの良いものではありませんでした。本来彼らをとがめる必要はないのですが、でも当然彼らが最初にやってきた時には「裏切り者！」「白軍兵士め！」とひどい攻撃を受けました。しかし、やがて落ち着くと、彼らは私を釈放してくれましたから、実際はあのルイーゼの十倍は良かったと言えます。彼女は私が大地主だった頃に人々を搾取したといって非難しつづけているのですから。ロシア人たちはそれについては何も問題にしませんでした。反対に、将校は私に名前と父称で話しかけてくれました。これがロシアでは何を意味するかご存じでしょう。セルギウス・コンスタンティノヴィッチ、あなたはどんな本を読んだことがありますか？　ロシアの文学について、何を知っていますか？——しかし、それでも不愉快なことでした。ここでは不愉快なことをたくさん経験しました。あなたには率直に話しますが、私はこの国、この都市のことはもう何も知りたくないのです。あの頃、あの船に乗って出かけたように、立ち去ってもう戻らないようにしたいのです。でも、これは空想にすぎないのかもしれません……。ガーディナーが考慮しなかったことは……彼女はまあ［あなたが］ジャーナリストで、私について何か知りたがっており、それに私のほうが屈したのだと思っています。しかし彼女は、私が結局のところ一人の人間にすぎず、すべてのことに理解を示してくれたのは実はあなただけだったということを忘れています。
O　私はあなたに関心があったのです。
W　「でもねえ、私のほうはあなたのことを何も知りたくないんですよ」などとあなたにはあっさり言ってしまうことができませんでした。――彼女はそんなことを私に期待してはいけないのです。
O　ええ、私もそう思います。
W　そうでしょう？　以前は何もなかったところに人間関係が成立したことを、彼女は考慮しなければなりません。彼女はそのことで私を悪くとるべきではありません。つまり、彼にはインタビューには応じてはいけないと言っておいた。しかし、彼は一人の人間を見出し、その人間に自分が惹かれていると感じている――しかし、このことを彼女に手紙で書くのは意味がありません。彼女には理解できないでしょう。女性としては、彼女は嫉妬深いほうでしょうから。私は彼のためにずいぶんいろいろなことをしてあげたのに、彼女が交渉してきた。彼は譲歩すべきではなかったのだ。今や彼は歳をとりすぎているのに……などと考えるでしょう。あなたとの間に生まれたような感情を、私は抱くべきではなかったのでしょうか。
O　いったいなぜ？
W　実際は、ガーディナーが勧めたように私がやっていないという考え方を受け入れるべきなのでしょう。しかし、私には誰もいないこと、それにあなたとなら理解し合えることを、彼女は考えるべきです。「私を放っておいてください」と言って、あなたをさっさとはねつけることなど私にはできませんでした。
O　わかり合える人を見つけるのはそんなにやさしくはないのですが、私の場合はまさにそうだったんですね。
W　あなたほど私が理解し合える女性は他にいません。
O　あなたが実は非常に孤独だということを、彼女は理解しなくてはいけないのです。いつもルイーゼしかいないんですもの。ですから、若い人に興味を持たれることは、あなたにとって何かプラスになったかもしれませんね。
W　ええ、もちろん。――それに結局のところ、読者はこの件を根本的に調べてみることで、この件を役に立てようと思っているのです。「精神分析によって彼は助かった。そして彼はあらゆる運命の打撃を切り抜けたのである」などとガーディナーは書いていますが、そんな単純なものではありません。――しかし、そのことを彼女に書き送るわけにはいきません。いずれにせよ、精神分析の看板患者や模範生の役割を演じるのは大変なんですよ。
O　でも、あなたは模範生だったらしないようなことをなさいましたね。
W　そうですか？
O　私と話している時は、模範生のようには振舞っていらっしゃらなかったですけど。
W　たぶん失敗したのでしょう。
O　それどころか、あなたは模範生になど全然おなりになりたくないのでしょう。
W　そう思いますか。私にはうまくいかないのです。
O　そのイメージがどうも気になっていらっしゃるようですね。
W　本当は模範生や看板患者になどなりたくないのです。馬鹿げた役目です。いつも誰か他の人が言ったことを繰り返さなければならないのですから。自分の意見を持てないし、自分の立場もありません。——ある小説のアイデアを思いつきました。ちょっとこれは空想ですが、ある人が性的に受け身の役割を押しつけられるというものです。——姉が積極的な役割をしていたのを知っていますね。ですから、女性が攻める側でなくてはなりません。姉のアンナからお手伝いのアンナまでは、ほんのひと跳びです。姉は私のことを望まなくなったあとは、私が接近しようとしてもはねつけていましたが、もし姉があんなことをしていなかったら、弟と姉のような関係のままだったでしょう。それもまあ、あまりまともなものではありませんが。とにかく、私は彼女に迫っていったのですが、今度はそこにお手伝いがいて、本当はお手伝いとは言えないくらいの、まだ本当に若い少女だったのですが、彼女に私がレッスンをしたのです。
O　どんなレッスンですか？
W　それが、彼女も同じアンナという名前でした。ただ彼女はリトアニア出身で、リトアニアではハンネという別の名前で呼ばれていました。それで私は彼女にレッスンをして、キスをしたり抱き合ったりしました……。いや、今は小説の話をします。ある人が間違った性の道に踏み込んでしまい、自分の性欲に少しばかり女性の側からサディズムが加わることを理想としてしまうのです。お手伝いはまだ……。
　お手伝いとは実際にはそれほど頻繁に関係することはありませんでした。一度、コーカサスでお手伝いと関係を持ったことがあります。そこにいたお手伝いはドイツ人でしたが、その気があるらしいようすだったので、夜に来なさいと言うと、彼女は夜にやってきました。それで彼女と性的関係を持ったのです。そのあとで、もしかしたら自分は淋病にかかったのではないかとひどく心配になったのですが、でも大丈夫でした。それ以外にはお手伝いとはあまり関係を持ったことがないのですが、その後は金で買える女性たちのところへ行くようになりました。彼女たちは落ち着きがあって上品でしたが、オデッサにはお金を払えば上品な婦人たちに会えるような家があったのです。とにかく、女性にはお金を払わねばなりません。彼女はいくらか欲しがるに違いないのです。この先をどう描写したらいいのか、私にはわかりませんが……。

O　今は小説の話をなさっているのですよ。

W　そう、その小説です。世の中には多くの男性がいますね……。少し前に、ある女性の話を読んだのですが、彼女の訴えによれば、男はいつも娼婦と関係を持たずにいられない、なぜなら、彼女の夫の説明では、それは禁じられていることだから刺激的なのだそうです。それで、その小説ですが、そういう男性が突然、ある女性に出会います。彼女といると彼は急に自分が間違った道にいることに気づき、この知的な女性はまさに性的な女性であって、それ以外ではないことを見てとります。彼がそう認めた時点で、彼には何をしたらいいのかわかりません。遅すぎたのです。ただ……。彼がそうだと思い込んでいた女性が性的対象ではなくて、実は性的対象はほかの女性、しかも知的な女性のほうだとわかるのです。突然、彼はそのことを認め、すぐにはっきりと悟るのですが、しかし遅すぎます。もうなすすべがありません。と、まあ、これは空想にすぎませんがね……。

O　あなたは女性に対して、いつも受け身の役割をとっていらっしゃったのですか？

W　いいえ、女性に叩いてもらったことは一度もありません。よく女性が高圧的な態度になることがありましたが、私はいつもすぐにやめてもらっていました。女性のサディスティックな役割には応じなかったのです。そういう女性たちと関係していながら、一方でそういう女性たちを拒絶しているというのは確かに矛盾ですが……。でも、女性に叩いてもらうような男性もいますね。

O　ええ、いますね。――あなたには、どちらかというと性的にサディスティックな傾向があったのですか？

W　そんなことはまったくありません。

O　でも、むしろ攻める側だったのでしょう？

W　私は自分が攻撃的だと感じていました。マゾヒスティックな男性の役をきちんとやったことはありません。

奇妙なことですが。

O　もしかしたらマゾヒスティックなほうが好きなのに、それが認められないだけなのかもしれませんね。

W　もしかしたらそこに閂をかけているのかもしれませんね。

O　そうかもしれません。

W　それはわかりませんが。

O　それにあなたはおそらく、男性の攻撃的役割を演じるように教育されていたけれど、知的でない女性の時にしかそれを出す勇気がなかったのだと思えるのですが。

W　それはありえます。

O　それで知的な女性の場合には、男性の役割をとるのが困難なのです。

W　なるほど。

O　これはあなただけのことではありません。とても多くの男性がそうなるんです。

W　姉に誘惑されたのが不運でした。

O　近親相姦のタブーによって、あなたの障害が重くなったのですね。

W　あなたが淋病にかかったことがあると言った時に、私ははじめて憑きが落ちたようでした。

O　あれがあなたにそんなに印象深かったとは、とても不思議な感じがします。

W　非常に強い印象でした。──私が知的な女性を相手にするとうまくやれない、つまり男性の役割を演じられないと言いましたね。

O　ええ。おそらくあなたは自分の指導的役割が、女性に取られてしまうことを心配なさっていたのです。それに男性になるためには、男らしく攻撃的で、思慮深い行動をしなければならない、という教育を受けてこられたせいもあるでしょう。それはもちろん間違っていますが、それでも教育とはそういうものです。

W　精神分析家が思っているよりも、何もかもがとても複雑なのです。──あなたがもっと早くに来てくれたら、もっと歳がいっていてくれたら良かったのですが。あなたは若すぎます。しかし、それはどうしようもありませんね。

O　私にはどうすることもできません。

W　私はあなたを頼りにせざるをえないのです。私には他に誰もいないのですから。精神分析家のことは信じていませんし、頼りになるのは、あなただけです。人間には、誰かが必要です。ガーディナーは、すべてのインタビューに反対だと書いてきていましたが、私にはあなたを拒否する力がありませんでした。でも、ご存じのように、私たちはお互いにわかりあっています。この関係自体が問題でもあるわけですが……。
O　問題とはどういうことですか？
W　どうもよくわからないのです。私があと二十歳か三十歳若かったら、この関係はまだ理解できるでしょうが……。率直に言って、意味がないのです……。わかってくれるでしょうが、あなたは私の生活に侵入してきて――表現が悪くて済みません、でもほかの言葉が思いつかないのです――自分ではそんなことをしたとはおそらくまったく気づかずに、あなたはえらいことをやってしまったんですよ。
O　私が何をしたとおっしゃるのですか？
W　私の女性に対する考え方をひっくり返してしまったのです。
O　どうしてでしょう、わかりませんね。
W　そこまで率直にお話しすべきでしょうか？
O　ええ、ぜひお願いします。
W　女性について問題があるのです。あなたは私には女性運があると言いました。私は女たちにもてましたから、あれこれ大勢の女たちと事を始めることができたでしょうし、その中にはあのルイーゼよりも私にふさわしい女がいたかもしれません。しかし、私はあのひどい女にしがみつかれてしまった。それには姉によって誘惑され、受け身の役割を演じていたからだとか何とか、理由がありました。あるいはマゾヒズムではないかとか、何でも引き合いに出せるでしょう。それが今ではあなたと知り合って、すべての考えが間違っていたことに気づいたのです。
O　女性に対しての？
W　ええ、女性に対しての考えです。――あなたのような人が私にはふさわしかったはずです。他の女たちのようではだめなのです。でも、今では遅すぎます！　九十歳では、もうすべてを変えることはできません。
O　以前にそのことをお考えになったことはないのですか？
W　ええ、考えませんでした。――まあ、あなたの立場はおわかりではないかと思うのですが、違いますか？
O　私の立場ですって？
W　私との関係のことです。
O　あなたのことはとても好きですよ、それはご存じでしょう。
W　ええ、まあ、でも年齢の差は非常に大きなものがあります。ですから、本当を言うと、精神的なものだけが問題になるのではないでしょうか？

O　ええ、確かに。
W　しかし、実際はそうとばかりも言えないのです。
O　でも……。
W　あなたは私のことを実によく理解してくれていますから、全部言う必要はありませんね。――私がもっと若かったら、少なくとも試してみることができたのですが……。あなたは私にぴったりな女性だと思います。あなたとならわかり合えます。ルイーゼとはわかり合えませんし、彼女は私にまとわりついています。あなたも淋病にかかったことがあると言われましたが、そのことで私の心が覆されたのです。
O　これまでの人生で、そんなことを言う女性にお会いにならなかったのでは？
W　そんな女性には会ったことがありませんでしたし、それに他の女性ならそんなことは言わないでしょう。でも、あなたは言ったのです。
O　まだそういう女性に知り合えたのですから、お喜びにならなくては。本当はそんなに悲劇的なことではありませんよ。
W　歳をとると分別がつくと思われるのですか。
O　でも、そんな印象は持っていませんけど。
W　やっと理性を取り戻して、すべてが私の見込み違いだったことがわかりました。
O　この件全体が実に驚くべきことです。あなたのところへ舞い込んだのは数年前でしたが、私はあれ以来あなたに魅きつけられてしまって……。
W　本来なら敵意のある反応をしても良かったのかもしれませんね。
O　なぜですか？
W　自分のことを知られるのがいやだったからですが、あなたには知られてしまいました。私は肯定的に反応してしまったんですよね。
O　突然訪ねてきた人が感じが良かったというのは、面白い経験ですね。
W　ガーディナーがこの状況を理解しているのかどうか、私にはわかりません。それに、ご存じのように女性は嫉妬深いものですが、私はあなたに夢中だが彼女のことは何とも思っていないということに、何となく気づいているのかどうかもわかりません。
O　しかし、私たちがこれほどよく理解し合っていることは、彼女にはわからないでしょう。私があなたのところへ来て原稿を書いて、それで事は終わりだと彼女が考えているのは確かです。そもそも、あなたが私にとても親切にしてくださっていることを、彼女は知っているのですか？

W　なぜ二人の人間が理解し合えるかというと、それは……。

O　それは不合理なことで、説明するのは困難です。

W　そう、不合理です。あなたは本当は見た目ほど無邪気な人ではないのですが、どこか私に合った特性を持っています。

O　私はそんなに無邪気に見えるのですか？

W　とても無邪気に見えますが、でもあなたはそうではないでしょう。

O　私がいろんなインタビューを成功させてきた秘密の一つを言い当てられた気がします。

W　長いこと私たちがこんなに離れればなれだったのは残念です。そうでなかったら、もっとよく理解し合えたでしょうに……。

O　では、私がそれほど無邪気な女ではないということは、気になさらないのですか？

W　ああ、そうか、ええ。それも考えてみなくてはなりませんね。あなたが本当はそんなに無邪気な人ではないかもしれないなんて、考えたこともありませんでした。でも、あなたはきちんとした人ですよ。

O　私たちがお互いに好意を持っていなかったのなら、こういう会話はそもそも成り立たなかったでしょうね。そうでなければ、こんなに長い間お互いに話し合うことは無理だったでしょう。それがおそらく前提でしたから……。

W　今は本当に、私にはあなたしかいないのです……。

O　ルイーゼがいます。

W　ルイーゼが……。

O　あなたの知人も。

W　知人も。

O　それに精神分析家も。

W　分析家はわかっていません。――まあ、結局、私たちは多くの興味深い時間を過ごせましたね。これが人間関係というものです。それにルイーゼとの関係のような不愉快な関係もあるからこそ、なおさらあなたに魅きつけられるのです。

O　それはわかります。誰でももっとほかの人と接触したいと思うものです。

W　ええ、それにあなたは私の最も近くに立った人でした。あなたと話したような率直な話はほかの誰ともできません。あなたは非常な理解力を示してくれました。私にはわかりませんが、そこには姉への転移のようなものがあったのかもしれません。

O　それはそんなにひどかったのですか？

W　いや、そんなにひどいものではなかったと思います。

O　すべての関係は、何らかの転移に基づいているものですけど……。

W　ますますあなたから離れるのがいやになってきました。それが私の弱いところです。

O　なぜ弱いところなのですか？　私は弱さだとは思いません。あなたがここを気に入ってくださって、嬉しく思います。

W　ええ、あなたのところにいると気分がいいのです。ルイーゼのところにいるよりも、ずっといいのです……。

Ⅲ　ヴォルフマンと私

死のルポルタージュ

入口のドアの前後でひしめきあっているのは、年老いた女性たちや数人の男性たちで、若者の姿は少ない。「一時半にならなければ入れません。」日焼けした白衣の男が、ドアの後ろのアスファルト通路におずおずと数歩足を踏み入れた人々を、元の場所へ押し戻す。ウィーン市の精神病院を支配しているのは、粗野な音である。白衣の若い受付係が面会者に対していばってみせる入口で、もうそのことに気づく。

念入りに手入れされた英国庭園の高い木立の間で、八月の太陽が輝いている。ランタンが縁に並んだまっすぐな道を通って、私は丘を上がっていく。その道の端には、見たところ虚無へと続いているような階段がある。砂利の敷かれた歩道は、広く張り出したカーブを描いた車道と繰り返し交差しており、その歩道の左右には、入口のドアの前に番号がついた、ピンクと茶色と黄色に塗られたレンガ造りの建物が一定の間隔をおいて並んでいる。その建物の中には、病院の患者がほぼ二千人収容されている。手入れの行き届いた雰囲気は、裕福な人々向けの保養所を思わせる。しかし寝崩れした病院着を着た痛ましい姿が気まずそうに目を伏せて外来者を迎え、それが誤りであることを教えてくれる。ここには邪魔者や追放された者たちが暮らしており、このユーゲントシュティール様式建築と英国庭園から成る調和のとれた空間の外部に、彼らのいるべき場所はない。

まっすぐな道を行くと車道にぶつかり、階段が丘の上にあるオットー・ヴァーグナー*の有名な「シュタインホーフの教会」に通じているのが遠くに見える。右手に曲がると、やがて私の目的地である二十二番の建物――牧歌調に樹木や灌木に囲まれている――が目の前に見えてくる。

中二階へ続く入口のドアのところに、三人のハンサムな青年がテーブルを囲んで座っている。彼らは白衣を着ているが、彼らが持っているべき威厳があまり感じられない。「誰に会いたいのですか？ あなたのお名前は？」と彼ら三人が質問して、微笑む。一人が開いたノートに何かを書きつけているが、どうやらすべての面会人に関する詳細な記録がそこに書かれているらしい。私はある女医が来るのを待たねばならず、彼女が私が見舞いたい患者のところへ連れていってくれるという。「上からの指示ですから！」というのが私の怒りの抗議に対する反応である。

二階への階段を上がっている時に、私はなぜ一人では患者と話をさせてもらえないのか知りたくなるが、その四十代ぐらいの女医も「上からの指示ですから！」と説明する。

「彼はとても具合が悪いので、驚かせてはいけませんよ」と、強制的な身辺護衛の説明をするかのように彼女が言う。彼女は私を案内して、緑とベージュの図柄のユーゲントシュティール調のタイルを貼った廊下を歩いていく。左手の共同寝室には、縞模様のパジャマを着た患者が白く塗った鉄のベッドに横たわっている。生気のない顔の肌に無精ひげが灰色に光っている老人たち。眼窩の奥の目が、無感動に私たちのほうを凝視している。数人の若者たちが、共同寝室の前の廊下に座っている。彼らは無遠慮な好奇の目で私たちを見て、挨拶する。正規の面会時間に来たのだが、患者のそばにいる面会人の数はとても少ない。

廊下の端にある白く塗られた木のドアの前で、女医が立ち止まる。ドアには、目の高さにガラス窓がはめ込まれている。彼女は閉めきらずにおかれたドアを開く。細長い形をした天井の高い部屋で、壁は明るい色に塗られているが何の飾りもない。その部屋の中で、ヴォルフマンは簡素な鉄のベッドに目を閉じて横たわっている。眠っているのか、あるいはまどろんでいるようだ。

「セルギウス・P博士……一八八六年生まれ」と黒い字で書かれた白い紙がベッドの足の部分についている。私は微笑まずにはいられない。というのも、幾度となくヴォルフマンは彼が旧暦（ユリウス暦）の一八八六年十二月二十四日に生まれたのであって、新暦（グレゴリオ暦）では一八八七年一月六日に生まれたことになると説明していたからだ。

女医はドアの脇に動かずに立っている。私はヴォルフマンのほうへ二、三歩近寄ったが、彼が私たちに気づいているような動きは何も認められない。部屋の背景にあるたった一つの窓には格子がはめられていて、患者が手に入れられない特製の鍵でのみ開けられる。ドアには取

＊ オーストリアの建築家（一八四一―一九一八）。ヨーロッパ近代建築運動の先駆者の一人。文中で言及されている「シュタインホーフの教会」は一九〇七年の作品で、控えめな装飾、融通性のある空間、鉄とガラスの巧みな総合などが特徴。

っ手がない。車椅子、洋服ダンス、ナイトテーブル、二脚のプラスティック製の椅子がついたテーブルが一つあるほかには、部屋には二つめの空のベッドがあるだけだ——病人が抗いようもなく閉じこめられるあの柵付きベッドだ。

「ああ、あなたでしたか。あなただけが私を見殺しにしない人だ」とヴォルフマンがつぶやく。彼は急に目を開けて、抱擁した。私が誰かわかったのだった。彼は私を引き寄せて、私は椅子を彼のベッドのほうへ引き寄せ、ヴォルフマンが私の手をとる。「おしまいです、もうおしまいです。彼らが私をここへ入れたので、今ではここから動けません」と彼は絶望したように言う。そこで女医はやっと私たちを二人きりにしたほうがいいと感じて、「疲れさせてはいけませんよ」と言うと、扉を半分開けたままにして出ていった。

「私は失敗してしまいました」とヴォルフマンは言う。「救急車に乗せられて、ウィーンじゅうを走り回って、今いるところはどこかというと、そうです、私自身の愚かさのせいで……。」

ヴォルフマンにとってどうやって自分が精神病院に来たのかという事情は、少しばかり混乱しているようである。私は彼に経過を話した。長年、彼の主治医であり、この病院の院長であるS先生が、数日前に私のところへ電話をしてきた。暑さのせいでヴォルフマンが循環虚脱を起こし、彼の住んでいる家の一階で倒れたというのである。救急車はまず一般病院に彼を連れていったのだが、そのあとでS先生が彼をこの病院に連れてきた。それはあのいつもの逃げ道のない問題から彼を守るためでもあった。

「あなたは忠告してくれました。あなたの言うことを聞くべきでした」とヴォルフマンが言う。私が何度も老人ホームへ行ったほうがいいと勧めていたのを覚えているのだ。

「このベッドを見てください」と彼は愚痴をこぼしながら、柵付きベッドを指し示す。「ある晩、彼らが私をここに閉じ込めたんです。ひどいものでした。——S先生には気違いや精神病者に対する理解が全然ないのです。どうして彼が病院を運営できるのでしょう?」それから彼は精神病院の慣習を知らずにこう付け加える。「見てください、ここでは万事がどんなにだらしないか。ドアには取っ手もないのです。嫌になるほどだらしないのです!」

女医がドアのところに現われ、「今から少し外出しますが、あまり長居はなさらないように。疲れさせてはなりませんよ」と言う。

「そう、ここではこんな状況なのです！」とヴォルフマンは憤慨して説明する。青年時代にそうであった貴族らしさが姿を現わす。「いや、そんなことでは疲れませんよ」と付け加えると、女医が出ていこうとするその背中に向かって、「こんな病院は信用していないさ！」と聞こえよがしに叫ぶ。

ヴォルフマンは私と話している間はとても元気になっていた。彼が与えられていると思われる精神安定剤の抑制作用も消えていた。彼は快活に話し、本題からますます逸れていったが、彼のそうしたやり方に私はもう慣れていた。相変わらず豊かな白髪に被われた頭は、痩せ衰えた身体の上では不釣合いなほど大きく見え、彼は以前に洋服を着ていた時よりも、縞の病院着を着ている今のほうが、さらに痩せて見える。羊皮紙のような肌をした彫りの深い顔立ち、病気のために曇ってしまった青い眼、身体と比べて丸太のような手、その手にはっきりと浮き出ている血管、これらはもう私にはひどく年老いたもののように思われ、また同時に年齢がわからないようにも思えた。

「ゴンチャローフの『オブローモフ』を覚えていますか？」とヴォルフマンが尋ねる。「それならあの本が男の人の話で、彼は終日ベッドに横たわって、夢ばかり見ているのを知っていますね。あれがロシア人的性格なのです……」

「それがロシア人的性格なのですか？」

「少なくとも、今や私はあそこで描写されているのと同じです」と少し自分を皮肉るかのように彼は微笑んで答える。

「ここにこうして横たわっているんですよ」と彼はまた訴えはじめる。「入れ歯も時計もないのです。運ばれてくる時になくしたに違いありません。金時計だったのです。いったい今が何時なのか私にはわかりません。」入院する時に患者の私物はすべて外されて保管されるのだと、彼に伝えるような勇気は私にはない。

「私は自分の服が着たいのです」と彼が愚痴をこぼす。「何も着るものがないのでは、起きられないではないですか……。」

「今着ていらっしゃるシャツだけで外へ出てごらんになったらどうでしょう」と私が提案する。「今は夏なのですから。」

「夏なのですか？」ヴォルフマンはとても驚いたようだ。「秋だと思っていました。——自分の過ちと愚かさのせいで、私はここへ入れられてしまいました。もうあなたは私を老人ホームへは連れていけませんね。ここの使用人は、看護人あるいは監視人でしょうか、とにかくひどくいいかげんなんですよ。ある人は親切に扱ってくれるのですが、次の人は不親切で、チップでもあげなくてはいけないのでしょうか。ある人に、お礼をしましょうと言ったら、すぐにその人は親切になりました。でも、私はお金を持っていません。ここのいいかげんなことと言ったら！　S先生の回診前には、すべてがきちんとしているかどうか調べるのですが、ふだんは一日中誰も私のことなんて気にかけてくれません。

外では、私の部屋の前の廊下では、恐ろしいことにいつも叫び声がしています……。それからここにいる気違いたちが、ドアの前に立って、私のことをじっと見るのです。彼らは本物の気違いです……。それから食事もひどいんですよ。貧乏人の食事と同じで、スープにパンがいくつか、あるいは何だか知りませんが変な肉団子と……。それからこのむき出しの壁。一日中このむき出しの壁……。」

不意に女医がこの悲歌の中に現われ、まだ面会時間は終わっていないが、もう帰ってほしいと容赦なく要求する。「彼は疲れていますから」と彼女は言う。ヴォルフマンは今では実際に話すのが困難になって息苦しそうにあえいでおり、もう抵抗しない。

「またすぐに来てください」と抱擁しながら彼はつぶやく。「その前に家へ帰れたら、すぐにあなたに電話します。」

「あの使用人は彼女を連れてくるだろうか？」ヴォルフマンは彼を包み込んでいた夢うつつの状態から醒めて、ぎくりと身体を持ち上げる。彼は私がすぐにはわからず、ルイーゼのことばかりあれこれ考えている。彼女は病院の中で彼を見舞うのが不安で、おそらく彼の病気のことは知らないのか、日曜日の面会時間に入口の門のところで待っていると伝えてきた。彼は看護人の一人に、彼女をそこまで迎えにいって、連れてきてくれるように頼んだ。彼はそうしてくれるだろうか？　あの使用人は彼女を連れてきてくれるだろうか？

ヴォルフマンが私に絵はがきを渡す。それは、ナイトテーブルの開けっ放しの引出しの中に置いてあったものだ。ここにこうしてベッドにくくりつけられ、空気を求めてあえぎつづけている九十歳の重病人に、ルイーゼはこんなことを書いている。

「親愛なるセルゲイへ。もうかなり良くなったと聞きました。食欲もあって、身体を洗っているとか。それを聞いてとても嬉しいです。そんなにおいしいものを食べているのなら、私のことも考えてくれているのでしょうね？　私がおなかを空かせているに違いないとか、家賃が払えないで立ち退き命令が出るかもしれないとか。何も払えなければ、ガスも電気も止められてしまうのよ。もう四十年も一緒にいたんだから、そんなひどいことしないわよね。

あなたと会って話がしたいのだけど、もう何度かあなたのところへ行ったのだけど、いつも看護人が、若い娘がまたあなたのところへ来ていると言うものだから、邪魔をするのはよそうと思うの。フラノの服を二着、一着あたり四千五百シリングで作らせて、私に言ったみたいに彼女の家計にたくさん払わなければならないのなら、とっても惚れ込んでいるのでしょうけど。でも私は、残念ながら便箋と切手のお金もないのよ。

今日までのところ、あなたの『ヴォルフマン自身によるヴォルフマン』の本の八月分の印税は、一シリングも受け取っていません。どうやら私のかわりにそれを大学の先生に任せたようだけど、彼のところへもらいに行かなくてはならないという条件つきですって、笑っちゃうわ。うちの弁護士は、あなたが死んだあとも私がガーディナーからそのお金をもらうということは、書面にあなたの筆蹟で書いてあると言っていました。看護人を通じてそれを私にまわしてくれたらとても嬉しいのだけど……。」

現実が姿を現わしても、現実が入り込んできても役に立たない。ヴォルフマンは一瞬分別を取り戻して「この女性は狂っています」とつぶやくが、すぐまたヴォルフマンの思考はルイーゼという定点の周りを回り出す……。彼女はかつて一度、この概して自己中心的な思考の循環の中に入り込むことができたのだ。それ以来、定点を常に新たに取り込んでいく循環的思考と、病的な素質に常に新たな栄養を与える女性との間に相互作用がもう何十年も続いているのだ。彼女は飢え死にするだろうか？　いったい彼女はどうやって生活していけばいいのだろう？　これは愛なのだろうか？

ドアが開いて、二人の中年の女性が入ってくる。一人はもう長いことヴォルフマンの住まいを掃除しているお手伝いで、もう一人は彼の住んでいた家の隣人である。女性たちが座った。

「ついにくたばってしまうのか！」とヴォルフマンが興奮して叫ぶ。どうやら二人の見舞い客が急に彼のベッドを取り囲んだので、うろたえてしまったのだ。「まさか、先生！　そんなことをおっしゃってはいけません！」と二人の女性が口を揃えて憤慨する。

「ああ、この方はとても具合が悪いのだわ、とても悪いみたい」と彼女たちは互いに耳打ちする。

老人は急に考え込んでしまい、苦しげに喉を鳴らす。それを聞きながら、彼女たちはささやき声で循環虚脱に至るようすを話してくれる。七月初旬のこの日、ヴォルフマンは二か月分の年金つまり月々の支払い分と休暇手当をもらった。突然、ルイーゼが彼の家に現われ、彼は彼女を部屋の中に入れた、そして彼らの会談は大声の喧嘩騒ぎとなって終わった。結局、彼女は彼からあっさり一万シリングを奪い取ると、お金を持って消えてしまった。ヴォルフマンはひどく気分を害して、興奮していた。このとても暑い日の午後、タバコ屋からタバコを買って戻った時に、彼は倒れてしまったのである。

前の月が次の月に、冬が秋に、春が冬に移り変わる……。ヴォルフマンは暖房がききすぎた病院の滅入るような雰囲気の中で、むき出しの白壁に囲まれて横たわっている。彼の発作的な絶望とここにいることに対する反抗は、しだいに毎日の単調さの中で押しつぶされていく。そのいつも同じ単調さは、組織化された生活、主として職員の要求によって決められた生活がもたらしたものだ。


その間に、彼は起き上がってもいいほどに回復した。彼の血行を良くするために、二人の女性療法士が週に何度か彼を建物の階段の昇り降りに連れ出す。しかし、患者はこの運動練習に少しも意欲を示さず、むしろ一日中ベッドで寝ていたいと言う。

今では彼は私服を着ており、時計、入れ歯、札入れがナイトテーブルの引出しに入っている。彼の状態は常に不安定で、上がったり下がったりし、ある時には具合が良くなって明晰に考えることができるかと思うと、別の時にはあえぎながら窒息しそうな発作の中で混乱した言葉をようやく口から押し出す。ある時には半分閉じた眼でうつらうつらしていて、この病院の存在に何の関心も持っていないかのように見えるかと思うと、別の時には以前の快活さや自嘲の一端が戻ってくる。

私が判断する限りでは看護人たちは彼の存在が特に気に入っているようすはない。彼自身が認めたくなくても、ヴォルフマンは今なおここでは特権階級の患者であり、それは不必要な苦労を生み出す原因なのだ。彼らが不機嫌なもう一つの点は、ヴォルフマンの両親の家では使われていた使用人という名称は、ここでは看護人に対しては使われていないのに、彼が使うことである。

何度も何度もヴォルフマンはここを逃げ出すことを考

える。家へ帰りたい、それがだめだというのなら、自分の家に一人でいられないのなら、せめてどこか他のところへ行きたいと。ある看護人がウィーンの近くにある町の老人ホームを勧めたのだが、そこに個室があるかどうか、そんなに離れていても見舞い客はあるのか、老人ホームの質はどうなのか、といったことは誰も知らない。もしかしたらここに留まるほうが良いのだろうか。

ルイーゼ……いったいどうして彼女は来ないのでしょう？　どうして私のことを気にかけないのでしょう？　あんなにお金をあげたのに。どうしたらいいんでしょう？　教えてください！　どうしたらここから出られますか？　自殺したほうがいいのでは？　窓から飛び降りるほうがいいのでは？　ちょっと連れていってくれませんか？　S先生は私が家へ帰れるようなことを言っていました。彼に一度電話して、私のことがいったいどうなっているのか尋ねてくれませんか？　それからあのセルビア人の子どもがいつもそこに立ってじろじろ見ているのですが……。

どのセルビア人ですって？

……午前中によく小さなセルビア人の男の子がドアのところに立って、じろじろとこちらを見ているんです。あっちへ行ってほしいと言っても行かないんですよ。

私の推測では、それはユーゴスラヴィア人の掃除婦の子どものことだ。私は彼を落ち着かせようと思って、子どもじゃありませんか、ちょっと好奇心が強いだけですよ、と言う。しかし、この男の子が病人に及ぼした神経症的な作用は、そんなに簡単には消えない。

「ええ、彼女が来たんですよ」と、ある日、ヴォルフマンが言う。だが、このルイーゼとの会談の詳細は、それがとても平和でなごやかに済んだという以外には、彼の口から聞き出せない。私にはそれは疑わしくて、ルイーゼについて聞いていたことすべてによれば、彼女との会談がそんなに友好的なものであったとは思えないのだが、ヴォルフマンは自分の主張を変えない。

どうしたらいいでしょう？　教えてください。出たい、ここから出たいのです……。そして今度はまた「死にたい。もう死にたいです。私の母は……死んだ時は本当に見たことがないほどきれいでした。病院の看護婦が話してくれたのですが、母は死ぬ前にひどい断末魔の苦しみを味わったそうです。」

老人の眼に映っているのは、窓から見える十一月のどんよりとした空と、葉を落とした木々の枝だけだ。

論理的な思考——各人がしがみついていて、それが失われると不安を引き起こすこの論理的な思考は、ますます混乱していく。強迫神経症そのものが死の床についているかのようである。とどまることのない崩壊過程の中で、彼は何かしら強迫的に循環する思考の流れに繰り返ししがみつきつづけている。すべてはまったく無駄でした。無意味で、間違っていました、人生を最初からやり直したい、まったく違う人生にしたい。そしてこの病的な循環だけが、彼をなお生かしてくれているように思える。

結局、一週間に何日かヴォルフマンの世話をする看護婦が雇われる。今やテーブルの上にはいつも新鮮な花が飾られ、老人の衣類はこの上ない状態である。

「このアンニは親切な人です」とヴォルフマンが話してくれる。この看護婦が面倒をみるようになってから、彼はまた元気になったように見える。「もしかしたら、彼女と一緒の住まいに移れるかもしれません。彼女はルイーゼのような人ではありません。まったく悪気のない人だと思います。」

私が見舞いに行くと、時々、その看護婦のアンニに会う。彼女のことを時折彼はナーニャと呼ぶ。

「さあ、ちゃんと食べて、ちゃんと飲むんですよ」と快活な五十代半ばの女性が言う。彼女の白髪のカールはいつもきちんとセットされている。

「さあ、ちゃんと飲んで」と毅然とした声で彼女は続け、ヴォルフマンの額にキスをする。

「はい、はい」と彼は答え、せわしく震える手でコーヒーカップを口に運ぶ。看護婦はケーキをひと口、彼の口元へ運ぼうとする。

「だめ、だめ、子どもじゃないんですから」と彼女は言うと、励ますように彼の肩を叩く。「震えちゃだめですよ。コーヒーをこぼしているでしょう。ああ、今日はずいぶんだめね。これ以上は期待できないわね。」

「こんにちは、愛すべきお嬢さん。」ヴォルフマンは急に振り向くと、まるで今になってはじめて私のことに気づいたかのように、こちらへ向かって丁寧におじぎをする。

それから彼はいきなり空想しはじめる。これまでの人生で知り合った女性たちすべてについて、活かせなかった数々のチャンスのすべてについて。看護婦と私は大いに笑う。彼はもう、私たちが信じきるほどこのカサノヴァの役を上手に演じることはできなくなっている。ヴォルフマンは、私たちが平和にテーブルについていて、お互いに嫉妬していないのを不思議がる。私は看護婦に、ルイーゼが本当に来たのかどうか尋ねてみた。明らかに彼女は、このことに関する思い出を彼の記憶の中から追い出そうと考えていたようで、ささやき声で私にルイーゼは一度も来たことがない、それから彼の前では彼女の名前をもう口にしないほうがいいと言った。

「あなたとアンニは、どうにかまだ一緒に会わせることができるのですが」と、看護婦が出ていってからヴォルフマンは言う。「でもルイーゼをそこに加えられるかどうかはわかりません。頭がもうごちゃごちゃです。」時が過ぎるにつれ、ルイーゼはますます背景に退いていく。彼はしだいに彼女のことを口にしなくなり、最後にはもう彼女の話はしなくなった。

生涯の最後の二年間に、ヴォルフマンはしだいに強い愛情欲求を示すようになる。以前はそういうことは認められなかった。彼は私に対していつも何か堅くてほとんど樹木のような印象を与えていたが、彼は文学的で時にはちょっと表面的な会話をしている時が、最も落ち着いた気持ちでいられるように見えた。私に対する感情は、歓迎と別れの挨拶の時になされる儀礼的な手へのキスで表現された。今、彼のベッドに座ると、彼は何時間も私の手を握って放さない、そして歓迎と別れの挨拶に私を抱擁して、時にはキスまでしてくれる。

一九七八年の夏——ヴォルフマンはすでに病院でほぼ一年を過ごしている——彼は重い危機的状態を切り抜ける。彼は部屋の前の廊下で倒れて右のこめかみを怪我したが、それはなかなか治らない。

「どうしたらいいでしょう？」と彼はあえぎながら私に訴える。まるで私が彼の命を支えているかのように、彼は私にしがみつく。「教えてください！　助けてください！」と、彼はいつも繰り返し同じ言葉を発する。私に何が教えられただろう？　私に何ができただろう？　もはやなすすべがなかった。

「迷いを棄ててください」と私は言った。「諦めてください。起こることを受け入れたら、最後には自分の強迫症から逃れられるのです。」

ヴォルフマンはベッドに崩れ落ちる。だが、次の瞬間には、強迫的な循環が新たに始まる。「人生は無駄でした。すべてが無意味でした。私たちは何かを、何か新しいものを建設しなければならない、またもう一度最初から始めなければ……。」面会時間が終わって立ち去らねばならない時になっても、彼は私を行かせてくれない。教えてください！　そう彼は私の背後で叫ぶ。

私は時々、彼を見舞うのがとても辛くなり、何週間もの間、どうしても病院に行く決心がつかない。一生涯にわたって決心するのに苦労してきた人間の、この緩やかな死が、しだいに消えていくさまが私を苦しめる。それに、彼の生涯で今なお残されたただ一つの決心をすることができないという点で、彼は実に首尾一貫している。やがてまた私は自分に強いて、彼の見舞いに出かけてゆき、私が行くと彼は喜ぶ。そして私は、他人が死ぬ時には辛抱して、それを共に体験しなければならないのだと気づく。

看護婦のアンニは、ヴォルフマンを隣の部屋に移すように指示していた。ここには洗面台があったが、以前の部屋にはなかった。彼はしばしば自分で顔が洗えないと苦情を言っていた。壁には絵が数枚掛かっており、テーブルの上には真っ赤なテーブルクロスが広げられていた。看護婦は、彼の最期の数か月を美しく飾ろうと努めていた。

ヴォルフマンには友人や知人が少なかったが、彼らの見舞いもますます稀になっていく。今でも定期的に彼の心配をしてくれる人たちと言えば、彼の長年の主治医であるS先生と、アメリカのE先生が、この死につつある精神分析の記念碑的存在の看病をさせるためにお金を払っている看護婦と、私のほかにはアルビン・ウンターヴェーガーがいるだけだ。このミュリエル・ガーディナーの知人とヴォルフマンとは、長年来の知り合いである。彼はもう九十二歳になろうかというヴォルフマンに定期的に雑誌とお菓子を届けるのをどうしてもやめない。私が時折、看護婦やウンターヴェーガー氏と病人の枕許で一緒になると、ヴォルフマンは「うまい具合に来合わせましたね」と言う。

見舞客や看護人や医者が、循環する思考の中に歩み入ってはまた消えていく。患者はこの現われては消える心像に、なすすべもなく身をまかせている。彼はそうしたいと思っても誰かを心に残しておくこともできないし、誰かを頭の中から追い払うこともできない。そうでなくても日増しに弱くなっていく彼の希望は、この病院の組織化された日々の経過の中では、もはや無に等しい。

冬になって突然、ヴォルフマンの部屋にラジオが入る。オーストリアのポップスを流すÖ3局のプログラムが部屋中に響く。私は音楽を消して、このラジオが彼にとってどんな意味を持っているのかと尋ねる。答えはない。彼は目を半分閉じてベッドに横たわり、話すのがとてもつらそうだ。

「外はとても寒いですね」と突然、彼が言う。「私を見てください。」彼は毛布をどけて痩せ衰えた身体を見せる。「今はもう外で横たわることもできません。」

「まあね」と彼はしばらくしてからため息をつき、「これは本当に容易ならざる決心です」と言う。

ヴォルフマンは前よりも落ち着いて、今では強迫症に悩まされることは少なくなった。もはや彼には、この唯一の決心をする以外にはあまり残されていないのだが、その事実を彼はしだいに受け入れるようになっているようだ。

一九七九年の初め、私は休暇をとった。二か月後に戻ってくると、病床でアルビン・ウンターヴェーガーと会った。ヴォルフマンは暗褐色のピンストライプ模様の服を着て、ベッドの縁に座っている。

「私は完全にぼけてしまいました」と彼は言い、芝居がかった表情で両手を打ち合わせる。

私たちは笑うが、それが彼のあのおどけたポーズを見る最後になるはずだった。彼はよくそういう真似をしていて、私は彼のそういうところがとても好きだった。ヴォルフマンはベッドに仰向けに倒れると、無関心にぼんやりと前方を見つめる。彼はもう私たちの会話には加わらない。ウンターヴェーガーは、病人が私だけに話したいことがあるかもしれないからと言って、少しの間、外へ出てくれる。今や彼が死にかかっているのは覚悟しなければならない。しかしヴォルフマンは目を閉じたまま何も言わなかった。

五月の初めのある日曜日、私は病室に入った。ラジオはスイッチが切られ、老人は身動き一つせずに、白いシャツを着てベッドに横たわっている。私は椅子をベッドの縁に引き寄せ、彼の手をとる。ヴォルフマンは何か言おうとするが、うまくいかない。

「何も話してはいけません」と私は言い、続く数時間の間、黙ってそこに座っている。

「手を出してください。」私がタバコに火をつけるために、ちょっと外へ出ようとした時に彼が言う。

ヴォルフマンはもう何も食べようとしなかったので、二週間前から、人工栄養が与えられている。そうやってなぜまだ彼を苦しめなければならないのか、私には理解できない。私がそこに座っている間に、突然私は、彼がもうすぐ死ぬのだと感じる。これまで時々、私がそばにいる時に彼が死んでしまうのではないか、と不安になったことがあった。一人の人間の死を、一番間近で共に体験するというのは、私には恐ろしいことに思えた。だが、この日はまったくそういう不安は感じない。彼が今死ななければならないのなら、私はただ座っていようと思う。ヴォルフマンは信じられないほど穏やかな顔をしている。最期の一年半の間の恐ろしい死との戦いの跡は、もはやまったく認められない。目を閉じたままそこに横たわり、ほとんど子どものように無力である。彼を見つめていると、急に、生に対する強迫的な執着を克服した時にのみ死は美しいものなのだ、という認識が訪れる。

帰らなければならなくなって、私は彼の額にお別れのキスをする。前にはよくこの仕草が儀礼的だと感じていたのだが、今日は感動と感謝の念を表わしていた。ドアのところで私は振り返ると、彼に向かって微笑み、手を振りながら「お元気で！」と声をかける。ヴォルフマンは私のほうを見て、手を上げて弱々しく振る。

翌日、午後のほぼ同じ時間に、彼はさらに苦しむことなく、看護婦のアンニに看取られながら死んだ。誰も私のことを彼の埋葬に招待してくれなかった。前に一度、ヴォルフマンが死ぬようなことがあったら、私に通知してくれると彼に約束したS先生も、知らせてはくれなかった。次に病院に彼を見舞いに行った時に、私は彼の死について知らされたのだった。

訳者あとがき

本書はKarin Obholzer, Gespräche mit dem Wolfsmann—Eine Psychoanalyse und die Folgen (1980), Rowohlt（原題『ヴォルフスマンとの対話——ある精神分析とその帰結』）の全訳である。すでに一九八二年に、マイケル・ショー（Michael Shaw）の英訳が出されているが、今回の翻訳に際しては参考にしていない。ヴォルフスマンは、一般には「狼男」として知られるフロイトの有名な患者の一人であるが、狼男という恐ろしげな名称は、この患者に必ずしも相応しくないため、本書ではあえて「ヴォルフマン」という訳語で統一した。

著者カーリン・オプホルツァーは、一九四三年ウィーンに生れ、チロルとドイツ連邦共和国で娘時代を過した後、ウィーン大学で哲学と心理学を修めた。一九七〇年に「悪の問題性」という論文でドクターの学位を取得。六年間、ウィーンの社会主義的な『労働者新聞』の記者として働いたが、彼女は特に心理学や精神医学の領域における社会批判的ルポルタージュを得意とし、一九七三年にはそのジャーナリストとしての活動に対して、オーストリア国家賞が贈られた。一九七七年以降は、ウィーンでフリーのジャーナリストとして活躍している。

著者オプホルツァーは、一九七二年、当時「ヴォルフマン」という仮名でしか知られていなかったフロイトの高名な患者の探索を思い立つ。正統派の分析家たちによって治癒したと認められ、精神分析理論の発展に大きく寄与したと称される「ヴォルフマン」の現在を明らかにし、フロイトの理論と分析療法の妥当性を検討したいという野心があってのことだったろう。

著者は苦心の末、やがてウィーン市内に年金生活者として隠れ栖む、高齢のセルゲイ・P法学博士を発見する。セルゲイ・Pは、インタビューを重ねるうち、しだいに著者に信頼とある種の愛情を寄せるようになり、過去の記憶の数々や、内面の秘密を打ち明けるようになる。こうしてオプホルツァーは、「ヴォルフマン」の最晩年に深い交流を重ねた最後の人物となった。

インタビューの内容はすべて録音されたが、フロイトの権威を傷つけることを恐れたフロイトの弟子たちの要請によって、公表は抑えられた。正統的な精神分析学派においては、「ヴォルフマン」はその幼児神経症から、フロイトの分析治療によって治癒したと見なされていたが、このインタビューの内容は、フロイトの最初の診断と治療に疑問を投げかけかねないものでもあった。こうして本書は、「ヴォルフマン」が死去した一九七九年の翌年になって、ようやく刊行可能となったのである。

フロイトには、たくさんの症例研究がある。『ヒステリー研究』（一八九五年）所収の五症例、「症例ドラ」（一九〇五年）、「ある五歳児の恐怖症の分析」（症例ハンス）（一九〇九年）、「強迫神経症の一例に関する考察」（症例ねずみ男）（一九〇九年）、「自伝的に記述されたパラノイアの一症例に関する精神分析学的考察」（症例シュレーバー）（一九一八年）、「ある幼児期神経症の病歴より」（症例狼男あるいはヴォルフマン）（一九一九年）がそれであるが、いずれも邦訳がある。これらを読むことを通して、私たちは精神分析理論の生成されるまさしく現場に立ち会うことができるし、その理論の応用である臨床の実際を知り、フロイトの躍動する精神と生々しい息づかいにも触れることができるのである。

フロイトは、これらの症例研究によって、各種の精神障害の精神病理と心理機制を明らかにした。『ヒステリー研究』では、無意識的な心の葛藤と、抑圧を中心とする防衛機制の発見や、精神分析固有の治療技法である「自由連想法」の確立がなされたし、「症例ハンス」では児童分析と恐怖症の発症機制が見出された。「ねずみ男」では強迫神経症の心理機制が、「シュレーバー」では、妄想の形成機制が明らかにされた。そして「狼男あるいはヴォルフマン」では、フロイトによれば強迫神経症の、そして現代的理解では境界例患者の精神病理が明らかにされた。

読者の便宜のために、フロイトの論文「ある幼児期神経症の病歴より」（日本教文社版、フロイド選集第16巻、小此木啓吾訳）から、ヴォルフマンの病歴と生活史の要点を紹介しておこう。

フロイトによる治療は、一九一〇年から一九一四年にかけて行われたが、最初にフロイトを訪れた時は、自発性や治療意欲に乏しく、誰とも親しもうとせず、気分の変調に苦しみ、狼恐怖や種々の強迫症状に悩み、「不関性の態度に閉じこもって手のつけられない状態」にあったという。

フロイトによれば、彼は四歳の誕生日を迎える少し前に、狼の夢を見て、狼に食べられる不安に襲われて泣いた。それ以来、狼恐怖が続くようになり、意地悪な姉にいつも狼の絵を見せられては泣き叫び、他の動物恐怖や昆虫恐怖を伴うようになる。

　四歳半頃になって、母の読み聞かせる聖書物語によって狼恐怖は消えるが、代わって就寝前に際限なく十字を切ったり、部屋中の聖像に接吻して回るなどの強迫症状が生じた。

　十歳頃には、路上に大便が三つ転がっていると三位一体を連想せずにいられぬ強迫が生じるが、思春期が近づくにつれ、しだいに正常な状態に近づき、十年間の勉学生活の後に、青年期になって前述した症状を伴って再発した。フロイトの診断では、「欠陥状態を残したまま治癒した強迫神経症の後続状態」であった。

　フロイトは精神分析治療を行い、種々の再構成を試みているが、それによれば、彼が四歳の誕生日前に見た夢は、次の如きものであった。

「夜私はベッドに寝ていました。（私のベッドは足の方が窓に向いており、その窓の向うには古い胡桃の木がずらりと並んでいました。その夢は冬のこと、たしか冬の夜のことだったと思います）。急に窓がひとりでに開きました。窓の向うの大きな胡桃の木に一対ずつの白い狼が坐っているのを見て、私はびっくりしました。狼は六匹か七匹いました。彼らは真白で、どちらかといえば狐かシェパードのように見えました。というのは、それが狐みたいに大きな尻尾をもち、その耳は見張りする犬みたいにぴんと立っていたからです。この狼達に食べられるのではないかという非常な不安に襲われて、私は大声をあげ、泣き出し、目が醒めました」「夢の中で動いたものといえば、窓がひとりでに開いたことだけでした。というのは、狼達は木の幹から左右に伸びた木の上でぴくりともせずにじっと坐って、私を見つめていたからです。……これが私の最初の不安夢だったと思います。」

　この夢の後、恐怖症が発症したために、患者は「狼男」と呼ばれるようになったわけである。フロイトによれば、この不安夢は、一歳半頃に見た父母の原光景の再現であり、父に対する同性愛的な被愛欲求と、男性としての自己喪失の不安の葛藤を惹き起こした（父＝狼に食べられ、呑みこまれてしまう不安）。この症例の分析を通して、フロイトはさらに防衛としての自我分裂の機制、原光景や去勢コンプレックス、逆エディプス・コンプレックスの意義を明らかにし、幼児期の恐怖症、強迫神経症の精神病理と深層心理の解明に貢献したのであった。

　現代では、フロイト以後の精神分析理論の発展と、ヴォルフマンに関する新資料の発見に基いて、本症例に関する新しい見方が種々発表されている。中でも優れた「狼男論」として、ここでは小此木啓吾の「狼男＝境界例説」を紹介しておきたい（同氏著『フロイト　その自我の軌跡』ＮＨＫブックス、参照）。小此木氏によれば、「狼男」は対象によってのみこまれる不安が強く、そのため何ものにも同一化できなくなり、同一性拡散や自我分裂などの深刻な自我の病理を示すようになったという。この「のみこまれる不安」とは、不安夢に表現されているように、狼＝父親に食べられてしまう恐怖の形をとっているが、実は父に対する同性愛的興奮が満たされ、彼の男性性が失われて、自己喪失に陥る不安を意味していた。このようなのみこまれる不安が強すぎたために、狼男は「しっかりした自我の故郷をもたぬ根なし草」となったのであって、現代精神医学でいう境界例の示す自我障害や人格障害と近似しているのである。

本訳書は、ヴォルフマンの最晩年の生活と、その中での対象関係、空想、過去の再構成、等々を明らかにしている。相も変わらぬ女性への依存性、定まらぬ女性関係、憎しみつつも離れられぬマゾヒスティクな関係、孤独を恐れて対象にしがみつく心性……。私たちは、本訳書とフロイトの「症例分析」を読み比べることによって、フロイトの理論と技法をもう一度現代的な視点から見なおすことができるに違いない。

本書の訳出に当たっては、まず高砂が全文を訳し、それを馬場が検討するという形で進められた。何分ロシア人の話すドイツ語であり、人称や時制等、文法上の明らかな混乱があって、主語が何か迷うことも少なからずあった。また、差別的な表現もいくつか出てくるが、ヴォルフマンの口調をそのまま伝えたほうがよいと判断し、あえてそのままにした。

最初マグロウヒル出版からの翻訳依頼があって以来十年を経過し、予想以上に時日を要してしまったが、遅延の理由は専ら馬場の私的事情による。その間、マグロウヒル出版の刊行断念により、みすず書房に本書の刊行を引き受けていただいた。根気よく見守り、かつ適確な助言を惜しまれなかったみすず書房の守田省吾氏とフリー編集者の亀井慶子氏、および元マグロウヒル・ジャパン社の鈴木康文氏に、深甚の謝意を捧げます。

平成十三年、盛夏

馬場謙一
高砂美樹

著者略歴

(Karin Obholzer)

1943年ウィーン生まれ．ウィーン大学で哲学と心理学を学んだのち，1970年にDie Problematik der Boeseで学位を取得．1971-1977年にウィーンの左翼系の『労働者新聞』のルポライターおよび編集者として活躍したのち，1977年からはフリーのジャーナリストとして活動．

訳者略歴

馬場謙一〈ばば・けんいち〉 1934年新潟県生まれ．1958年東京大学文学部独文科卒業．1962年慶應義塾大学医学部卒業．斎藤病院勤務や群馬大学，横浜国立大学をへて，現在　放送大学教授．著訳書に『精神科臨床と精神療法』(2000，弘文堂) ベネディッティ『精神分裂病論』(1987，みすず書房) ほか多数．

高砂美樹〈たかすな・みき〉 1962年茨城県生まれ．1991年筑波大学心理学研究科修了．学術博士．現在　東京国際大学人間社会学部教授．心理学史・神経科学史専攻．

K. オプホルツァー

W 氏との対話

フロイトの一患者の生涯

馬場謙一
高砂美樹
共訳

2001 年 9 月 10 日　印刷
2001 年 9 月 20 日　発行

発行所 株式会社 みすず書房
〒113-0033 東京都文京区本郷 5 丁目 32-21
電話 03-3814-0131(営業) 03-3815-9181(編集)
http://www.msz.co.jp

本文印刷所 理想社
扉・表紙・カバー印刷所 栗田印刷
製本所 鈴木製本所

ISBN 4-622-03969-9